全国高等教育财经

Financial and Economical Law

财经法规

第2版

主　编◎李　芳　苏　龙
副主编◎李金萍　蒲　萍
　　　　郭　黎　刘秋蓉

经济管理出版社
ECONOMY & MANAGEMENT PUBLISHING HOUSE

图书在版编目（CIP）数据

财经法规/李芳，苏龙主编．—2 版．—北京：经济管理出版社，2013.8

ISBN 978-7-5096-2566-8

Ⅰ.①财…　Ⅱ.①李…②苏…　Ⅲ.①财政法－中国－高等学校－教材 ②经济法－中国－高等学校－教材　Ⅳ.①D922.2

中国版本图书馆 CIP 数据核字（2013）第 166419 号

组稿编辑：申桂萍
责任编辑：魏晨红
责任印制：黄　铄
责任校对：陈　颖

出版发行：经济管理出版社
　　　　　（北京市海淀区北蜂窝 8 号中雅大厦 A 座 11 层　100038）
网　　址：www.E-mp.com.cn
电　　话：（010）51915602
印　　刷：北京九州迅驰传媒文化有限公司
经　　销：新华书店
开　　本：720mm×1000mm/16
印　　张：21.25
字　　数：403 千字
版　　次：2013 年 8 月第 2 版　2013 年 8 月第 1 次印刷
书　　号：ISBN 978-7-5096-2566-8
定　　价：45.00 元

全国高等教育财经系列精品教材
编委会成员名单

总　序

　　"经济越发展，会计越重要"，这是会计界的一句名言。会计的理论与实践活动随着经济的发展而不断发展，会计教材也要紧跟时代步伐，体现时代的进步与要求。知识经济时代的来临，会计环境和会计工作手段不断变化，对会计专业应用型人才的培养提出了新的要求。

　　财政部 2008 年发布的《会计改革与发展纲要》（征求意见稿）指出："要注意引导会计教育，使会计教育与会计改革和发展形成良性互动，不断培育复合型、优秀的会计人才。"目前，会计教育的一个关键问题是会计教材建设，它直接关系到会计人才的培养质量和会计教育改革的方向，也必然影响会计教育改革的成败。

　　如何编写着眼素质教育、突出应用型特色、重视能力培养、紧跟改革步伐、体现时代特征和就业要求、深受师生欢迎的应用型会计专业精品教材呢？

　　我们认为，应摒弃过分重视理论知识传授而忽视能力培养的弊端，根据会计课程的教学特点，针对应用型会计专业的教学目标和要求，建立由教育行政管理部门、出版社、学校、会计学术团体、会计师事务所等共同参与的、高效的、系统的教材运作机制，全面规划、整合资源，精心制定和切实实施教材建设的"精品战略"，全方位运用现代信息化、网络化技术平台，以学生为本，贯彻互动性、启发性和创新性的教学原则，为教师和学生分别建立多媒体、多环节、多层次的"立体化"教材体系。这就是应用型会计专业教材建设应树立的指导思想。

　　从目前我们调查的情况来看，应用型会计专业教材存在的主要问题表现在以下几个方面：

　　（1）缺少符合应用型特色的"对口教材"。作为应用型会计专业教材，应更多地体现其理论联系实际，注重对学生实际动手能力的培养，但现有的会计教材，大多侧重于学科知识的系统性，理论阐释较多。尽管有的会计教材也比较注重实践操作的讲解与指导，但从总体上看，教材的编写仍没有突破传统学科课程的羁绊，尚未形成具有鲜明的、符合应用型特色的课程内容结构体系。

（2）教材形式呆板。会计教材一般都存在着层次不明、风格陈旧、缺乏个性、内容交叉或重复、脱离实际、针对性不强等问题。教材形式呆板，没有做到图文并茂、形象生动，更没有将"书本教材"转化为"电子教材"，以电子课件的形式组织教学还没有真正走进课堂。

（3）教材开发单一，与专业教材配套的实践性教学资料严重不足。实践性教学是应用型会计专业教育与人才市场接轨的有效途径。应用型会计专业实践教学一般占总教学时数的 25% 以上，其教材建设在应用型会计专业教育中也应占有非常重要的地位。而现有的会计教材往往着重于理论教材建设，虽然部分教材书后配有相应的习题集（事实上也是一种理论训练题），但缺乏实践训练的项目和指导内容。至今为止，还没有一套符合应用型会计专业教育特色的"案例实训"系列教材。实践性教材的奇缺已成为制约应用型会计人才培养的"瓶颈"。

（4）教材内容的更新跟不上会计环境的变化。作为社会科学，会计学的发展及其内容的变革无不受到社会环境的巨大约束和影响。我国改革开放后会计制度的复苏与发展，特别是 1993 年以来我国会计制度的国际化进程带来的会计教材内容的改革，充分说明了会计环境对会计教材内容的影响。但是，作为紧跟会计环境变化的应用型会计专业教材始终没有及时跟上。

（5）不能处理好传授知识与培养创新能力的关系。"传道、授业、解惑"是教育的基本职责。专业中亟待解决的问题应该在有关教材中体现，如果教材中仅仅是基本知识和技能的讲解，就不符合应用型会计专业的培养目标和要求。因此，应用型会计专业的教材，应该是传授知识与创新能力培养相结合，至少应涉及创新的思维方式方法的引导，让受教育者领会、掌握创新的基本技能，而采用什么方式、如何处理传授知识与创新能力培养的关系，是需要我们深入研究的问题。

我们认为：从长远看，应加大开发应用型教材的力度，实施"精品战略"，形成理论与实践相结合、主辅教材配套的"立体化"的教材体系。

实施"精品战略"，首先要明确怎样才是"精品"。作为应用型会计专业的精品教材，同时应具有如下几个方面的特征：

（1）科学性特征。教材结构合理，内容取舍适当，概念表述准确，难易度恰当，举例清晰正确。注意相关课程的联系，科学地体现各科专业教材的内涵与外延，符合教学规律和学生的认识规律，满足应用型会计专业人才培养的需要。

（2）实用性特征。教材的实用性特征主要反映在两个方面：一方面是技术实用性，教材内容应贴近会计工作实际，理论的阐述、实验（实训）内容和范例、习题的选取都应紧密联系实际，有鲜明的实践性；另一方面是教学实用性，内容的阐述编排便于组织教学，利于培养学生分析问题和解决问题的能力。

（3）先进性特征。教材内容能及时跟踪会计法规和制度更替，既反映现代会计理论和信息技术的发展水平，又反映新的人才培养理念，并能灵活适应教学组织形式和教学技术手段的更新与发展。

（4）规范性特征。教材的版式设计艺术性强，印刷装订质量高，图形、符号、账表、专业术语、操作程序和方法等符合会计准则和会计职业道德规范。

（5）启发性特征。教材内容有利于引导学生树立正确的人生观、世界观和价值观，有利于培养学生科学的思维方式，启迪学生的创新思维，提高他们运用科学的立场、观点和方法观察、分析和解决实际会计问题的能力。

加强应用型会计专业教材的体系创新，是实施"精品战略"的核心。教材作为知识的载体和教学改革成果的表现物，从一个侧面折射出教育思想的变革。创新是教材特色的灵魂，是表现教材质量的要素之一。因此，只有以创新的思想、创新的模式才能更好地促进高职教材的建设与发展，才能将精品战略落到实处。全面落实教材建设的精品战略不仅要抓好核心教材的建设，同时还应重视相关配套教材的建设。这些配套教材包括实验（实训）教材、各类指导书、习题集、业务处理图册及与现代化教学手段相配套的各类新教材（如 PPT 课件、CAI 课件、多媒体教材、网络教材），等等。

在"精品战略"的指导下，建立"立体化"的教材，是应用型会计专业教材建设的方向。

所谓"立体化"教材，就是立足于现代教育理念和信息技术平台，以传统纸质教材为基础，结合多媒体、多环节、多层次的教学资源，建立包括多种教学服务内容、结构配套的教学出版物的集合。"立体化"教材由主教材、实训教材、教师参考书、学习指导和试题库等组成，包括纸质教材、PPT 课件、案例实训资料、案例实训课件、案例实训演示软件、电子教案、电子素材库、电子试题库、网络课程、网络测评系统等部分。其不同于传统教材之处，在于它综合运用多媒体并发挥优势，形成媒体间的互动，强调多种媒体的一体化教案设计，注重激发学生的学习兴趣，将烦琐的会计工作环节直观清晰地体现出来。

要建设完善的会计专业"立体化"教材，必须做好五个环节的工作：

（1）教育行政管理部门牵头，进行总体规划，对出版社公开招标，并建立科学的应用型会计专业教材评价体系。

（2）由中标的出版社牵头组织，相关院校积极配合，整合资源，立项开发，精心设计出整体教学解决方案（教学包），分步实施，集中优秀师资及各种教学素材，力求将专业内容采用最好的"立体化"的表达形式展现出来。

（3）由出版社加强对教师的培训，介绍"立体化"教材的使用方法，真正发挥"立体化"教材的作用和优势。

（4）由出版社办好互助的教学网站，使之成为作者、教师、学生和出版社交流信息和进行教学的互动平台，并为"立体化"教材的使用、修订、升级和改版广开言路，汇集真知灼见。

（5）教育行政管理部门定期进行教材评审，优胜劣汰，不断完善教材体系和提高质量。

教材建设是一个系统工程，教育行政管理部门、学校、出版社、会计学术团体等都应该不断进行教材建设的研究，找准社会对会计人才的需求、应用型会计专业的培养目标和教材三者关系的平衡点。直言之，就是要弄清什么样的教材才能使应用型会计专业能够培养适应社会需要的人才。具体而言，如何设计教材体系，如何选取教材内容，如何理清教材之间、同一教材内部各章节之间的关系，如何把握专业理论的"度"的问题，如何使理论与实训内容有机衔接，如何选择最佳的文字、图形及多媒体等表现形式，如何把握教材的实用性和前瞻性等方面的问题，都是教材建设的重要课题，必须进一步加强研究，并积极地完善落实。

教材建设是一个动态的系统工程，没有最好，只有更好。

编委会
2010 年 8 月

前　言

本教材自 2010 年初次出版以来，深受广大师生好评，一再加印。由于相关法律法规出现了较大的修改，故决定再版。此次修改，新增了两章内容，即"第四章税收法律制度"和"第五章财政法律制度"。

《财经法规》是会计专业核心课程之一，也是全国会计从业资格考试的必考科目。本书根据作者多年来从事普通高校《财经法规》的教学及全国会计从业资格考试培训的经验编写而成，具有以下几个特点：

（1）准确。对法律概念、法律规定、每一个案例的解析，都进行了反复核对、斟酌，力争使本书成为一本值得信赖的资料性读物。

（2）全面。对会计实际工作中经常涉及的主要法律制度，如《会计法》、《支付结算办法》、《税收法律法规》、《企业法》、《合同法》、经济纠纷的解决及会计职业道德等内容用通俗易懂的语言进行了针对性讲解，内容简练，力争使本书成为会计工作者的随身法律顾问。

（3）时效。会计法规、企业法规等内容采用会计制度和相关法律的最近、最新内容，并参照财政部最新发布的会计从业资格考试大纲的规定，注重时效性。

（4）实效。每章除了结合知识点所附的案例分析外，每节还附有同步测试题，以帮助学生抓住重点、掌握难点，增强学生的实际操作技能，提高学生的业务处理能力。

（5）新颖。本书核心内容围绕具体案情提出问题，引导学生从法律的角度思考问题，并通过大量案例分析的形式为分析问题、解决问题提供依据，最大限度地发掘学生的潜力。

本书可作为普通高校尤其是高等职业院校、高等专科学校、本科院校举办的独立学院财经类专业教材使用，还可作为参加全国会计从业资格考试参考读物，对参加全国会计专业技术资格考试人员亦有较高的参考价值。

本书由华中师范大学教授李芳博士、长江职业学院教务处苏龙处长主编，李金萍、浦萍、郭黎、刘秋蓉任副主编，参加编写的人员有：刘春、余四川、周凤琴、刘苏燕、严燕、寇向梅等老师。

本书的写作参考和引用了国内许多专家、学者的观点和资料，在此谨向他们表示深深的谢意。由于作者水平有限，书中难免有疏误之处，恳请广大读者和专家学者批评指正。

本书作者的联系方式是：E-mail：lf2006@188.com；QQ：1455419122，使用本教材的教师可来函索取相关资料。

李　芳

2013 年 6 月

目　录

第一章 法律基础知识

【学习目标】

通过本章学习，掌握法律规范的种类、法律关系的构成要素、仲裁的适用范围和基本原则、仲裁协议的效力、诉讼时效期间、诉讼时效的中止和中断等相关规定；熟悉法的概念和特征、法律事实的分类、民事诉讼的适用范围、诉讼管辖的相关规定；了解法律体系的构成、仲裁程序和审判制度等相关规定。

【案例导入】

1989年3月10日夜，李某被人从背后击伤。2008年11月28日李某掌握确凿证据，证明当初是被王某所伤害。

请问：李某还可以要求王某赔偿吗？

【解析】李某可以要求王某赔偿，但李某应在2008年11月28日至2009年3月10日期间行使自己的诉讼请求权。根据《民法通则》的规定，身体受到伤害要求赔偿的，适用1年的诉讼时效期间，但从权利被侵害之日起超过20年的，人民法院不予保护，20年为最长诉讼时效。因此，诉讼时效期间应为2008年11月28日至2009年3月10日。

第一节 法的一般理论

一、法的概念和特征

（一）法的概念

法是由国家制定或认可、并由国家强制力保障实施的、反映统治阶级意志的规范体系。它通过规定人们在社会关系中的权利和义务，确认、保证和发展正常的社会关系，维护社会秩序。

法体现国家统治阶级的意志。法是统治阶级意志的体现，但是，统治阶级的意志本身不是法，只有通过国家立法活动，将统治阶级的意志上升为国家意志的形式，它才成其为法。统治阶级意志不是凭空产生的，它是由一定社会的物质生活条件决定的。

法不是从来就有的，它是人类社会进入阶级社会的产物。在我国，法产生于夏初，当时称为"刑"，实际上是一些军法。"法"这个词最早出现于战国初期，它强调的是刑罚的公平、正义。战国晚期，秦国的"商鞅变法"，改"法"为"律"。"律"强调的是法的普遍适用。清朝末年，法制变革，当时仿效日本，"法"、"律"连用，称法律。

法律一词，有广义和狭义之分，广义的法律，指法的整体，即由国家制定或认可、并由国家强制力保证实施的各种行为规范的总和。在我国，狭义的法律，专指全国人民代表大会及其常务委员会制定和颁布的规范性文件。

（二）法的特征

1. 法是调整人的行为的社会规范

法律是通过对人们行为的调整来调整社会关系的。在法律上，行为是极为重要的。马克思说过："对于法律来说，除了我的行为以外，我是根本不存在的，我根本不是法律的对象。"这就是说法律一般不以主体作为区分标准，而是以行为作为区分标准。对于法律来说，不通过行为控制就无法调整和控制社会关系，这是法律区别于其他社会规范的重要特征之一。比如道德规范是通过思想控制来调整和控制社会关系的，政治规范是通过组织控制或舆论控制来完成社会调整的。概而言之，法律是以行为关系为调整对象的规范。

2. 法是由国家制定或认可的社会规范

法律由国家制定或认可，这是法律来源上的一个重要特征。道德、宗教和其他社会规范，一般都不是国家直接来规定。法律是国家意志，所以它必须由代表国家的机关来规定，其他任何个人或组织，非经授权都不能创制法律。制定或认可是法产生的两种方式，制定是指国家机关通过立法活动产生新规范；认可是国家对既存的行为规范予以承认，赋予其法律效力。

3. 法是规定权利和义务的社会规范

法律是规则为主，而法律规则中的行为模式是以授权性规范和义务性规范的形式规定了权利和义务；法律对人们行为的调整主要是通过权利义务的设定和运行来实现的，因而法律的内容主要表现为权利和义务。不管法律是怎样的法律，不管这种法律以权利为本位还是以义务为本位，权利和义务总是被立法所充分重视，也备受社会各成员关注。

法律上的权利和义务具有确定性和可预测性的特点，它明确地告诉人们可以、该怎样行为，不可以、不该怎样行为以及必须怎样行为；人们根据法律来预先估计自己与他人之间该怎样行为，并预见行为的后果以及法律的态度。

法律所规定的权利和义务，不同于其他规范的权利和义务，它由国家确认和认可，由国家保障。同时，法律上权利和义务的规定一般都非常具体、明确，且具有一致性，即享有权利就要履行义务，履行义务就要享受一定的权利。没有无权利的义务，也没有无义务的权利。

4. 法是由国家强制力保障实施的行为规范

法律的实施由国家强制力保证，如果没有国家强制力作后盾，那么法律在许多方面就变得毫无意义，违反法律的行为得不到惩罚，法律所体现的意志也就得不到贯彻和保障。尽管许多社会规范也有强制力，但是其他社会规范的强制力不具有国家性。国家强制力是法律与其他社会规范的重要区别。但是，法律的强制力不等于纯粹的暴力。法律的强制力如果等同于简单的暴力，那么统治阶级也就无须采用法律的形式来进行治理，只要有刑场和行刑队这种暴力工具就行了。而且，法律的强制力具有潜在性和间接性。这种强制性只在人们违反法律时才会降临到行为人身上。法律的强制力并不意味着法律实施过程的任何时刻都需要直接运用强制手段，当人们自觉遵守法律时，法律的强制力并不显露出来，而只是间接地起作用。

【例 1-1-1】下列表述中，反映了法的本质的是(　　)。

A. 法是统治阶级国家意志的体现　　　B. 法是国家制定或认可的规范

C. 法凭借国家强制力而获得遵行　　　D. 法是明确而普遍适用的规范

【解析】A。BCD 反映了法的特征。

二、法律规范和法律体系

（一）法律规范

法律规范是由国家制定或认可、并由国家强制力保障实施的、具有普遍约束力的行为规范。法律规范是构成法的最基本细胞，是通过一定法律条文表现出来的、具有一定内在逻辑结构的特殊行为规范。

法律规范从不同的角度，可以有不同的分类。按照法律规范内容的不同，法律规范可分为授权性规范和义务性规范。授权性规范是规定人们可以作出某种行为或者要求别人作出或不作出某种行为的法律规范。按照法律规范的强制性程度的不同，法律规范可分为强制性规范与任意性规范。强制性规范是指法律规范所规定的义务具有确定的性质，不允许任意变动或违反。义务性规范属于强制性规范。任意性规范是指在法定范围内允许行为人自行确定其权利义务的法律规范。在授权性规范中，就有大量的任意性规范存在。

（二）法律体系

法律体系，是指一个国家全部现行法律规范分类组合为不同的法律部门而形成的有机联系的统一整体。我国法律体系分为宪法及宪法相关法、刑法、行政法、民商法、经济法、社会法、诉讼与非诉讼程序法七个法律部门。

三、法律关系

法律关系是法律规范在调整人们行为的过程中所形成的权利与义务关系，即法律上的权利义务关系，如夫妻关系、合同关系等。

（一）法律关系的要素

任何法律关系都由主体、客体和内容三个要素构成，缺少其中任何一个要素，都不能构成法律关系。

1. 法律关系的主体

法律关系的主体是指法律关系中权利的享受者和义务的承担者。要成为法律关系的主体，应当具备权利能力和相应的行为能力。法律关系的主体，主要包括公民（自然人）、法人和其他组织、国家。

（1）公民。公民是最常见的法律关系主体，公民既包括本国公民，也包括境内的外国公民和无国籍人。公民要成为法律关系主体，必须具备权利能力和相应的行为能力。

权利能力是法律关系主体能够参与一定的法律关系，依法享有一定权利和承担一定义务的法律资格。公民的权利能力是普遍、平等、一致的，始于出生，终于死亡。

行为能力是法律关系主体能够以自己的行为依法行使权利和承担义务的能力。根据公民的年龄、智力的不同，公民可分为完全民事行为能力人、限制民事行为能力人和无民事行为能力人三种。十八周岁以上的公民是成年人，可以独立进行民事活动，是完全民事行为能力人。十六周岁以上不满十八周岁的公民，以自己的劳动收入为主要生活来源的，视为完全民事行为能力人。十周岁以上的未成年人和不能完全辨认自己行为的精神病人是限制民事行为能力人，可以进行与他的年龄、智力相适应的民事活动；其他民事活动由他的法定代理人代理，或者征得他的法定代理人的同意。不满十周岁的未成年人和不能辨认自己行为的精神病人是无民事行为能力人，由他的法定代理人代理其民事活动。

（2）机构和组织（法人）。包括国家机关、各种企业、事业组织和各党政、社会团体等。

（3）国家。在特殊情况下，国家可以作为一个整体成为法律关系的主体。在国内，国家是国家财产所有权唯一和统一的主体；在国际法上，国家是国际法关系的主体。

2. 法律关系的内容

法律关系的内容是指法律关系主体享有的权利和承担的义务。权利是法律允许权利人可以为一定行为或不为一定行为，或者要求他人为一定行为或不为一定行为的资格。义务是法律规定的义务人应当按照权利人要求为一定行为或不为一定行为的责任。

法律上的权利和义务，都受国家法律保障。义务人不履行法定义务时，权利人可以请求有关国家机关采取强制措施强制其履行义务，权利人的权利受到侵害时，可请求有关国家机关予以保护。

3. 法律关系的客体

法律关系的客体是指法律关系主体间权利义务共同指向的对象。具体包括：

（1）物。法律意义上的物是指能为法律关系主体所认识和控制，并有某种使用价值的客观实体，包括自然物和劳动创造物，它不同于物理意义上的物。物理意义上的物，哪些可以作为法律关系的客体，由法律规定，比如，人体器官不能成为买卖法律关系的客体。

（2）行为。一定的行为结果可以满足权利人的利益和需要，可以成为法律关系的客体。如甲、乙间货物运输合同的客体是运输货物的行为，而不是运输的货物。

（3）人格利益和道德产品。前者如公民和组织的姓名或名称，公民的肖像、名誉、尊严，公民的人身、人格和身份；后者如荣誉称号等。

（4）精神产品。也称"智力成果"或"无体财产"，是人们通过书本、砖石、纸张、胶片、磁盘等物体或大脑记载下来并流传的思维成果，如文学艺术作品、科学著作、科学发明等。

【例1–1–2】下列各项中，可以成为我国法律关系客体的有（　　　）。

A. 自然人 　　　　　　　　　　B. 发明专利

C. 劳务 　　　　　　　　　　　D. 物质资料

【解析】BCD。自然人是法律关系的主体，不是客体。

（二）法律事实

法律事实，是指法律规范规定的、能够引起法律关系产生、变更和消灭的情况。法律规范和法律主体只是法律关系产生的抽象的、一般的前提，而法律事实则是法律关系发生、变更和消灭的直接原因。按是否以人们的意志为转移，法律事实可分为法律事件和法律行为两大类。

1. 法律事件

法律事件是不以人的主观意志为转移的，能够引起法律关系发生、变更和消灭的客观情况。事件可以是自然现象，如水灾、地震、台风等自然灾害，也可以是社会现象，如战争、重大政策的改变等。由自然现象引起的事实又称为绝对事件，由社会现象引起的事实又称为相对事件。

2. 法律行为

法律行为是以人的主观意志为转移的，能够引起法律关系发生、变更和消灭的人们的有目的、有意识的活动。法律行为包括合法行为和违法行为，二者均可引起法律关系的发生、变更和消灭。

【例1–1–3】甲、乙签订买卖苹果的合同一份。在合同履行前夕，因天降冰雹，将乙的苹果全部毁坏。双方商议，乙以梨代替苹果，后双方交货付款，钱货两清。请分析引起合同法律关系发生、变更和终止的原因各是什么？

【解析】引起合同法律关系发生的直接原因是甲乙双方签订了买卖合同，属于法律行为；引起合同法律关系变更的直接原因是天降冰雹，属于法律事件；引起合同法律关系终止的直接原因是甲乙双方履行了买卖合同，属于法律行为。可见，法律事实是引起法律关系发生、变更和终止的直接原因。

同步测试题：

一、单项选择题

1. 下列关于法的本质与特征的表述中，不正确的是（　　）。

A. 法是由国家制定或认可的规范

B. 法是全社会成员共同意志的体现

C. 法由统治阶级的物质生活条件所决定

D. 法凭借国家强制力的保障获得普遍遵行的效力

2. 下列法律事实中，属于法律事件的是（　　）。

A. 纵火　　　　　　　　　　　　B. 签订合同

C. 爆发战争　　　　　　　　　　D. 签发支票

3. 《会计法》规定，"会计记录的文字应当使用中文"这一规范属于（　　）。

A. 授权性规范　　　　　　　　　B. 任意性规范

C. 义务性规范　　　　　　　　　D. 禁止性规范

4. 《会计法》规定，"会计记录可以同时使用当地通用的一种民族文字"。该规范属于（　　）。

A. 授权性规范　　　　　　　　　B. 强制性规范

C. 义务性规范　　　　　　　　　D. 禁止性规范

二、多项选择题

1. 下列各项中，可以作为法律关系客体的有（　　）。

A. 土地使用权　　　　　　　　　B. 发明

C. 劳务　　　　　　　　　　　　D. 产品

2. 下列各项中，能够成为法律关系主体的有（　　）。

A. 公民　　　　　　　　　　　　B. 企业

C. 物　　　　　　　　　　　　　D. 非物质财富

3. 下列各项中，可以作为法律关系客体的有（　　）。

A. 阳光　　　　　　　　　　　　B. 房屋

C. 经济决策行为　　　　　　　　D. 荣誉称号

4. 下列各项中，属于法律关系客体的有（　　）。

A. 著作　　　　　　　　　　　　B. 荣誉称号

C. 提供一定劳务的行为　　　　　D. 人的眼角膜

5. 下列各项中，属于法律行为的有（　　）。

A. 订立合伙协议　　　　　　　　B. 签订合同

C. 签订和解协议　　　　　　　　D. 签发汇票

三、判断题

1. 法律是以行为关系为调整对象的规范。　　　　　　　（　　）
2. 每个法律规范中一定会同时出现假定、模式和后果三个部分。（　　）
3. 任何法律关系都由主体、客体和内容三个要素构成，缺少其中任何一个要素，都不构成法律关系。　　　　　　　　　　　（　　）
4. 公民有权利能力就一定有行为能力。　　　　　　　（　　）
5. 公民的权利能力与年龄、智力相关。　　　　　　　（　　）
6. 法律事实是法律关系发生、变更和消灭的前提条件。（　　）
7. 只有合法行为才能引起法律关系的发生、变更和消灭。（　　）
8. 某些权利在特定情况下也可成为法律关系的客体。　（　　）

第二节　经济纠纷的解决途径

经济纠纷是市场主体之间在经济活动中的经济权益争议，包括平等主体之间的经济纠纷和行政管理机关在履行经济管理职能中与管理相对人发生的争议。处理经济纠纷的方式主要有民事诉讼、行政复议、行政诉讼和经济仲裁，本书主要讲述会计人员在处理会计业务中常用的民事诉讼和经济仲裁两种方式。

一、仲裁

仲裁是指经济争议当事人依照事先约定或事后达成的书面仲裁协议，共同选定仲裁机构，由其对争议事项依法作出裁决的一种活动。

（一）仲裁的适用范围

根据《中华人民共和国仲裁法》（以下简称《仲裁法》）规定，平等主体的公民、法人和其他组织之间发生的合同纠纷和其他财产权益纠纷，可以仲裁。

下列纠纷不能仲裁：

（1）关于婚姻、收养、监护、扶养、继承等与人身有关的纠纷。
（2）依法应当由行政机关处理的行政争议。
（3）劳动争议纠纷。
（4）农业承包经营合同纠纷。

其中，第（3）、（4）项虽然都可以申请仲裁，但不属于《仲裁法》所规定的仲裁范围，而应由别的法律予以调整。

【例1-2-1】下列争议中，可以适用《仲裁法》进行仲裁的是（　　）。

A. 李某与某公司因解除劳动合同发生的争议

B. 甲、乙两人的继承遗产纠纷

C. 某工商局因购买电脑的质量问题与某商场发生的争议

D. 王某因不服某公安局对其作出的罚款决定而与该公安局发生的争议

【解析】C。A可以申请仲裁，但不适用《仲裁法》；B是与人身有关的纠纷，不能仲裁；D属于行政争议，不能仲裁。

（二）仲裁的基本原则

1. 自愿原则

当事人采用仲裁方式解决纠纷，应当双方自愿并达成仲裁协议；向哪个仲裁委员会申请仲裁，由当事人双方协商选定；仲裁事项由当事人双方约定；仲裁员由当事人自主选定，或者委托仲裁委员会主任指定，仲裁庭的组成形式也可由当事人约定；当事人可以约定开庭的形式、审理方式等。

2. 一裁终局原则

仲裁实行一裁终局原则。裁决作出后，当事人就同一纠纷再申请仲裁或者向人民法院提起诉讼的，仲裁委员会或者人民法院不予受理。当事人一方在法定期限内不履行仲裁裁决的，另一方可以申请人民法院强制执行。

3. 依据事实和法律，公平合理地解决纠纷原则

以事实为根据，就是要求忠于事实真相，全面、客观地查清与案件有关的事实情况。以法律为准绳，就是仲裁庭要在查明仲裁案件事实的基础上，按照法律的规定，分清是非曲直，确认当事人各方的权利与义务。在法律没有规定或者规定不完备的情况下，仲裁庭可以按照公平合理的一般原则来解决纠纷。

4. 独立仲裁原则

仲裁机构的设置、仲裁庭对仲裁纠纷的处理，不受任何行政机关、团体和个人干涉。

【例1-2-2】甲、乙两公司之间因合同纠纷向武汉某仲裁机构申请仲裁。仲裁裁决作出之后，甲不服，拟向人民法院提起诉讼。请问：法院是否会受理甲的诉讼？

【解析】法院不会受理甲的诉讼。因为仲裁实行一裁终局原则。裁决作出后，当事人就同一纠纷再申请仲裁或者向人民法院起诉的，仲裁委员会或者人民法院不予受理。

（三）仲裁机构

仲裁机构主要是指仲裁委员会。仲裁委员会可以在直辖市和省、自治区人民政府所在地的市设立，也可以根据需要在其他设区的市设立。仲裁委员会不按行政区划层层设立。仲裁委员会独立于行政机关，与行政机关没有隶属关系，仲裁委员会之间也没有隶属关系。

仲裁委员会由主任1人、副主任2～4人和委员7～11人组成，其中法律、经济贸易专家不得少于2/3。

（四）仲裁协议

仲裁协议是双方当事人同意将争议提交仲裁的书面约定。仲裁协议应当以书面形式订立，口头达成仲裁的意思表示无效。仲裁协议独立存在，合同的变更、解除、终止或者无效，不影响仲裁协议的效力。

1. 仲裁协议的内容

仲裁协议应当具备下列内容：①请求仲裁的意思表示。②仲裁事项。③选定的仲裁委员会。仲裁协议对仲裁事项或仲裁委员会没有约定或约定不明确的，当事人可以补充协议；达不成补充协议的，仲裁协议无效。

2. 仲裁协议的效力

（1）对双方当事人的法律效力。仲裁协议一经有效成立，即对双方当事人产生法律效力。发生纠纷后，当事人只能申请仲裁协议中所确定的仲裁机构进行仲裁、解决纠纷，而丧失就该纠纷向人民法院提起诉讼的权利。

（2）对人民法院的法律效力。有效的仲裁协议可以排除法院对仲裁协议中的争议事项的管辖权。《仲裁法》规定，当事人达成仲裁协议，一方向人民法院起诉的，人民法院不予受理，但仲裁协议无效的除外。当事人达成仲裁协议，一方向人民法院起诉未声明有仲裁协议的，人民法院受理后，另一方在首次开庭前提交仲裁协议的，人民法院应当驳回起诉，但仲裁协议无效的除外。当然如果另一方在首次开庭前未对人民法院受理该案提出异议的，视为放弃仲裁协议，人民法院应当继续审理。

（3）对仲裁机构的法律效力。仲裁协议是仲裁委员会受理仲裁案件的基础，是仲裁庭审理和裁决仲裁案件的依据。没有仲裁协议，一方申请仲裁的，仲裁委员会不予受理。仲裁庭只能对当事人在仲裁协议中约定的事项进行仲裁，对约定范围以外的其他争议无权仲裁。

（4）对仲裁协议效力的异议。当事人对仲裁协议的效力有异议的，可以请求仲裁委员会作出决定或请求人民法院作出裁决。一方请求仲裁委员会作出决定，另一方请求人民法院作出裁定的，由人民法院裁定。当事人对仲裁协议的效力有异议的，应当在仲裁庭首次开庭前提出。

【例1-2-3】甲、乙因买卖货物发生合同纠纷，甲向法院提起诉讼。开庭审理时，乙提出双方签有仲裁协议，应通过仲裁方式解决。对该案件的下列处理方式中，符合法律规定的是( )。

A. 仲裁协议有效，法院驳回甲的起诉

B. 仲裁协议无效，法院继续审理

C. 由甲、乙协商确定纠纷的解决方式

D. 视为甲、乙已放弃仲裁协议，法院继续审理

【解析】D。乙应该在首次开庭前向人民法院提交仲裁协议，而本案中，乙是在人民法院开庭审理时才提交仲裁协议，视为甲、乙已放弃仲裁协议，法院应继续审理。

（五）仲裁裁决

（1）仲裁不实行级别管辖和地域管辖，由当事人协议选定仲裁委员会。

（2）仲裁庭。仲裁庭可以由3名或者1名仲裁员组成。当事人约定由3名仲裁员组成仲裁庭的，应当各自选定或者各自委托仲裁委员会主任指定1名仲裁员，第3名仲裁员由当事人共同选定或者共同委托仲裁委员会主任指定，第3名仲裁员为首席仲裁员。当事人约定由1名仲裁员成立仲裁庭的，应当由当事人共同选定或者共同委托仲裁委员会主任指定。

（3）仲裁员的回避。仲裁员有下列情况之一的，必须回避，当事人也有权提出回避申请：①是本案当事人，或者当事人、代理人的近亲属。②与本案有利害关系。③与本案当事人、代理人有其他关系，可能影响公正仲裁的。④私自会见当事人、代理人，或者接受当事人、代理人的请客送礼的。

（4）仲裁应当开庭、不公开进行。仲裁应当开庭进行：当事人协议不开庭的，仲裁庭可以根据仲裁申请书、答辩书及其他材料作出裁决。仲裁不公开进行：当事人协议公开的，可以公开进行；但涉及国家秘密的除外。

（5）当事人的和解和调解。申请仲裁后，当事人可以自行和解。达成和解协议的，可以请求仲裁庭根据和解协议作出裁决书，也可以撤回仲裁申请。当事人达成和解协议，撤回仲裁申请后又反悔的，可以根据仲裁协议再申请仲裁。

仲裁庭在作出裁决前，可以先行调解。当事人自愿调解的，仲裁庭应当调解。调解不成的，仲裁庭应当及时作出裁决。调解达成协议的，仲裁庭应当制作调解书或者根据协议的结果制作裁决书，调解书与裁决书具有同等的法律效力。

调解书经双方当事人签收后，即发生法律效力。在调解书签收前当事人反悔的，仲裁庭应当及时作出裁决。

（6）仲裁裁决的作出和生效。仲裁应当按照多数仲裁员的意见作出；仲裁庭不能形成多数意见时，裁决应当按照首席仲裁员的意见作出。裁决书自作出之日起发生法律效力。

（7）仲裁裁决的强制执行。当事人应当履行仲裁裁决。如果一方当事人不履行仲裁裁决的，另一方当事人可以向被执行人住所地或被执行的财产所在地的中级人民法院申请强制执行。

【例1-2-4】甲、乙因合同纠纷达成仲裁协议，甲选定 A 仲裁员，乙选定 B 仲裁员，另由仲裁委员会主任指定一名首席仲裁员，3 人组成仲裁庭。仲裁庭在作出裁决时产生了两种不同意见。根据《仲裁法》的规定，仲裁庭应当采取的做法是(　　　)。

A. 按多数仲裁员的意见作出裁决　　B. 按首席仲裁员的意见作出裁决
C. 提请仲裁委员会作出裁决　　　　D. 提请仲裁委员会主任作出裁决

【解析】A。仲裁裁决应按多数仲裁员的意见作出；不能形成多数意见时，应当按首席仲裁员的意见作出。

二、民事诉讼

民事诉讼，是人民法院在当事人和其他诉讼参与人的参加下，依法解决民事纠纷的活动。我国目前没有专门的经济诉讼法，因而解决经济主体之间经济纠纷的诉讼适用《中华人民共和国民事诉讼法》（以下简称《民事诉讼法》）。

（一）民事诉讼的适用范围

平等主体的当事人之间因财产关系和人身关系发生的纠纷，可以提起民事诉讼。适用于《民事诉讼法》的案件具体包括五类：

（1）因民法、婚姻法、收养法、继承法等调整的平等主体之间的财产关系和人身关系发生的民事案件，如合同纠纷、房产纠纷、侵害名誉权纠纷等案件。

（2）因经济法、劳动法调整的社会关系发生的争议，法律规定适用民事诉讼程序审理的案件，如企业破产案件、劳动合同纠纷案件等。

（3）适用特别程序审理的选民资格案件和宣告公民失踪、死亡等非诉讼案件。

（4）按照督促程序解决的债务案件。

（5）按照公示催告程序解决的宣告票据和有关事项无效的案件。

（二）审判制度

1. 合议制度

除一审简易程序采用独任制审理外，其他案件都实行合议庭审判，即由若干审判人员组成合议庭对案件进行审理的制度。合议庭人数为三个以上的单数。合议庭的评议，实行少数服从多数，少数人的意见应当如实记入评议笔录。

2. 回避制度

为了保证案件的公正审判，与案件有利害关系的审判人员或其他有关人员，不得参与案件的审理或其他诉讼活动。回避适用于审判人员、人民陪审员、书记员、翻译人员、鉴定人员等。

3. 公开审判制度

人民法院审理案件，除涉及国家秘密、个人隐私或者法律另有规定的以外，应当公开进行。审判公开包括审判过程公开及审判结果公开，无论是否公开审理，审判结果都应当公开。

4. 两审终审制度

人民法院审理案件实行两审终审制，即一个案件经过两级人民法院审判后即告终结的制度。当事人不服一审的判决、裁定，可以上诉至二审人民法院。二审判决和裁定为终审的判决和裁定，自判决、裁定作出之日起，即发生法律效力。

并非每一案件必须经过两审，如果一审判决、裁定作出后，当事人不上诉或在法定期限内未上诉以及一审经过调解结案，不发生二审程序的，一审判决、裁定即发生法律效力；最高人民法院作出的一审判决、裁定，为终审的判决、裁定，当事人不得上诉；适用特别程序、督促程序、公示催告程序和破产程序审理的案件，实行一审终审制。

终审的判决和裁定确有错误的，可以通过审判监督程序纠正。

（三）诉讼管辖

诉讼管辖，是指各级法院之间和同级法院之间受理第一审民事案件和经济纠纷案件的分工和权限。诉讼管辖可以按照不同的标准分类，本书主要介绍级别管辖和地域管辖。

1. 级别管辖

级别管辖是指上、下级人民法院之间在受理第一审经济纠纷案件上的分工和权限。《民事诉讼法》规定，基层人民法院管辖除法律规定由上级人民法院管辖以外的所有第一审经济纠纷案件；中级人民法院管辖重大涉外案件、本辖区有重大影响的案件以及最高人民法院确定由中级人民法院管辖的第一审经济纠纷案件；高级人民法院管辖在本辖区有重大影响的案件；最高人民法院管辖在全国有重大影响的案件以及其认为应当由其审理的案件。

2. 地域管辖

地域管辖是指同级人民法院之间受理第一审经济纠纷案件的分工和权限。地域管辖一般分为：

（1）一般地域管辖。一般地域管辖是按照当事人所在地与法院辖区的隶属关系来确定案件管辖法院。这种管辖通常实行原告就被告的原则，由被告人住所地的人民法院管辖。

（2）特殊地域管辖。①因合同纠纷提起的诉讼，由被告所在地或者合同履行地人民法院管辖。②因保险合同纠纷提起的诉讼，由被告住所地或者保险标的物所在地人民法院管辖。③因票据纠纷提起的诉讼，由票据支付地或者被告住所地人民法院管辖。④因铁路、公路、水路、航空运输和联合运输合同纠纷提起的诉讼，由运输始发地、目的地或者被告住所地人民法院管辖。⑤因侵权行为提起的诉讼，由侵权行为地或者被告住所地人民法院管辖。⑥因铁路、公路、水上和航空事故请求损害赔偿提起的诉讼，由事故发生地或者车辆、船舶最先到达地、航空器最先降落地或者被告住所地人民法院管辖。

（3）专属管辖。专属管辖即法律强制规定某些案件由特定的人民法院管辖，其他人民法院无权管辖，当事人不得协议变更人民法院管辖。如：①不动产纠纷案由不动产所在地人民法院管辖。②因港口作业中发生纠纷提起的诉讼，由港口所在地人民法院管辖。③因继承遗产纠纷提起的诉讼，由被继承人死亡时住所地或者主要遗产所在地人民法院管辖。

（4）选择管辖。两个以上人民法院都有管辖权的诉讼，原告可以向其中一个人民法院起诉；原告向两个以上有管辖权的人民法院起诉的，由最先立案的人民法院管辖。

【例1-2-5】甲、乙在X地签订合同，将甲在Y地的一栋房产出租给乙。后因乙未按期支付租金，双方发生争议。甲到乙住所地人民法院起诉后，又到Y地人民法院起诉。Y地人民法院于3月5日予以立案，乙住所地人民法院于3月8日予以立案。根据民事诉讼法律制度的规定，该案件的管辖法院应当是（　　）。

A. 甲住所地人民法院　　　　　　B. 乙住所地人民法院
C. X地人民法院　　　　　　　　D. Y地人民法院

【解析】D。因合同纠纷提起的诉讼，由被告住所地（乙住所地）或者合同履行地（Y地）的人民法院管辖；原告向两个以上有管辖权的人民法院起诉的，由最先立案的人民法院（Y地）管辖。

（四）诉讼时效

诉讼时效，是指权利人在法定期间内不行使权利而失去诉讼保护的制度。

诉讼时效期间届满消灭的是胜诉权，并不消灭实体权利。时效届满后，当事人自愿履行义务的，不受诉讼时效的限制。

1. 诉讼时效期间

（1）普通诉讼时效期间。普通诉讼时效期间是指具有普遍意义的诉讼时效期间。除法律另有规定以外，一般诉讼时效期间为两年。

（2）特别诉讼时效期间。特别诉讼时效期间是指仅适用于特定民事法律关系的诉讼时效期间。下列事项的诉讼时效期间为1年：①身体受到伤害要求赔偿的。②出售质量不合格产品未声明的。③延付或者拒付租金的。④寄存财物被丢失或者损毁的。

（3）最长诉讼时效。诉讼时效自权利人知道或者应当知道其权利受到侵害之日起计算；但从权利被侵害之日起超过20年的，人民法院不予保护。

2. 诉讼时效的中断、中止和延长

（1）诉讼时效的中断。诉讼时效的中断是指在诉讼时效期满前进行中，因发生一定的法定事由，致使已经经过的时效期间统归无效，待时效中断的事由消除后，诉讼时效期间重新起算。

中断的法定事由主要有：①权利人提起诉讼。②当事人一方提出履行义务的要求。③当事人一方同意履行义务等。

（2）诉讼时效的中止。诉讼时效中止，是指在诉讼时效期间的最后6个月内，因不可抗力或其他障碍致使权利人无法行使请求权时，暂停计算诉讼时效期间；中止时效的原因消除后，时效期间继续计算。

其他障碍是指不可抗力以外的、非由权利人的意志所决定的、足以阻碍权利人行使权利的情况，包括权利被侵害的无民事行为能力人、限制民事行为能力人没有法定代理人或法定代理人死亡、丧失代理权和丧失行为能力，或者法定代表人本人丧失行为能力；也包括继承开始后继承人尚未确定或者非因继承人的原因导致遗产管理人不明确，使继承人不能行使其继承权等。

（3）诉讼时效的延长。诉讼时效期间届满以后，人民法院查明权利人在诉讼时效期间确有法律规定之外的正当理由而未行使请求权的，经权利人请求，人民法院经审查确认后可以决定延长已完成的诉讼时效期间。

【例1-2-6】2006年5月5日，甲拒绝向乙支付到期货款，乙忙于事务一直未向甲主张权利。2008年4月1日，乙因出差遇险无法行使请求权的时间为20天。则乙请求人民法院保护其权利的诉讼时效期间是（　　　）。

A. 自2006年5月5日至2008年4月1日

B. 自2006年5月5日至2008年5月5日

C. 自2006年5月5日至2008年5月25日

D. 自 2008 年 4 月 1 日至 2008 年 5 月 25 日

【解析】C。"到期货款未支付"，适用两年的诉讼时效期间，"出差遇险"发生在诉讼时效期间的"最后 6 个月内"，中止诉讼时效的进行，诉讼时效期间顺延 20 天。

（五）判决与执行

当事人不服地方人民法院第一审判决的，有权在判决书送达之日起 15 日内向上一级人民法院提起上诉。当事人不服地方人民法院第一审裁定的，有权在裁定书送达之日起 10 日内向上一级人民法院提起上诉。逾期不提起上诉的，人民法院的第一审判决或者裁定发生法律效力。

第二审人民法院的判决、裁定是终审的判决、裁定。发生法律效力的判决、裁定，当事人应当执行；拒不执行的，另一方当事人可申请人民法院强制执行。

同步测试题：

一、单项选择题

1. 根据《仲裁法》的规定，下列各项中，可以申请仲裁的是（ ）。

A. 甲某与村民委员会签订的土地承包合同纠纷

B. 职工甲与乙企业间的劳动合同纠纷

C. 某公安局与某商场之间的服装买卖纠纷

D. 甲、乙两对夫妇间的收养合同纠纷

2. 甲、乙因房屋买卖纠纷欲提起诉讼。根据《民事诉讼法》的规定，对该案件享有管辖权的法院是（ ）。

A. 甲住所地法院　　　　　　B. 乙住所地法院

C. 房屋所在地法院　　　　　D. 甲、乙协议的法院

3. 甲、乙因某不动产发生纠纷，甲欲通过诉讼方式解决，其选择诉讼管辖法院的下列表述中，符合法律规定的是（ ）。

A. 甲只能向甲住所地法院提起诉讼

B. 甲只能向乙住所地法院提起诉讼

C. 甲只能向该不动产所在地法院提起诉讼

D. 甲可以选择向乙住所地或该不动产所在地法院提起诉讼

4. 在诉讼时效期间的最后 6 个月内，因不可抗力或者其他障碍致使权利人不能行使请求权的，诉讼时效期间计算适用的情形是（ ）。

A. 诉讼时效期间的计算不受影响，继续计算

B. 诉讼时效期间暂停计算，待障碍消除后继续计算

C. 已经过的诉讼时效期间归于无效，待障碍消除后重新计算

D. 权利人可请求法院延长诉讼时效期间

二、多项选择题

1. 根据《仲裁法》的规定，下列关于仲裁委员会的表述中，正确的有( )。

A. 仲裁委员会是行政机关

B. 仲裁委员会不按行政区划层层设立

C. 仲裁委员会独立于行政机关

D. 仲裁委员会之间没有隶属关系

2. 下列各项中，符合《仲裁法》规定的有( )。

A. 仲裁实行自愿原则

B. 仲裁一律公开进行

C. 仲裁不实行级别管辖和地域管辖

D. 当事人不服仲裁裁决可以向人民法院起诉

3. 下列关于我国仲裁制度的表述中，符合《仲裁法》规定的有( )。

A. 仲裁庭作出的仲裁裁决为终局裁决

B. 当事人不服仲裁裁决可以向法院起诉

C. 当事人协议不开庭的，仲裁可以不开庭进行

D. 仲裁的进行以双方当事人自愿达成的书面仲裁协议为条件

4. 根据《民事诉讼法》的规定，下列纠纷中，当事人可以提起民事诉讼的有( )。

A. 侵害名誉权纠纷   B. 继承纠纷

C. 收养纠纷   D. 劳动合同纠纷

5. 根据我国有关法律的规定，因票据纠纷提起诉讼，享有诉讼管辖权的法院有( )。

A. 原告住所地法院   B. 票据支付地法院

C. 被告住所地法院   D. 票据出票地法院

三、判断题

1. 仲裁协议对仲裁事项没有约定或约定不明确的，当事人可以补充协议；达不成补充协议的，仲裁协议无效。 ( )

2. 有效的仲裁协议可排除法院的管辖权。 ( )

3. 当事人对仲裁协议的效力有异议，应当在仲裁庭作出裁决之前提出。 ( )

4. 当事人对仲裁协议的效力有异议时，一方请求仲裁委员会作出裁定，

另一方请求人民法院作出裁定的，由仲裁委员会决定。　　　　　（　　）

5. 甲公司与乙公司解除合同关系，则合同中的仲裁条款也随之失效。

　　　　　　　　　　　　　　　　　　　　　　　　　　　　（　　）

6. 仲裁实行一裁终局制度，诉讼实行两审终审制度。　　　　　（　　）

7. 当事人采用仲裁方式解决纠纷的，应当由双方自愿达成仲裁协议。

　　　　　　　　　　　　　　　　　　　　　　　　　　　　（　　）

8. 当事人申请仲裁，必须按照级别管辖和地域管辖的规定选择仲裁委员会。

　　　　　　　　　　　　　　　　　　　　　　　　　　　　（　　）

9. 仲裁裁决作出以后，一方当事人不履行的，另一方当事人可向人民法院申请执行。　　　　　　　　　　　　　　　　　　　　　　（　　）

10. 诉讼时效中止的法定事由发生之后，已经经过的时效期间统归无效。

　　　　　　　　　　　　　　　　　　　　　　　　　　　　（　　）

四、简答题

仲裁与诉讼的异同。

第二章　会计法律制度

【学习目标】

　　通过本章学习，掌握我国会计法律制度的构成和会计核算、会计监督的具体规定；熟悉我国会计工作管理体制以及会计机构和会计人员的相关规定；了解违反《中华人民共和国会计法》（以下简称《会计法》）应承担的法律责任。

【案例导入】

　　某国有企业新领导班子上任后，作出了精简内设机构的决定，将会计科撤并到企业管理办公室（以下简称"企管办"），同时任命企管办主任王某兼任会计主管人员。会计科撤并到企管办后，会计工作分工如下：原会计科会计担任会计；原企管办工作人员、王某的女儿担任出纳工作。

　　企管办主任王某自参加工作后一直从事文秘工作，为了使王某尽快胜任会计主管人员岗位，企业同意王某半脱产参加会计培训班，并参加2009年会计从业资格考试。

　　请问：该企业撤并会计机构，任命会计主管人员，会计工作岗位分工是否有违反法律规定之处？分别说明理由。

　　【解析】

　　（1）该企业撤并会计机构无违法之处。根据《会计法》的规定，各单位应当根据会计业务的需要，设置会计机构。该单位若认为没有必要单独设置会计机构，是可以不设的。所以，该单位可以撤销会计机构，将它并到企管办。

　　（2）任命王某为会计主管人员有违法之处。根据《会计法》的规定，担任单位会计机构负责人（会计主管人员）的，除取得会计从业资格证书外，还应当具备会计师以上专业技术职务资格或者从事会计工作三年以上经历。王某不具备法定资格，既无会计师专业技术职务资格，以往从事的又是文秘工作，不能做会计主管人员。

（3）由王某的女儿担任出纳工作，也是违法的。依据《会计基础工作规范》的要求，国家机关、国有企业、事业单位任用会计人员应当实行回避制度，其中会计主管人员的直系亲属不得在本单位会计机构中担任出纳工作。

第一节　会计法律制度的构成

会计法律制度，是指国家权力机关和行政机关制定的各种会计规范性文件的总称，它是调整各种会计关系的法律规范，是从事会计工作、办理会计事务必须遵循的行为准则。

目前，我国基本形成了以《会计法》为主体的具有中国特色的比较完整的会计法律制度体系，主要包括四个层次：会计法律、会计行政法规、国家统一的会计制度和地方性会计法规。

一、会计法律

会计法律，是指由全国人民代表大会及其常务委员会经过一定立法程序制定的有关会计工作的法律。它是会计法律制度体系的最高层次，是制定其他会计法规的依据，也是指导会计工作的最高准则，是会计机构、会计工作、会计人员的根本大法。我国现行的会计法律是 1985 年 1 月 21 日第六届全国人大常务委员会第九次会议通过、根据 1993 年 12 月 29 日第八届全国人大常务委员会第五次会议《关于修改〈中华人民共和国会计法〉的决定》修正、1999 年 10 月 31 日第九届全国人大常务委员会第十二次会议修订的《会计法》。

（一）《会计法》的立法宗旨

1. 以立法"规范会计行为"

会计行为，是指会计机构和会计人员有目的的财务收支活动，即运用货币量度对经济活动过程中使用的财产物资和发生的劳动耗费等进行的系统的计算、记录、分析和检查等活动。会计行为以会计机构和会计人员为主体，以会计核算和会计监督为手段，以资金运动为对象。由于会计行为涉及面非常广泛，对国家、单位和个人之间的经济利益和社会经济秩序有着重大的影响，因此，规范会计行为也就成为《会计法》的首要立法宗旨。

2. 通过立法"保证会计资料真实、完整"

会计资料，是会计信息的载体，能否做到真实、完整，对国家的宏观调控、企业的经营管理以及投资者的正确决策，都有重大影响。随着我国经济体制改革的不断深化和市场经济的发展，账外设账、会计造假等问题十分突出。为了使法律更具有针对性，尽量减少会计资料失真的社会条件和机会，堵住法律上存在的漏洞，《会计法》提出了保证会计资料真实、完整的要求。

3. 通过立法"加强经济管理和财务管理、提高经济效益"

会计对经济管理和财务管理的作用，在于会计的核算和监督职能。会计通过既定的规则和专门的方法，确认、计量、记录和报告经济业务事项的发生过程和结果，提供有用的会计信息，借以明确经济责任、考核经营业绩、作出投资决策、改善经营管理、提高经济效益。保证上述会计职能作用的发挥，是《会计法》的重要出发点。

4. 通过立法"维护社会主义市场经济秩序"

在社会主义市场经济条件下，各单位的会计行为不仅是个体行为，还与市场经济秩序有着密切联系。会计行为是否规范，会计资料质量是否有保证，都直接或者间接地影响政府管理部门、利益相关者和社会公众的利益，进而影响整个市场经济秩序。所以，《会计法》通过规范会计行为和保证会计资料的真实、完整，促进会计工作更好地为维护社会主义市场经济秩序服务。

（二）《会计法》的适用范围

1.《会计法》对人的效力范围

《会计法》适用两类人：一是实行独立核算、办理会计事务的单位，包括国家机关、社会团体、公司、企业、事业单位和其他组织；二是主管机关及其有关机关，包括各级财政部门、税务部门、审计部门和业务主管部门。另外，《会计法》第五十一条中规定"个体工商户设置账簿、进行会计核算的具体办法，由国务院财政部门依据本法的原则另行规定"。

2. 《会计法》的地域适应范围

《会计法》对地域适用范围未作规定，根据我国法律的习惯，应理解为适用于除中国香港、台湾、澳门地区之外的中华人民共和国领域内。在中华人民共和国境外的中国投资企业应当执行所在国的法律，不受中国《会计法》的约束。但是，这些企业在向国内提供财务会计报告和其他会计资料时，应当按照国内法律和投资主体的要求进行。我国驻外使馆，由于不受外国管辖又不与所在国直接发生经济业务事项，故只执行国内会计法律，不执行所在国的会计法律。

【例 2-1-1】设立在甲市的某中外合资经营企业乙公司。2005 年 5 月，乙公司接到通知，甲市财政局将对该公司会计工作情况进行检查。公司董事长兼总经理王某不以为然，认为作为中外合资经营企业，不受《会计法》的约束，财政部门无权对本公司进行检查。要求：分析乙公司董事长兼总经理王某的观点是否正确。

【解析】根据《会计法》的规定，县级以上人民政府财政部门为各单位会计工作的监督检查部门，对各单位会计工作行使监督权，财政部门有权依法对中外合资企业的会计工作进行监督检查。所以，王某认为中外合资经营企业不受《会计法》约束的观点是不正确的。

二、会计行政法规

会计行政法规，是指由国务院制定并发布，或者国务院有关部门拟定并经国务院批准发布，调整经济生活中某些方面会计关系的法律规范。其制定依据是《会计法》，是《会计法》的补充和具体化，其法律效力仅次于《会计法》。如国务院发布的《总会计师条例》、《企业财务会计报告条例》等。

《企业财务会计报告条例》自 2001 年 1 月 1 日起施行，共分六章四十六条，是对《会计法》中有关财务会计报告的规定的细化。它主要规定了企业财务会计报告的构成、编制和对外提供的要求、法律责任等。该条例要求企业负责人对本企业的财务会计报告的真实性和完整性负责；强调任何组织或者个人不得授意、指使、强令企业编制和对外提供虚假的或者隐瞒重要事实的财务会计报告；规定有关部门或机构必须依据法律法规索要企业财务会计报告。条例还对违法违规行为应承担的法律责任作了明确规定。

《总会计师条例》是对《会计法》中有关规定的细化和补充，共分五章二十三条，主要规定了单位总会计师的职责、权限、任免、奖惩等。

【例 2-1-2】会计行政法规是由（　　）发布的。

A. 全国人民代表大会　　　　　　B. 国务院

C. 财政部　　　　　　　　　　　D. 国务院有关部门拟定经国务院批准

【解析】BD。会计行政法规是指由国务院制定并发布，或者国务院有关部门拟定并经国务院批准发布，调整经济生活中某些方面会计关系的法律规范。

三、国家统一的会计制度

国家统一的会计制度，是指国务院财政部门根据《会计法》制定的关于会计核算、会计监督、会计机构和会计人员以及会计工作管理的制度，包括部门规章和规范性文件。

会计部门规章，由财政部制定，并由部门首长签署命令予以公布的制度办法，如以财政部第 73 号部长令签发的《会计从业资格管理办法》和以财政部第 33 号部长令签发的《企业会计准则——基本准则》等。

会计规范性文件，是指主管全国会计工作的行政部门即国务院财政部门制定并发布的制度办法，如企业会计准则体系中的 38 项具体准则及应用指南、《企业会计制度》、《会计基础工作规范》，以及财政部与国家档案局联合发布的《会计档案管理办法》等。

国家实行统一的会计制度。国家统一的会计制度由国务院财政部门根据《会计法》制定并公布。对会计核算和会计监督有特殊要求的行业，允许国务院有关部门依照《会计法》和国家统一的会计制度制定具体办法或者补充规定，但必须报国务院财政部门审核批准。军队实施国家统一的会计制度的具体办法，由中国人民解放军总后勤部制定，但须报国务院财政部门备案。

《会计法》授权国务院财政部门根据管理会计工作的需要，按照《会计法》所确立的基本原则和要求，制定并公布国家统一的会计制度。国务院其他部门没有权利制定国家统一的会计制度，但并不排除国务院财政部门会同其他有关部门联合制定国家统一的会计制度中的有关制度，如财政部、国家档案局联合制定的《会计档案管理办法》。

【例 2-1-3】下列各项中属于国家统一的会计制度的有（　　）。

A. 财政部发布的《会计基础工作规范》

B. 国家税务总局发布的《个体工商户建账管理办法》

C. 财政部、国家档案局发布的《会计档案管理办法》

D. 中国会计学会制定的《中国会计学会章程》

【解析】AC。国家统一的会计制度由财政部或者财政部会同其他部门一起制定。

四、地方性会计法规

地方性会计法规，是指省、自治区、直辖市的人民代表大会及其常务委员会在与宪法、法律和行政法规不相抵触的前提下，根据本地区情况制定、发布的地方会计规范性文件。如《湖北省代理记账管理实施办法》、《湖北省会计从业资格管理实施办法》和《广东省会计从业资格管理实施办法》等。根据规定，实行计划单列市、经济特区的人民代表大会及其常务委员会在宪法、法律和行政法规允许范围内制定的会计规范性文件，也应当属于地方性会计法规。

【例2-1-4】会计员小王桌上有几份文件，即由全国人民代表大会常务委员会制定的《中华人民共和国会计法》、国务院制定的《总会计师条例》、湖北省人民代表大会制定的《湖北省实施〈中华人民共和国会计法〉办法》以及财政部和国家档案局联合制定的《会计档案管理办法》。小王认为这些文件都属于行政法规。请分析小王的判断正确吗？

【解析】小王的判断不正确。行政法规是由国家最高行政机关——国务院制定、发布的规范性文件。本例中只有《总会计师条例》符合这个规定，属于会计行政法规；《中华人民共和国会计法》属于会计法律；《会计档案管理办法》属于国家统一的会计制度；《湖北省实施〈中华人民共和国会计法〉办法》属于地方性会计法规。

同步测试题：

一、单项选择题

1. 我国的会计法律制度包括会计法律、会计行政法规、国家统一的会计制度和地方性会计法规4个层次，其中（　　）是指导会计工作的最高准则。

A. 会计法律　　　　　　　　　B. 会计行政法规
C. 会计规章　　　　　　　　　D. 会计法律、法规

2. 下列各项中属于会计法律的是（　　）。

A.《中华人民共和国会计法》　　B.《总会计师条例》
C.《会计基础工作规范》　　　　D.《企业会计制度》

3. 指导会计工作的最高准则，是由（　　）制定的。

A. 国务院　　　　　　　　　　B. 全国人大及其常务委员会
C. 省级人大及其常务委员会　　D. 财政部

4. 会计行政法规是由（　　）制定发布的。

A. 财政部　　　　　　　　　　　B. 全国人民代表大会

C. 国务院　　　　　　　　　　　D. 最高人民法院

5. 下列文件中(　　)属于行政法规。

A.《总会计师条例》　　　　　　　B.《会计法》

C.《会计基础工作规范》　　　　　D.《企业会计制度》

6. 能制定地方性法规的主体是(　　)。

A. 湖北省人民政府　　　　　　　　　　B. 武汉市人民政府

C. 湖北省人民代表大会及其常务委员会D. 湖北省法制办公室

二、多项选择题

1. 下列各项,属于我国会计法律制度构成范围的是(　　)。

A.《中华人民共和国会计法》

B.《总会计师条例》

C.《会计档案管理办法》

D.《湖北省实施〈中华人民共和国会计法〉办法》

2. 有权制定地方性法规的是(　　)。

A. 省、自治区、直辖市的人大及其常务委员会

B. 省级人民政府

C. 计划单列市的人民政府

D. 经济特区的人大及其常务委员会

3. 会计法律制度是指国家权力机关和行政机关制定的各种会计规范性文件的总称,下列各项中属于会计法律制度的有(　　)。

A. 会计法律　　　　　　　　　B. 会计行政法规

C. 会计规章　　　　　　　　　D. 单位制定的内部监督制度

4. 下列各项中,属于会计行政法规的有(　　)。

A. 国务院发布的《总会计师条例》

B. 国务院发布的《企业财务会计报告条例》

C. 省级人大常务委员会发布的地方会计管理条例

D. 财政部发布的《财政部门实施会计监督办法》

5. 根据《会计法》对人的效力范围,《会计法》适用于(　　)。

A. 公司　　　　　　　　　　　B. 国家机关

C. 社会团体　　　　　　　　　D. 证券监管部门

第二节　会计工作管理体制

一、会计工作的主管部门

会计工作的主管部门,是指代表国家对会计工作行使管理职能的政府部门。《会计法》规定:"国务院财政部门主管全国的会计工作,县级以上地方各级人民政府财政部门管理本行政区域内的会计工作。"由各级人民政府财政部门管理本行政区域内的会计工作,体现了"统一领导,分级管理"的原则。因此,会计工作的主管部门为各级财政部门,在全国为财政部,在地方为县级以上地方各级人民政府财政部门。

除了财政部门主管会计工作以外,审计、税务、各行业的财务主管部门也要结合自己的业务特点,来配合财政部门管理会计工作。《会计法》规定:"财政、审计、税务、人民银行、证券监管、保险监管等部门应当依照有关法律、行政法规规定的职责,对有关单位的会计资料实施监督检查。"这一规定,体现了财政部门与其他政府管理部门在管理会计事务中的相互协作、相互配合的关系。

二、会计人员的管理

(一)从事会计工作的人员,必须取得会计从业资格证书

会计人员从业资格,是指从事会计工作的人员所需要具备的法律资格。会计从业资格证书,是指会计工作人员持有的上岗凭证,是会计人员从事会计工作的合法依据。从事会计工作的人员,必须取得会计从业资格证书,这是由会计工作的专业性和会计工作在社会经济活动中的特殊性所决定的。会计机构负责人(会计主管人员)是指单位任用的组织、领导会计机构进行会计核算、实行会计监督的中层管理人员。会计机构负责人(会计主管人员)也是会计人员,也必须取得会计从业资格证书,同时,要具备会计师以上专业技术职务资格或者从事会计工作三年以上经历。

《会计法》、《会计基础工作规范》以及国务院于 1990 年 12 月 31 日发布的《总会计师条例》等,对总会计师的设置、任职条件、职责权限等作了明

确规定。总会计师是主管本单位财务会计工作的行政领导成员，是单位财务会计工作的主要负责人，全面负责财务会计管理和经济核算，参与单位的重大经营决策活动，是单位主要行政领导人的参谋和助手，直接对单位主要行政领导人负责。会计人员的任用、晋升、调动、奖惩，应当事先征求总会计师的意见；财会机构负责人或者会计主管人员的人选，应当由总会计师进行业务考核，依照有关规定审批。担任总会计师，必须在取得会计师任职资格后，主管一个单位或者单位内一个重要方面的财务会计工作时间不少于三年。国有大、中型企业（包括国有资产占控股地位或主导地位的大、中型企业）必须设置总会计师；其他单位亦可根据需要自行决定是否设置总会计师。凡是设置总会计师的单位，不应当再设置与总会计师职责重叠的行政副职。总会计师由本单位主要行政领导人提名，政府主管部门任命或者聘任；免职或者解聘程序与任命或者聘任程序相同。

【例2-2-1】某国有大型企业财务科的助理会计师李某因业务能力突出，被厂长任命为单位的总会计师，同时，厂长任命王某为单位分管财务工作的副厂长，协助总会计师开展工作。请分析本案中有哪些违法之处。

【解析】本案中有三处违法。①助理会计师李某无资格担任总会计师，因为担任总会计师，必须在取得会计师任职资格后，主管一个单位或者单位内一个重要方面的财务会计工作时间不少于三年。②厂长无权任命总会计师，因为总会计师由本单位主要行政领导人提名，政府主管部门任命或者聘任。③厂长不能再任命王某为单位分管财务工作的副厂长，因为凡是设置总会计师的单位，不应当再设置与总会计师职责重叠的行政副职。

（二）会计人员的管理

会计人员的管理主要包括对会计人员的业务管理和专业资格管理。财政部门负责会计人员的会计从业资格管理、会计专业技术职务资格管理、会计人员评优表彰奖惩以及会计人员继续教育等。

会计从业资格管理实行属地原则。县级以上地方人民政府财政部门负责本行政区域内的会计从业资格管理。

财政部委托中共中央直属机关事务管理局、国务院机关事务管理局按照各自权限分别负责中央在京单位的会计从业资格的管理。新疆生产建设兵团财务局负责所属单位的会计从业资格的管理。财政部委托交通部负责铁路系统的会计从业资格的管理。财政部委托中国人民解放军总后勤部、中国人民武装警察部队后勤部分别负责中国人民解放军、中国人民武装警察部队系统的会计从业资格的管理。

三、单位会计工作管理

（一）单位负责人的会计责任

1. 单位负责人的含义

单位负责人，是指法定代表人或者法律、行政法规规定代表单位行使职权的主要负责人。单位负责人主要包括两类人员：①单位的法定代表人，是指依法代表法人单位行使职权的负责人，如国有工业企业的厂长（经理）、国家机关的行政首长等。②按照法律、行政法规的规定代表单位行使职权的负责人，即是指依法代表非法人单位行使职权的负责人，如代表合伙企业执行合伙企业事务的合伙人、个人独资企业的投资人等。

2. 单位负责人会计责任的范围

单位负责人负责单位内部的会计工作管理，是本单位会计行为的责任主体，应当保证会计机构、会计人员依法履行职责，不得授意、指使、强令会计机构和会计人员违法办理会计事项，对本单位的会计工作和会计资料的真实性、完整性负责。

单位负责人负责单位内部的会计工作管理，并不是要求单位负责人事必躬亲、直接代替会计人员办理会计事务，而是指应当建立健全有效的内部控制制度、内部制约机制，明确会计工作相关人员的职责权限、工作规程和纪律要求，并按正常途径了解上述制度的执行情况和会计工作相关人员履行职责的情况，保证单位负责人的管理意志在各个环节得以实施，保证会计工作相关人员按照单位负责人认可的程序、要求办理会计事务，保证会计事务的规则程序能够有效防范和控制违法、舞弊等会计行为的发生。

【例 2-2-2】某单位会计资料造假，该单位负责人以自己这段时间在国外学习、对单位情况没过问为由，不愿承担相应的会计责任。请问：该单位负责人的理由成立吗？

【解析】该单位负责人的理由不能成立。《会计法》规定，单位负责人是本单位会计行为的责任主体，对本单位的会计工作和会计资料的真实性、完整性负责。

（二）会计机构、会计人员的基本职责

《会计法》规定单位负责人为本单位会计行为的责任主体，并非否定会计人员和会计工作的其他相关人员的职能作用，与发挥单位其他人员的职能作用并不矛盾。单位作为一个社会组织，应当是职责明确、相互制约、各司其职、有序运转、共同为实现单位目标而努力的群体，而单位负责人应当是该群体的

管理者、指挥者、协调者、督促者。《会计法》在规定单位负责人为本单位会计行为责任主体的同时，也规定了会计机构、会计人员和其他人员的职责、法律责任。会计人员和会计工作其他相关人员不仅要对单位负责人负责，同样也应当对法律负责。

《会计法》第五条第一款规定："会计机构、会计人员依照本法规定进行会计核算，实行会计监督。"它明确规定了会计机构、会计人员的基本职责是进行会计核算、实行会计监督。要保证会计核算和会计监督顺利有效地进行，必须要求会计核算和会计监督有规范的法律依据，严格按照法律程序进行。否则，任行其事，会计核算和会计监督就起不到把关守口和为经济管理服务的作用。因此，会计人员必须严格按照会计法进行会计核算、实行会计监督。但是，会计机构、会计人员依法进行会计核算和会计监督，还需要单位负责人、单位的其他人员和其他单位的有关人员的支持和配合，他们也有责任和义务保证会计机构、会计人员能够依法行使职权，不能阻碍其行使这一职权，更不能对其依法行使职权进行非法干预。

【例2-2-3】会计人员张某学习了《会计法》后认为，既然《会计法》规定单位负责人为本单位会计行为的责任主体，因此，会计人员不需再就会计行为承担责任了。请问：张某的认识正确吗？

【解析】张某的认识不正确。《会计法》在规定单位负责人为本单位会计行为责任主体，对本单位的会计工作和会计资料的真实性、完整性负责的同时，也规定了会计机构、会计人员和其他人员的职责、法律责任。会计人员和会计工作其他相关人员不仅要对单位负责人负责，同样也应当对法律负责。

同步测试题：

一、单项选择题

1. 我国的会计管理体制是(　　　)。

A. 统一领导
B. 统一领导，分级管理
C. 分级管理
D. 统一领导，集中管理

2. 下列说法不正确的是(　　　)。

A. 国务院财政部门管理全国的会计工作
B. 县级以上地方各级人民政府财政部门管理本行政区域内的会计工作
C. 国家统一的会计制度由国务院财政部门制定并公布
D. 会计人员如果由于应知而未知国家统一会计制度造成会计违法行为的，不需承担法律责任

3. 根据《总会计师条例》规定，总会计师是(　　)。

A. 专业技术人员　　　　　　　　B. 会计机构负责人

C. 单位行政领导职务　　　　　　D. 单位行政非领导职务

4. (　　)必须设置总会计师一职。

A. 政府业务主管部门　　　　　　B. 私营大型企业

C. 国有大、中型企业　　　　　　D. 股份有限公司

5. 下列需要指定"会计主管人员"的部门或情形是(　　)。

A. 单独设置会计机构

B. 会计业务由单位办公室负责并设置专职会计人员

C. 单位委托代理记账

D. 企业专设会计部

二、多项选择题

1. 下列行为中，不符合会计法律制度规定的有(　　)。

A. 某市财政局对本行政区域内的单位执行国家统一的会计制度的情况进行检查

B. 某医院在行政办公室设置了会计人员并指定符合条件的会计主管人员

C. 某大型国有企业同时设置了总会计师和分管会计工作的副总经理

D. 某镇财政所对一名会计人员作出吊销会计从业资格证书的决定

2. 根据《会计法》的规定，下列企业中，必须设置总会计师的有(　　)。

A. 大、中型国有企业

B. 大、中型城镇集体所有制企业

C. 国有资产占控股地位的大、中型企业

D. 国有资产占主导地位的大、中型企业

3. 单位负责人会计责任的范围包括(　　)。

A. 按照规定设置会计机构、选用会计人员

B. 保证会计机构和会计人员依法履行职责

C. 不得对依法履行职责、抵制违反《会计法》规定行为的会计人员实行打击报复

D. 审核本单位编制的财务会计报告

三、判断题

1. 由于总会计师主管一个单位的会计工作，故必须具有高级会计师的任职资格。　　　　　　　　　　　　　　　　　　　　　　　　　　(　　)

2. 会计机构负责人除取得会计从业资格证书外，还必须具备会计师以上专业技术职务资格并从事会计工作三年以上。　　　　　　　　　(　　)

3. 总会计师一职的设置是根据单位规模的大小来确立的。　　　（　　）

4. 国有企业和大、中型企业必须设置总会计师。　　　　　　　（　　）

5.《会计法》中所称的单位负责人均指法定代表人。　　　　　（　　）

6. 单位负责人可以是本单位会计行为的责任主体，也可以不是本单位会计行为的责任主体，可以根据各个不同单位的实际情况确定。　　　（　　）

7. 单位负责人为单位会计责任主体，这就是说如果一个单位会计工作中出现违法违纪行为，单位负责人应当承担全部责任。　　　　　（　　）

8.《会计法》规定："单位负责人对本单位的会计工作和会计资料的真实性、完整性负责。"这一条体现了《会计法》对会计人员的保护。　（　　）

9. 因单位负责人对本单位会计工作和会计资料的真实性、完整性承担第一责任，所以会计人员对本单位的会计信息失真没有责任。　　（　　）

四、案例分析

1. 财政部门对甲企业进行财务检查时，发现甲企业的利润表有弄虚作假行为。该报表是由会计员小李编制，报表中的有些会计资料是会计主管老王经手的，报表上报前也是经过会计主管老王审核的。小李认为老王应对报表的作假行为承担全部责任。

请问：小李的观点正确吗？

2. 某集团公司的董事长王某社会事务繁多，便书面约定，授权其公司的总会计师李某代理行使他的有关法定会计事务职权（包括在财务会计报告上签字并盖章），由此产生的一切会计责任均由总会计师李某承担。因此，董事长王某不再承担该公司的会计行为责任，而由总会计师李某承担。

请问：该做法是否正确？

第三节　会计核算

一、会计核算的依据

（一）会计核算必须以实际发生的经济业务事项为依据

实际发生的经济业务事项，是指各单位在生产经营或预算执行过程中发生的包括引起或未引起资金增减变化的经济活动。并非所有实际发生的经济业务事项都需要进行会计记录和会计核算。如签订合同或协议的经济业务事项，在签订合同或协议时，往往无须进行会计核算，只有当实际履行合同或协议并引起资金运动时，才需要对履行合同或协议这一经济业务事项如实记录和反映，进行会计核算。以实际发生的经济业务事项为依据进行会计核算，是会计核算的重要前提，是填制会计凭证、登记会计账簿、编制财务会计报告的基础，是保证会计资料质量的关键。

（二）经济实质重于法律形式

在实际的经济业务中，交易或者事项的外在法律形式或人为形式并不总能完全真实地反映其实质内容。会计信息要想反映其所拟反映的交易或事项，就必须根据交易或事项的实质和经济现实，而不能仅仅根据它们的法律形式进行核算和反映。否则，就会影响甚至误导会计信息使用者的决策。因此，企业应当按照交易或事项的经济实质进行会计确认、计量和报告，而不应仅以交易或者事项的法律形式为依据。

【例2-3-1】所有实际发生的经济业务事项都需要进行会计核算。（　　　）

【解析】错误。会计核算必须以实际发生的经济业务事项为依据。但并非实际发生的经济业务事项都一定要进行会计核算。只有实际发生且引起资金增减运动变化时，才需要进行会计核算。

二、会计核算的一般要求

（一）依法建账

依法建账是建账的最基本要求。依法建账所说的"法"，既包括《会计法》、会计行政法规和国家统一的会计制度，也包括其他法律、行政法规等。各单位应当依法设置会计账簿，进行会计核算。

（二）根据实际发生的经济业务进行会计核算

会计核算应当以实际发生的经济业务为依据，体现了会计核算的真实性和客观性要求。

（三）保证会计资料的真实和完整

1. 会计资料必须符合国家统一的会计制度的规定

会计资料是会计核算的重要成果，是投资者作出投资决策、经营者进行经营管理、国家进行宏观调控的重要依据，必须符合国家统一的会计制度的规定。

2. 生成和提供虚假会计资料是一种严重违法行为

会计资料的真实性，主要是指会计资料所反映的内容和结果，应当同单位实际发生的经济业务的内容及其结果相一致。会计资料的完整性，主要是指构成会计资料的各项要素必须齐全，以使会计资料如实、全面地记录和反映经济业务发生情况，便于会计资料使用者全面、准确地了解经济活动情况。会计资料的真实性和完整性，是会计资料最基本的质量要求，是会计工作的生命，各单位必须保证所提供的会计资料真实和完整。

与会计资料的真实性和完整性相对应的是会计资料的不真实和不完整，其原因是多方面的，但伪造、变造会计资料是重要手段之一。

所谓伪造会计凭证、会计账簿及其他会计资料，是指以虚假的经济业务事项为前提编造不真实的会计凭证、会计账簿和其他会计资料。这种会计资料所记录和反映的经济业务事项的内容与实际发生的经济业务事项严重相违背，是一种虚假的会计资料，即无中生有。比如，明明没有发生购进办公设备的业务，却非法编造虚假的购进办公设备的原始凭证；明明是违反有关规定乱发钱物，却编制运输费、劳务费等假凭证报账等。

所谓变造会计凭证、会计账簿及其他会计资料，是指用涂改、挖补等手段来改变会计凭证、会计账簿等的真实内容、歪曲事实真相的行为，即篡改事实。如将原始凭证中的数量、单价、金额进行涂改，使原始凭证所反映的经济业务与实际情况产生一定的"差额"，以此达到谋私的目的。所谓提供虚假财务会计报告，是指通过编造虚假的会计凭证、会计账簿及其他会计资料或直接篡改财务会计报告上的数据，使财务会计报告不真实、不完整地反映真实财务状况和经营成果，借以误导、欺骗会计资料使用者的行为，即以假乱真。

（四）正确采用会计处理方法

会计处理方法是指在会计核算中所采用的具体方法，通常包括会计确认方法、会计计量方法、会计记录方法和会计报告方法。采用不同的处理方法，或者在不同会计期间采用不同的会计处理方法，都会影响会计资料的一致性和可比性，进而影响会计资料的使用。因此，《会计法》和国家统一的会计制度规定，各单位采用的会计处理方法前后各期应当保持一致，不得随意变更；确有必要变更的，应当按照国家统一的会计制度的规定进行变更，并将变更的原因、情况及影响，在财务会计报告中予以说明，以便于会计资料使用者了解会计处理方法变更及其对会计资料的影响。

（五）正确使用会计记录文字

会计记录文字是指在进行会计核算时，为记载经济业务发生情况和辅助说明会计数字所体现的经济内涵而使用的文字。

会计记录的文字应当使用中文。在民族自治地区，会计记录可以同时使用当地通用的一种民族文字。在中华人民共和国境内设立的外商投资企业、外国企业和其他外国组织的会计记录可以同时使用一种外国文字。

（六）使用电子计算机进行会计核算必须符合法律规定

使用电子计算机进行会计核算的，其所使用的软件及其生成的会计凭证、会计账簿、财务会计报告和其他会计资料，也必须符合国家统一的会计制度的规定。

三、会计核算的内容

（一）款项和有价证券的收付

款项是作为支付手段的货币资金，主要包括现金、银行存款以及单位其他部门使用的备用金等。有价证券是指表示一定财产所有权或支配权的证券，如国库券、股票、企业债券和其他债券等。款项和有价证券是单位的一项流动性最强的资产，是各单位内部会计控制的重点。

（二）财物的收发、增减和使用

财物是单位财产物资的简称，是反映一个单位进行或维持经营管理活动的具有实物形态的经济资源，一般包括原材料、燃料、包装物、低值易耗品、在产品、产成品（或库存商品）、商品等流动资产和房屋、建筑物、机器、设备、设施、运输工具等固定资产。财物的收发、增减和使用是会计核算中的经常性业务，也是发挥会计在控制和降低生产成本、保证财物安全完整、防止资产流失等职能作用上的重要内容。

（三）债权债务的发生和结算

债权是指在债的关系中债权人要求债务人为一定行为或不为一定行为的权利。从会计意义上讲，债权是指单位未来收取款项的权利，包括应收账款、应收票据、预付账款、其他应收款、应收股利、应收利息、应收补贴款等。债务是指由过去交易、事项形成的，由单位承担并预期会导致经济利益流出单位的现时义务，包括各种借款、应付及预收款项等。各单位必须加强对债权债务的核算，及时、真实、完整地核算和反映单位的债权债务，防范非法行为在债权债务环节的发生。

（四）资本、基金的增减

资本，是投资者为开展生产经营活动而投入的本钱。会计上的资本，专指所有者权益中的投入资本。基金，是各单位按照法律、法规的规定而设置或筹集的具有某些特定用途的专项资金，如政府基金、社会保险基金、教育基金等。资本、基金的利益关系人比较明确，用途也基本定向。但是，由于办理资本、基金增减的会计核算政策性强，一般都应以具有法律效力的合同、协议、董事会决议或政府部门的有关文件等为依据。因此，各单位必须按照国家统一的会计制度的规定和具有法律效力的文书进行核算。

（五）收入、支出、费用、成本的计算

收入，是指企业在销售商品、提供劳务及让渡资产使用权等日常活动中所形成的经济利益的总流入。这种总流入表现为资产的增加或债务的减少，同时所有者权益也随之增加。但是，不包括为第三方或客户代收的款项。对于财政总预算会计来说，收入是指国家为实现其职能，根据法令和法规所取得的非偿还性资金。对于行政事业单位来说，收入是指各单位为开展业务活动，依法取得的非偿还性资金。

支出，是财政总预算、行政事业单位和社会团体在履行其法定职能、发挥其特定功能时所发生的各项开支，以及企业在正常生产经营活动之外的支出和损失。其中，政府的财政支出表现为各级政府为实现其职能，对财政资金的再分配；行政事业单位的支出表现为开展业务活动所发生的资金耗费和损失。

费用，是指企业在销售商品、提供劳务等日常活动中所发生的经济利益的流出。它包括生产费用和期间费用。生产费用是指企业在一定时期内为生产产品、提供劳务所发生的、能用货币加以计量的、按规定可以计入产品或劳务成本的生产耗费（即各项资金支出）。期间费用是指企业在一定时间内所发生的按规定不能计入产品或劳务成本，而是直接计入当期损益和资金耗费，包括管理费用、财务费用和营业费用。

成本，是指企业为生产某种产品而发生的费用，它与一定种类和数量的产品相联系，是对象化的费用。如产品成本是指一定种类和数量的产品所应负担的生产费用，包括直接材料费用、直接人工费用和应分摊的制造费用等。外购材料的采购成本是指一定种类和数量的外购存货所应负担的存货买价和应分摊的采购费用等。

（六）财务成果的计算和处理

财务成果，主要是指企业和企业化管理的事业单位在一定时期内通过从事经营活动而在财务上所取得的结果，具体表现为盈利或亏损。财务成果的计算和处理一般包括利润的计算、所得税的计算和缴纳、利润分配或亏损弥补等。财务成果的计算和处理，涉及所有者、国家等方面的利益，因此，各单位必须按照国家统一的会计制度和其他财税经济法规制度的规定，正确计算处理财务成果。

（七）其他需要办理会计手续、进行会计核算的事项

其他事项，是指除上述六项经济业务事项外，按国家统一的会计制度规定应办理会计手续和进行会计核算的其他经济业务事项。

四、会计年度

《会计法》规定："会计年度自公历 1 月 1 日起至 12 月 31 日止。"

会计年度，是以年度为单位进行会计核算的时间区间，是反映单位财务状况、核算经营成果的时间界限。通常情况下，一个单位的经营和业务活动，总是连续不断进行的，如果等到单位经营和业务活动全部结束以后，才核算其财务状况和经营成果，既不利于单位外部利益关系方了解单位的经营情况，也不能满足企业自身经营管理的需要。因此，会计上就将连续不断的经营过程人为地划分为若干相等的时段，分段进行结算并编制财务会计报告、分段反映单位的财务状况和经营成果。这种分段进行会计核算的时间区间，在会计上称为会计期间，以一年为一个会计区间称为会计年度。一般来讲，每个会计年度还可以按照公历日期划分为半年度、季度、月度，以满足单位经营管理和投资者对会计资料的需要。

新中国成立以来，一直实行公历年制会计年度，1985 年发布的《会计法》将其予以法定化。我国的会计年度之所以采用公历制，主要是为与我国的计划、财政年度保持一致，以便于国民经济的计划、统计和财政管理。

五、记账本位币

记账本位币，是指日常登记账簿和编制财务会计报告用以计量的货币，也就是单位进行会计核算业务时所使用的货币。会计核算以人民币为记账本位币。业务收支以人民币以外的货币为主的单位，可以选定其中一种货币为记账本位币，但是编制的财务会计报告应当折算为人民币。

会计核算原则上应当以人民币为记账本位币，这是各单位进行货币计量所应遵循的前提。人民币是我国法定货币，在我国境内具有广泛的流通性，以人民币作为记账本位币便于会计信息口径的一致。

业务收支以人民币以外的货币为主的单位，可以选定人民币以外的货币为记账本位币，这是对记账本位币作出的适应性规定。记账本位币一经确定，不得随意变动。

以人民币以外的货币为记账本位币的单位，在编制财务会计报告时应当折算为人民币，以便于财务会计报告使用者阅读和使用，也便于税务、工商等部门通过财务会计报告计算应缴税款和进行工商年检。

【例 2-3-2】下列关于记账本位币的说法中，正确的是(　　　)。

A. 记账本位币变更也要进行会计核算

B. 在我国，只能以人民币为记账本位币

C. 以外币为记账本位币时，编制的财务会计报告应当折算为人民币

D. 以外币为记账本位币时，可同时以外币编制财务会计报告

【解析】C。记账本位币变更不会引起单位资金增减发生变化，不需要进行会计核算；业务收支以人民币以外的货币为主的单位，可以选定其中一种货币为记账本位币，但是编制的财务会计报告应当折算为人民币。

六、填制与审核会计凭证

会计凭证，是指具有一定格式、用以记录经济业务事项发生和完成情况的书面证明，也是登记账簿的依据。会计凭证按其来源和用途，分为原始凭证和记账凭证两种。

（一）原始凭证

原始凭证又称单据，是指在经济业务发生时，由业务经办人员直接取得或者填制，用以记录和证明某项经济业务已经发生或完成情况并明确有关经济责任的一种凭据。在会计核算中，凡能够证明某项经济业务已经发生或完成的书面单据都可以作为原始凭证。如发票、收据、领料单、借款单、银行结算凭证等。不能证明某项经济业务已经发生或完成的单据，不能作为原始凭证，如购销合同。

1. 原始凭证的填制或取得要求

填制原始凭证必须符合会计法规、制度的规定，做到内容真实、项目完整、填制及时、书写清楚。原始凭证的内容必须具备以下内容："凭证的名称；填制凭证的日期；填制凭证单位名称或者填制人姓名；经办人员签名或者盖章；接受凭证单位名称；经济业务内容；数量、单价和金额。"

从外单位取得的原始凭证，必须盖有填制单位的公章；从个人取得的原始凭证，必须有填制人员的签名或者盖章；自制原始凭证必须有经办单位领导人或者其指定人员的签名或盖章；对外开出的原始凭证，必须加盖本单位公章；购买实物的原始凭证，必须有验收证明；支付款项的原始凭证，必须有收款单位和收款人的收款证明等。

2. 原始凭证的审核

对原始凭证进行审核，是确保会计资料质量的重要措施之一，也是会计机构、会计人员的重要职责。会计机构、会计人员对不真实、不合法的原始凭证有权不予受理，并向单位负责人报告，请求查明原因，追究有关当事人的责

任；对记载不准确、不完整的原始凭证予以退回，并要求经办人员按照国家统一的会计制度的规定进行更正、补充。对原始凭证的审核主要包括以下几方面：

（1）对原始凭证的真实性进行审核。主要包括审核原始凭证表述的事项与实际经济业务是否相符，如凭证的日期是否真实、业务内容是否真实、数据是否真实等。对通用原始凭证，还应审核凭证本身的真实性，防止以假冒的原始凭证记账。如一张购货发票所表述的购货数量与实际购货数量不符，或者发票上的购货单价、金额被涂改，与实际单价、金额不符，这张购货发票就是不真实的原始凭证。

（2）对原始凭证的合法性进行审核。主要是针对那些原始凭证所表述的事项与经济业务是相符的，但经济业务本身不符合法律法规、规章制度的凭证，主要审核该凭证是否有违反国家法律法规的情况、是否符合规定的审批权限、是否履行了规定的凭证传递和审核程序、是否有贪污腐化等行为。如一张购货发票本身手续齐备，与验货情况相符，但所购买的货物属于需经过一定批准手续的商品而未按规定办理审批手续，这张购货发票就是不合法的原始凭证。

（3）对原始凭证的合理性进行审核。主要是审核原始凭证所记录的经济业务是否符合企业生产经营活动的需要、是否符合有关的计划和预算等。

（4）对原始凭证的完整性进行审核。对原始凭证完整性的审核主要是审核原始凭证各项基本要素是否齐全、是否有漏项情况、有关人员签章是否齐全、凭证联次是否正确等。

（5）对原始凭证的正确性进行审核。主要是审核原始凭证各项金额的计算及填写是否正确，包括：阿拉伯数字分位填写，不得连笔写；小写金额前要标明人民币"￥"符号，中间不能留有空位，金额要标至"分"，无角、分的，要以"0"补位；大写要按照要求规范写，大小写金额要一致；发生书写错误的，要按照正确的方法更正等。

（6）对原始凭证的及时性进行审核。主要是对银行汇票、银行本票、支票等时效性较强的原始凭证，要仔细验证其签发日期，以保证原始凭证的及时传递。

【例2-3-3】某企业会计人员审核一张购买材料的原始凭证时，发现凭证上的单价和金额数字有涂改痕迹，且材料单价也明显高于市场价格。该凭证应属于（　　）。

A．不真实的原始凭证　　　　　　B．不合法的原始凭证
C．不准确的原始凭证　　　　　　D．不完整的原始凭证

【解析】A。涂改过单价和金额的凭证没有真实反映经济事项的本来面貌，是一种歪曲事实、弄虚作假的不真实的原始凭证。

3. 原始凭证的错误更正

（1）原始凭证所记载的各项内容均不得涂改，随意涂改原始凭证即为无效凭证，不能以此作为填制记账凭证或登记会计账簿的依据。

（2）原始凭证记载的内容有错误的，应当由开具单位重开或更正，更正工作必须由原始凭证出具单位进行，并在更正处加盖出具单位印章；重新开具原始凭证当然也应由原始凭证开具单位进行。

（3）原始凭证金额出现错误的不得更正，只能由原始凭证开具单位重新开具。因为原始凭证上的金额是反映经济业务事项情况最重要的数据，如果允许更改，容易产生舞弊，不利于保证原始凭证的质量。

（4）原始凭证开具单位应当依法开具准确无误的原始凭证，对于填制有误的原始凭证，负有更正和重新开具的法律义务，不得拒绝。

【例2-3-4】出纳员王某在审查业务员李某的住宿发票时，发现大小写金额不一致，王某应如何处理？

【解析】王某应仔细分析发票金额大小写不一致的原因，若是人为涂改所致，则属于不真实、不合法的原始凭证，应不予接受，同时应向单位负责人报告；若为发票填写错误，则应退回，要求出票单位重开。

（二）记账凭证

1. 记账凭证的概念

记账凭证亦称传票，是指对经济业务事项按其性质加以分类，确定会计分录，并据以登记会计账簿的凭证。它是原始凭证所记载的内容向会计账簿传递的重要中间环节，具有分类归纳原始凭证和满足登记会计账簿需要的作用。

记账凭证有不同的种类，按照记账凭证的用途，可分为专用记账凭证（收款凭证、付款凭证、转账凭证）、通用记账凭证；按照记账凭证的填制方法，可分为复式记账凭证、单式记账凭证和汇总记账凭证。

2. 记账凭证填制的基本要求

（1）记账凭证的内容必须具备：记账凭证的名称；填制凭证的日期；凭证编号；经济业务摘要；会计科目；金额；所附原始凭证张数；填制凭证人员、稽核人员、记账人员、会计机构负责人、会计主管人员签名或者盖章。收款凭证和付款凭证还应当由出纳人员签名或盖章。

以自制的原始凭证或者原始凭证汇总表代替记账凭证的，也必须具备记账凭证应有的项目。

（2）填制记账凭证时，应当对记账凭证进行连续编号。一笔经济业务需要填制两张以上记账凭证的，可以采用"分数编号法"编号。

（3）记账凭证可以根据每一张原始凭证填制，或者根据若干张同类原始凭证汇总填制，也可以根据原始凭证汇总表填制。但不得将不同内容和类别的原始凭证汇总填制在一张记账凭证上。

（4）除结账和更正错误的记账凭证可以不附原始凭证外，其他记账凭证必须附有原始凭证。如果一张原始凭证涉及几张记账凭证，可以把原始凭证附在一张主要的记账凭证后面，并在其他记账凭证上注明附有该原始凭证的记账凭证的编号或者附原始凭证复印件。

（5）一张原始凭证所列支出需要几个单位共同负担的，应当将其他单位负担的部分开给对方原始凭证分割单，进行核算。原始凭证分割单必须具备原始凭证的基本内容：凭证名称、填制凭证日期、填制凭证单位名称或者填制人姓名、经办人的签名或者盖章、接受凭证单位名称、经济业务内容、数量、单价、金额和费用分摊情况等。

（6）填制记账凭证时若发生错误，应当重新填制。

（7）记账凭证填制完经济业务事项后，如有空行，应当自金额栏最后一笔金额数字下的空行处至合计数上的空行处划线注销。

【例2-3-5】甲公司与乙公司共同购买丙公司销售的设备，价值100万元（甲乙公司分别承担70万元和30万元），丙公司只开出一张发票，给了乙公司。甲公司支付的70万元凭乙公司提供的该发票的复印件记账。请问：该做法是否正确？

【解析】该做法不正确，该案属于一张原始凭证上的金额由两个以上单位承担的情形，应当由保存原始凭证（发票）的乙公司向其他承担款项的单位（甲公司）开出原始凭证分割单，而不是凭乙公司提供的该发票的复印件记账。

3. 记账凭证的审核要求

为了保证会计信息的质量，在记账之前应由有关稽核人员对记账凭证进行严格的审核，主要审核以下内容：

（1）内容是否真实。审核记账凭证的真实性主要是审核记账凭证是否以原始凭证为依据、所附原始凭证的内容是否与记账凭证的内容一致、记账凭证汇总表的内容与其所依据的记账凭证的内容是否一致等方面。

（2）项目是否齐全。审核记账凭证的项目是否齐全主要是审核记账凭证的日期、凭证编号、摘要、会计科目、金额、所附原始凭证张数及有关人员的签章等项目的填写是否齐全。

（3）科目是否正确。审核记账凭证的应借、应贷科目是否正确、是否有明确的账户对应关系，所使用的会计科目是否符合国家统一的会计制度的规定等。

（4）金额是否正确。审核记账凭证所记录的金额与原始凭证的有关金额是否一致、记账凭证的汇总表的金额与记账凭证的金额合计是否相符等。

（5）书写是否正确。审核记账凭证中的记录是否文字工整、数字清晰，是否按规定进行更正等。

（三）会计凭证的保管要求

（1）会计凭证应当及时传递，不得积压，以保证会计核算的及时、正常进行。

（2）会计凭证登记完毕后，应当按照分类和编号顺序保管，特别是记账凭证应当连同所附的原始凭证等要按照规定的要求装订、保管，不得散失。

（3）原始凭证不得外借，其他单位确需借用原始凭证时，经本单位会计机构负责人（会计主管人员）批准，可以复制。向外单位提供的原始凭证复制件，应当在专设的登记簿上登记，并由提供人员和收取人员共同签名或者盖章。

（4）原始凭证丢失的处理

从外单位取得的原始凭证如有遗失，应当取得原开出单位盖有公章的证明，并注明原来凭证的号码、金额和内容等，由经办单位会计机构负责人（会计主管人员）和单位负责人批准后，才能代作原始凭证。如果确实无法取得证明的，如火车、轮船、飞机票等，由当事人写出详细情况，由会计机构负责人（会计主管人员）和单位负责人批准后，代作原始凭证。

【例2-3-6】李某受单位领导委派赴上海出差，途中将武汉至上海的火车票遗失，无法报账。请问：下列处理方法正确的是（　　　）。

A. 售票单位开具证明，加盖公章，李某单位会计科长和单位领导批准后，代作原始凭证

B. 李某写出书面报告，说明情况，会计机构负责人和单位负责人批准后，代作原始凭证

C. 售票单位开具证明，并经售票单位会计机构负责人和单位负责人批准后，代作原始凭证

D. 由李某写出详细情况，加盖售票单位公章，经会计机构负责人和单位负责人批准后，代作原始凭证

【解析】B。因为从外单位取得的原始凭证遗失，确实无法取得证明的，由当事人写出详细情况，由会计机构负责人（会计主管人员）和单位负责人批准后，代作原始凭证。

七、登记会计账簿

（一）会计账簿的种类

会计账簿，是指由一定格式、相互联系的账页所组成，用来序时、分类地

全面记录和反映一个单位经济业务事项的会计簿籍，是会计资料的主要载体之一，也是会计资料的重要组成部分。

按照会计账簿的用途，会计账簿可分为总账、明细账、日记账和其他辅助账簿。按照会计账簿的形式，会计账簿可分为订本式账簿、活页式账簿和卡片式账簿。

（二）会计账簿的启用

启用新的会计账簿时，应当在账簿封面上写明单位名称和账簿名称，在账簿扉页上应当附启用表，内容包括：启用日期、账簿起止页数（活页式账簿，可于装订时填写起止页数）、记账人员和会计机构负责人（会计主管人员）姓名，并加盖名章和单位公章。记账人员或者会计机构负责人、会计主管人员调动工作时，应当注明交接日期、接办人员或者监交人员姓名，并由交接双方签名或者盖章。

（三）会计账簿的登记

1. 登记会计账簿的依据

登记会计账簿必须以审核无误的会计凭证为依据，确保会计信息的准确无误。

2. 登记会计账簿的基本规则

（1）登记会计账簿时，应当将会计凭证日期、编号、业务内容摘要、金额和其他有关资料逐项记入账内，做到数字准确、摘要清楚、登记及时、字迹工整。

（2）登记会计账簿时，要用蓝黑墨水或者碳素墨水书写，不得使用圆珠笔（银行的复写账簿除外）或铅笔书写。

（3）会计账簿要按连续编号的页码顺序登记，不得跳行、隔页。如果发生错误、隔页、缺号、跳行的，应当按照国家统一的会计制度规定的方法更正，并由会计人员和会计机构负责人（会计主管人员）在更正处盖章，以明确责任；更正方法一般有划线更正法、补充登记法、红字冲正法三种。

（4）凡需结出余额的账户，应当定期结出余额。

（5）及时对账。各单位应当定期对会计账簿记录的有关数字与库存实物、货币资金、有价证券、往来单位或个人等进行相互核对，做到账实相符、账证相符、账账相符和账表相符。各单位的对账工作每年至少进行一次。

（6）定期结账。结账前，必须将本期所发生的各项经济业务全部登记入账。结账时，应当结出每个账户的期末余额。结账可分为月结、季结和年结等。

（7）实行会计电算化的单位，其会计账簿的登记、更正，也应当符合国家统一的会计制度的规定。

(8) 会计账簿的设置和登记,应当符合有关法律、行政法规和国家统一的会计制度规定。

3. 禁止账外设账

各单位发生的各项经济业务事项应当在依法设置的会计账簿上统一登记、核算,不得违反《会计法》和国家统一的会计制度的规定私设会计账簿登记、核算。

(四) 会计账簿的保管

现金日记账和银行存款日记账保管 25 年,总账和明细分类账保管 15 年,涉外账簿应长期保存。

八、编制财务会计报告

财务会计报告,也称财务报告或会计报告,是指单位对外提供的反映单位某一特定日期财务状况和某一会计期间经营成果、现金流量等会计信息的文件。

(一) 财务会计报告的组成

《企业会计准则——基本准则》规定,财务会计报告包括会计报表及其附注和其他应当在财务会计报告中披露的相关信息和资料。

1. 会计报表

会计报表是根据会计账簿记录和有关资料,按照规定的报表格式,总括地反映一定期间的经济活动和财务收支情况及其结果的一种报告文件,是财务会计报告的主要组成部分。企业对外提供的会计报表主要包括:资产负债表、利润表、现金流量表和所有者权益(或股东权益)变动表。

2. 会计报表附注

会计报表附注是对会计报表的补充说明,也是财务会计报告的重要组成部分,它是对在资产负债表、利润表、现金流量表和所有者权益(或股东权益)变动表等报表中列示项目的文字描述或明细资料,以及对未能在这些报表中列示项目的说明等。

(二) 财务会计报告的编制要求

(1) 企业应当于年度终了编报财务会计报告。年度财务报告涵盖的期间短于一年的,应当披露年度财务报告的涵盖期间,以及短于一年的原因。

(2) 各单位对外提供的财务会计报告应当根据《企业会计准则——基本准则》规定的格式和要求编制。单位内部使用的财务报告,其格式和要求由各单位自行规定。

（3）企业编制财务会计报告应当根据真实的交易、事项以及完整、准确的账簿记录等资料，并按照国家统一的会计制度规定的编制基础、编制依据、编制原则和方法。企业不得随意改变财务会计报告的编制基础、编制依据、编制原则和编制方法。任何组织或个人不得授意、指使、强令企业违反国家统一的会计制度的规定，改变财务会计报告的编制基础、编制依据、编制原则和方法。

（4）企业应当依据《企业财务会计报告条例》和国家统一的会计制度的规定，对会计报表中各项会计要素进行合理的确认和计量，不得随意改变会计要素的确认和计量标准。

（5）企业应当依照有关法律、行政法规和《企业财务会计报告条例》规定的结账日进行结账，不得提前或者延迟。年度结账日为公历年度每年的 12 月 31 日；半年度、季度、月度结账日分别为公历年度每半年、每季、每月的最后一天。

（6）企业在编制年度财务会计报告前，应当进行全面清查资产、核实债务。

（7）企业应当按照国家统一的会计制度规定的会计报表格式和内容，根据登记完整、核对无误的会计账簿记录和其他有关资料编制会计报表，做到内容完整、数字真实、计算准确，不得漏报或者任意取舍。

（8）会计报表之间、会计报表各项目之间，凡有对应关系的数字，应当相互一致。会计报表中本期与上期的有关数字应当相互衔接，会计报表附注应当按照规定，对会计报表中需要说明的事项做出真实、完整、清楚的说明。

（9）小企业编制的会计报表可以不包括现金流量表。

（三）企业财务会计报告的对外提供

（1）企业对外提供的财务会计报告反映的会计信息应当真实、完整。

（2）企业应当依照法律、行政法规和国家统一的会计制度有关财务会计报告提供期限的规定，及时对外提供财务会计报告。

（3）企业对外提供的财务会计报告，应当依次编定页码、加具封面、装订成册、加盖公章。封面上应当注明企业名称、企业统一代码、组织形式、地址、报表所属年度或月份、报送日期，并由企业负责人和主管会计工作的负责人、会计机构负责人（会计主管人员）签名并盖章。设置总会计师的企业，还应由总会计师签名并盖章。

（4）企业应当依照企业章程的规定，向投资者提供财务会计报告。

（5）国有企业、国有控股的或者占主导地位的企业，应当至少每年一次向本企业的职工代表大会公布财务会计报告，并重点说明下列事项：①反映与职工利益密切相关的信息，包括：管理费用的构成情况，企业管理人员的工资、福利和职工工资、福利费用的发放、使用和结余情况，公益金的提取及使用情况，利润分配的情况以及其他与职工利益相关的信息。②内部审计发现的问题及纠正情况。③注册会计师审计的情况。④国家审计机关发现的问题及纠正情况。⑤重大的投资、融资和资产处置及其原因的说明。⑥需要说明的其他重要事项。

（6）企业依照《企业财务会计报告条例》规定向有关各方提供的财务会计报告，其编制基础、编制依据、编制原则和方法应当一致，不得提供编制基础、编制依据、编制原则和方法不同的财务会计报告。

（7）财务会计报告须经注册会计师审计的，企业应当将注册会计师及其会计师事务所出具的审计报告随同财务会计报告一并对外提供。以示本单位的财务会计报告已经注册会计师审计，增强财务会计报告使用者对财务会计报告的信任度。

（8）接受企业财务会计报告的组织或者个人，在企业财务会计报告未正式对外披露前，应当对其内容保密。

（9）如果发现对外提供的财务会计报告有错误，应当及时办理更正手续。除更正本单位留存的财务会计报告外，应同时通知接受财务会计报告的单位更正。错误较多的财务会计报告，编制单位应当重新编制。

九、财产清查

财产清查制度是通过定期或不定期、全面或部分地对各项财产物资进行实地盘点和对库存现金、银行存款、债权债务进行清查核对的一种制度。在编制年度财务会计报告之前，必须进行财产清查，并对账实不符等问题根据国家统一的会计制度的规定进行会计处理，以保证财务会计报告反映的会计信息真实、完整。

十、会计档案管理

（一）会计档案的范围和种类

会计档案，是指会计凭证、会计账簿、财务会计报告等会计核算专业资料。各单位的预算、计划、制度等文件材料属于文书档案，不属于会计档案。会计档案主要包括：

（1）会计凭证类：原始凭证、记账凭证、汇总凭证、其他会计凭证。

（2）会计账簿类：总账、明细账、日记账、固定资产卡片、辅助账簿、其他会计账簿。

（3）财务报告类：月度、季度、年度财务报告，包括会计报表附件，附注及文字说明，其他财务报告。

（4）其他类：银行存款余额调节表、银行对账单、其他应当保存的会计核算专业资料、会计档案移交清册、会计档案保管清册、会计档案销毁清册。

（二）会计档案的归档和移交

各单位每年形成的会计档案，应由单位会计部门按照归档要求负责整理立卷或装订。当年形成的会计档案在会计年度终了后，可暂由本单位会计部门保管一年。保管期满之后，原则上应由会计部门编制清册，移交本单位的档案部门保管；未设立档案部门的，应当在会计部门内部指定专人保管。

档案部门接收保管的会计档案，原则上应当保持原卷册的封装，即入档后的单位会计档案不得随意拆封。个别需要拆封重新整理的，应当会同会计部门和原经办人共同拆封整理，以分清责任。

对会计档案应当进行科学管理，做到妥善保管、存放有序、查找方便，不得随意堆放，严防毁损、散失和泄密。

会计档案原件原则上不得借出，遇有特殊需要，如与单位经济业务相关方面需要查阅与其业务相关的会计凭证或公检法等机关需要查询与案件有关的会计资料等，经本单位负责人批准，在不拆散原卷册的前提下，可以提供查阅或者复制件，但必须办理登记手续，登记查阅人或复制人姓名、单位及查阅或复制档案的卷号和内容等，以便备查。

【例2-3-7】审计人员在对某公司的会计报表进行审计时，为核实一项长期挂账的应付账款，需要查阅以前年度的会计资料，但该公司以会计资料已经归档、由专人保管为借口拒绝审计人员查阅。请问：该公司的理由是否充分？

【解析】会计档案的本质就是保存备查的反映经济业务活动的重要史料和证据，是供将来必要时查阅的。因此，该公司以会计资料已经归档为借口拒绝审计人员查阅是不应该的。审计人员在审计过程中有权对被审计单位的会计资料进行审计，有权查阅会计档案，但在借阅会计档案时，应办理相应的借阅手续。

（三）会计档案的保管期限

会计档案的保管期限分为永久、定期两类。会计档案的定期保管期限分为3年、5年、10年、15年和25年五类。会计档案的保管期限，从会计年度终了后的第一天算起。

（四）会计档案的销毁

会计档案保管期满需要销毁的，除特殊规定外，可以按照规定程序予以销毁。销毁的基本程序和要求如下：

1. 编造会计档案销毁清册

会计档案保管期满需要销毁的，由本单位档案管理部门会同会计机构提出销毁意见，编制会计档案销毁清册，列明销毁会计档案的名称、卷号、册数、起止年度和档案编号、应保管期限、已保管期限、销毁日期等内容。

2. 单位负责人签署意见

单位档案管理部门和会计机构将编制好的会计档案销毁清册和销毁意见报本单位负责人，单位负责人对所要销毁的会计档案进行复核后在会计档案销毁清册上签署销毁意见。

3. 专人负责监销

销毁会计档案时，应当由单位档案机构和会计机构共同派员监销；国家机关销毁会计档案时，应当由同级财政部门、审计部门派员监销；财政部门销毁会计档案时，则应当由同级审计部门派员监销。

监销人在销毁会计档案前应当按照会计档案销毁清册所列内容，清点核对所要销毁的会计档案；销毁后，监销人员应当在会计档案销毁清册上签名盖章，并及时将监销情况报告本单位负责人。

4. 不得销毁的会计档案

对于保管期满但未结清的债权债务原始凭证和涉及其他未了事项的原始凭证，不得销毁，而应当单独抽出立卷，保管到未了事项完结时为止。单独抽出立卷的会计档案，应当在会计档案销毁清册和会计档案保管清册中列明。

正在项目建设期间的建设单位的会计档案，无论其是否保管期满，都不得销毁，必须妥善保管，等到项目办理竣工决算后按规定的交接手续移交给项目的接受单位妥善保管。

【例2-3-8】武汉市财政局销毁保管期满的会计档案时，应由(   )派人监销。

A. 武汉市财政局会计处   B. 湖北省财政厅
C. 武汉市审计局   D. 武汉市财政局监督处

【解析】C。财政部门销毁会计档案时，应当由同级审计部门派员监销。

同步测试题：

一、单项选择题

1. 下列关于单位有关负责人在财务会计报告上签章的做法中正确的是(   )。

A. 签名   B. 加盖单位公章
C. 签名或加盖单位公章   D. 签名并加盖个人名章

2. 会计账簿登记，以经过审核的(　　)为依据。
A. 原始凭证　　　　　　　　　　　B. 记账凭证
C. 会计凭证　　　　　　　　　　　D. 汇总凭证

3. 根据《会计法》的规定，各单位必须根据一定事项进行会计核算，该事项为(　　)。
A. 实际发生的经济业务事项　　　　B. 虚构的经济业务事项
C. 以为发生的经济业务事项　　　　D. 拟定的经济合同

4. 出纳员在审查业务员的住宿发票时，发现大小写金额不一致，该凭证属于(　　)。
A. 不真实的原始凭证　　　　　　　B. 不合法的原始凭证
C. 不完整的原始凭证　　　　　　　D. 不准确的原始凭证

5. 根据《中华人民共和国会计法》的规定，会计机构、会计人员审核原始凭证的具体程序、要求，应当由国家统一的会计制度规定进行，对不真实、不合法的原始凭证有权不予受理，并向(　　)报告。
A. 会计机构负责人　　　　　　　　B. 总会计师
C. 上级单位负责人　　　　　　　　D. 单位负责人

6. 会计机构和会计人员对不完整、不准确的原始凭证应当采取下列哪种方法处理?(　　)
A. 不予接受
B. 不予接受，并向单位负责人报告
C. 予以退回，要求更正、补充
D. 也可根据情况予以接受

7. 某生产性企业每年2月20日至7月20日开工，其余时间停工。该企业的会计年度应当为(　　)。
A. 自每年的2月20日起至7月20日止
B. 自每年的2月20日起至12月20日止
C. 自每年的1月1日起至7月20日止
D. 自每年的1月1日起至12月31日止

8. 保证会计资料互相可比的先决条件是(　　)。
A. 会计处理方法的一贯性原则　　　B. 可比性原则
C. 真实性原则　　　　　　　　　　D. 明晰性原则

9. 在下列有关会计记录文字的表述中，符合我国《会计法》要求的是(　　)。
A. 会计记录文字可以只使用某种少数民族文字
B. 会计记录文字可以使用某种外国文字

C. 会计记录文字必须使用中文，不得单独或同时使用某种少数民族文字

D. 会计记录文字应当使用中文，但根据需要可以同时使用某种少数民族文字或外文

10. 甲单位从超市购买一批烟酒，作为福利发给单位职工，要求超市开具办公用品发票，该发票是(   )。

A. 不真实的原始凭证　　　　　　　B. 不合法的原始凭证

C. 不真实的记账凭证　　　　　　　D. 不合法的记账凭证

二、多项选择题

1. 根据国家统一的会计制度规定单位对外提供的账务会计报告应当由单位有关人员签字并盖章，下列各项中应当在单位对外提供的财务报告上签字并盖章的人有(   )。

A. 单位负责人　　　　　　　　　　B. 总会计师

C. 会计机构负责人　　　　　　　　D. 单位内部审计人员

2. 根据《会计档案管理办法》的规定，下列各项中，属于会计档案的有(   )。

A. 固定资产卡片　　　　　　　　　B. 原始凭证

C. 会计档案移交清册　　　　　　　D. 信贷计划

3. 记账凭证的填制要求包括(   )。

A. 内容完整　　　　　　　　　　　B. 分类正确

C. 连续编号　　　　　　　　　　　D. 注销空行

4. 我国对原始凭证的错误规定了如下处理方法(   )。

A. 金额错误的，只能由出具单位重开

B. 更正处应加盖出具单位的印章

C. 不得直接作为填制记账凭证的依据

D. 非金额错误的，由出具单位重开或更正

5. 下列各项属于原始凭证构成要素的是(   )。

A. 填制凭证的日期　　　　　　　　B. 经济业务内容

C. 接受凭证单位的名称　　　　　　D. 接受凭证单位的领导签章

6. 会计机构，会计人员有权不予受理的原始凭证包括(   )。

A. 不真实的原始凭证　　　　　　　B. 不合法的原始凭证

C. 不准确的原始凭证　　　　　　　D. 不完整的原始凭证

7. 下列属于变造会计凭证的行为的是(   )。

A. 某业务员将购货发票上的金额 50 万元修改为 80 万元报账

B. 某企业为一客户虚开销货发票一张，并按票面金额的 20% 收取好处费

C. 企业某现金出纳将一张报销凭证上的金额 6000 元涂改为 8000 元

D. 购货部门转来一张购货发票，原金额有误，出票单位已作更正并加盖出票单位公章

8. 在下列有关会计处理方法的表述中符合法律规定的是(   )。

A. 各单位的会计处理方法前后各期应当一致，不得随意变化

B. 确有必要的，可以变更会计处理方法

C. 会计处理方法在任何情况下不得变更

D. 变更会计处理方法时应将变更的原因、情况和影响在财务报告中说明

9. 在不同会计期间采用不同的会计处理方法，都会影响会计资料的(   )。

A. 一致性   B. 可比性

C. 使用性   D. 完整性

10. 根据实际发生的经济业务进行会计核算，体现了会计核算的(   )的要求。

A. 完整性   B. 真实性

C. 合法性   D. 客观性

三、判断题

1. 业务员李某出差花去 2000 元的住宿费，却以采用涂改手段将 2000 元改为 3000 元的住宿发票前来报销。则李某的这种行为属于伪造会计凭证的行为。

(   )

2. 会计处理方法一经确定，就绝不允许变更。   (   )

3. 会计机构和会计人员对于不真实、不合法的原始凭证予以退回，并要求按照规定更正、补充。   (   )

4. 原始凭证不得外借，其他单位确需借用原始凭证时，经本单位负责人批准可以复制。   (   )

5. 《会计法》中所指的会计报表既包括单位对外提供的会计报表，也包括单位根据管理需要编制的仅供内部管理使用的会计报表。   (   )

6. 某公司董事会研究决定，公司以后对外报送的财务会计报告由王科长签字、盖章后报出。该公司董事会作出的关于对外报送财务会计报告的决定合法。

(   )

7. 财务会计报告须经注册会计师审计的，企业应当在财务会计报告对外提供 10 日后再将注册会计师及其会计师事务所出具的审计报告对外提供。

(   )

8. 在编制年度财务会计报告之前，必须进行财产清查。   (   )

9. 当年形成的会计档案在会计年度终了后，可暂由本单位会计部门保管一年。

(   )

10. 会计档案销毁后，单位负责人应当在会计档案销毁清册上签章，并将监督销毁情况报告上级主管单位负责人。　　　　　　　　　　　（　　）

四、案例分析

甲公司 2009 年度发生下列事项：

（1）3 月，档案科会同会计科对企业会计档案进行了清理，编制会计档案销毁清册，将保管期已满的会计档案按规定程序全部销毁，其中包括一些保管期满但尚未结清债权债务的原始凭证。

（2）5 月，会计科在例行审核有关单据时，发现一张购买计算机的发票，其"金额"栏中的数字有更改迹象，经查阅相关买卖合同、单据，确认更改后的金额数字是正确的，于是要求该发票的出具单位在发票"金额"栏更改之处加盖单位印章。之后，该公司予以接受并据此登记入账。

（3）10 月，公司财务会计报告经主管财会工作的总会计师、会计科长签名并盖章后报出，公司董事长王某未在财务会计报告上签章。

要求：根据上述资料回答下列问题：

（1）该公司销毁会计档案是否符合规定？简要说明理由。

（2）该公司对购买计算机的发票的处理是否符合法律规定？说明理由。

（3）该公司董事长王某是否应当在对外报出的财务会计报告上签名并盖章？简要说明理由。

第四节　会计监督

一、单位内部会计监督

（一）单位内部会计监督的主体和对象

单位内部会计监督的主体是各单位的会计机构、会计人员。内部会计监督的对象是本单位的经济活动，包括筹资、投资、采购、生产和销售等活动。单位负责人负责单位内部会计监督制度的组织实施，对本单位内部会计监督制度的建立及有效实施承担最终责任。

（二）单位内部会计监督制度的基本要求

（1）记账人员与经济业务事项和会计事项的审批人员、经办人员、财物保管人员的职责权限应当明确，并相互分离、相互制约。

记账人员与经济业务事项和会计事项的审批人员、经办人员、财物保管人员的职责权限应当明确，并相互分离、相互制约，这是机构控制和职务控制的基本要求。

（2）重大对外投资、资产处置、资金调度和其他重要经济业务事项的决策和执行的相互监督、相互制约的程序应当明确。各单位在单位内部会计监督中，对重大对外投资、资产处置、资金调度和其他重要经济业务事项的决策和执行的相互监督、相互制约程序应当明确。

（3）财产清查的范围、期限和组织程序应当明确。各单位在内部会计监督制度中应当明确"财产清查的范围、期限和组织程序"，这是财产安全控制和会计信息控制的基本要求。在财产清查时，不仅要建立财产清查制度，而且要明确财产清查的范围、期限和组织程序，使财产清查制度落到实处。

（4）对会计资料定期进行内部审计的办法和程序应当明确。对会计资料定期进行内部审计的办法和程序应当明确，这是内部审计控制的基本要求。

（三）会计机构和会计人员在单位内部会计监督中的职责

（1）依法开展会计核算和监督，对违反《会计法》和国家统一的会计制度规定的会计事项，有权拒绝办理或按照职权予以纠正。

会计机构、会计人员对违反《会计法》和国家统一的会计制度规定的会计事项，有权拒绝办理或者按照职权予以纠正。

（2）对单位内部的会计资料和财产物资实施监督。会计资料是会计工作的最终产品，对其实施有效的控制和监督，是会计机构和会计人员的基本职责。单位的财产物资及其货币表现，是会计工作的对象。保证单位的账实相符、账款相符、账账相符、账表相符，是会计机构和会计人员的基本工作职责和要求。会计机构、会计人员发现会计账簿与实物、款项及有关资料不相符，按照国家统一的会计制度的规定有权自行处理的，应当及时处理；无权处理的，应当立即向单位负责人报告，请求查明原因，作出处理。

【例2-4-1】下列有关内部监督的表述中，符合法律规定的是（   ）。

A. 内部监督的主体是本单位的负责人

B. 单位负责人对本单位内部会计监督制度的建立及有效实施承担最终责任

C. 会计机构、会计人员发现账实不符合的，应立即向单位负责人报告

D. 内部会计监督的对象是本单位的会计行为

【解析】B。内部监督的主体是本单位的会计机构和会计人员；监督的对象是本单位的经济业务活动；会计机构、会计人员发现账实不符合，有权自行处理的，应当及时处理；无权处理的，应当立即向单位负责人报告，请求查明原因，作出处理。

二、会计工作的政府监督

（一）会计工作的政府监督的概念

会计工作的政府监督（也称会计工作的国家监督），主要是指财政部门代表国家对各单位和单位中相关人员的会计行为实施的监督检查，以及对发现的违法会计行为实施行政处罚，是一种外部监督，具有强制性和无偿性的特点。根据《会计法》规定，县级以上人民政府财政部门为本行政区域内各单位会计工作监督检查部门，对各单位会计工作行使监督权，对违法会计行为实施行政处罚。

此外，审计、税务、人民银行、证券监管、保险监管等部门依照有关法律、行政法规规定的职责和权限，也可以对有关单位的会计资料实施监督检查。

（二）财政部门会计监督检查的主要内容

1. 对单位依法设置会计账簿的检查

具体包括：应当设置会计账簿的单位是否按照规定设置会计账簿；设置会计账簿的单位，其会计账簿设置情况是否符合法律、行政法规和国家统一的会计制度的要求；是否存在账外设账行为；是否存在伪造、变造会计账簿的行为。

2. 对单位会计资料的真实性、完整性的检查

具体包括：各单位对实际发生的经济业务事项是否及时办理会计手续，进行会计核算；各单位填制的会计凭证、登记的会计账簿、编制的财务会计报告是否与实际发生的经济业务事项相符，是否做到账实相符、账证相符、账账相符、账表相符；各单位提供的财务会计报告是否符合法律、行政法规和国家统一的会计制度规定等。

3. 对单位会计核算情况的检查

具体包括：各单位会计核算的内容是否真实、完整；各单位采用的会计年度、记账本位币、会计处理方法、会计记录文字等是否符合法律、行政法规和国家统一的会计制度规定；填制或者取得原始凭证、编制记账凭证、登记会计账簿是否符合法律、行政法规和国家统一的会计制度规定；各单位对资产、负债、所有者权益、收入、支出、费用、成本、利润的确认、计量、记录和报告是否符合国家统一的会计制度的规定；各单位会计档案保管是否符合法定要求等。

4. 对单位会计人员从业资格和任职资格的检查

具体包括：各单位从事会计工作的人员是否取得会计从业资格证书并接受

管理；会计机构负责人（会计管理人员）是否符合任职条件等。

5. 对会计师事务所出具的审计报告的程序和内容的检查

国务院财政部门和省、自治区、直辖市人民政府财政部门，依法对注册会计师、会计师事务所和注册会计师协会进行监督、指导，对会计师事务所出具审计报告的程序和内容进行监督检查。

【例2-4-2】下列各项当中，属于财政部门实施会计监督检查内容的是( )。

A. 各单位是否依法设置会计账簿

B. 各单位是否按照税法的规定按时足额纳税

C. 各单位会计核算是否符合法定要求

D. 是否按照实际发生的经济业务进行会计核算

【解析】ACD。各单位是否按照税法的规定按时足额纳税属于税务机关监督检查的内容。

三、会计工作的社会监督

（一）会计工作的社会监督的概念

会计工作的社会监督，主要是指由注册会计师及其所在的会计师事务所依法对受托单位的经济活动进行审计、鉴证的一种监督制度。此外，单位和个人检举违反《会计法》和国家统一的会计制度规定的行为，也属于会计工作社会监督的范畴。会计工作的社会监督是一种外部监督，是单位内部监督的再监督，其特征是监督行为的独立性和有偿性。社会监督是以其特有的中介性和公正性而得到法律的认可，具有很强的权威性、公正性。单位内部的会计监督和有关部门对单位实施的国家监督，以及由注册会计师承办的社会监督，构成了会计监督的整体，它们之间相辅相成，共同为社会经济服务。

（二）注册会计师审计与内部审计的关系

1. 注册会计师审计与内部审计的联系

内部审计是在一个组织内部对各种经营活动与控制系统的独立评价，以确定既定的政策和程序是否贯彻，建立的标准是否遵循，资源的利用是否合理有效，以及单位的目标是否达到。注册会计师审计和内部审计都是现代审计体系的重要组成部分，都关注内部控制的健全性和有效性。注册会计师审计中为了提高审计效率可能会利用内部审计的成果。

2. 注册会计师审计和内部审计的区别

（1）审计独立性不同。注册会计师审计在形式和实质上都要与被审计单位保持独立性，具有完全的独立性；而内部审计在形式上要受本部门、本单位直接领导，因而只具有相对独立性，但在审计时要保持实质的独立性。

（2）审计方式不同。注册会计师审计是接受委托进行审计，必须按照《注册会计师法》、执业准则、规则实施审计；而内部审计灵活性较大，由各单位根据经营管理的需要而自行组织实施。

（3）审计对象不同。注册会计师受托对财务会计报告进行审计，对财务会计报告发表审计意见，对外出具的审计报告具有鉴证作用。内部审计主要是审计内部控制制度的执行情况。

（4）审计的职责和作用不同。注册会计师审计既对委托人负责，也对财务会计报告使用者负责，更要对国家法律负责；内部审计的结果只对本部门、本单位负责，只作为本部门、本单位改进经营管理的参考，对外保密。

（三）　会计师事务所的业务范围

1. 依法承办下列审计业务

（1）审查企业会计报表，出具审计报告。

（2）验证企业资本，出具验资报告。

（3）办理企业合并、分立、清算事宜中的审计业务，出具有关的报告。

（4）法律、行政法规规定的其他审计业务。

注册会计师承担会计工作的社会监督主要是通过承办审计业务来实现的。注册会计师独立执行审计业务，对审计报告承担审计责任，被审计单位对会计资料的真实性和完整性承担会计责任。审计责任和会计责任不能相互替代、减轻或免除。

2. 承办会计咨询、会计服务业务

业务范围包括设计会计制度，担任会计顾问，提供会计管理咨询；提供税务咨询，代理纳税申报；代理工商登记，拟定有关的合同、章程和其他业务文件；办理投资评估、资产评估和项目可行性研究中的有关业务；培训会计人员、审计人员和财务管理人员；其他会计咨询和服务业务。

同步测试题：

一、单项选择题

1. 在下列事项中不属于国家会计监督范围的是（　　）。

A. 账簿设置情况　　　　　　　　B. 会计资料的真实性和完整性

C. 单位负责人的任用　　　　　　D. 会计从业资格证书的持有情况

2. 根据我国《会计法》的规定，会计工作政府监督的主体是指（　　）。

A. 财政、审计、税务机关　　　　B. 注册会计师及其会计师事务所

C. 本单位的会计机构和会计人员　D. 本单位的内部审计机构及其人员

3. 《会计法》所称的内部会计监督的对象是指(　　)。

A. 本单位的经济业务活动　　　　　　B. 会计机构和会计人员

C. 政府财政部门　　　　　　　　　　D. 内部的审计活动

4. 在下列主体中，应当对本单位内部会计监督制度的建立和有效实施承担最终责任的是(　　)。

A. 会计机构负责人　　　　　　　　　B. 会计主管人员

C. 总会计师　　　　　　　　　　　　D. 单位负责人

5. 单位内部会计监督可以通过(　　)在处理会计业务过程中进行。

A. 单位内部会计机构、会计人员　　　B. 单位内部的纪检人员

C. 单位负责人　　　　　　　　　　　D. 上级单位领导

6. 下列关于会计内部监督的各项提法，错误的是(　　)。

A. 单位负责人负责内部会计监督制度的组织与实施

B. 会计人员是内部会计监督制度的具体实施者

C. 单位负责人对内部会计监督实施情况承担责任

D. 会计内部监督就是会计机构、会计人员监督单位负责人

7. 单位内部会计监督制度要求，与经济业务事项和会计事项的审批人员、经办人员、财物保管人员的职责权限应当明确，并相互分离、相互制约的是(　　)。

A. 会计人员　　　　　　　　　　　　B. 审计人员

C. 记账人员　　　　　　　　　　　　D. 审核人员

8. 对会计资料定期进行内部审计的办法和程序应当明确，这是单位内部会计监督制度中(　　)的基本要求。

A. 机构控制和职务控制　　　　　　　B. 业务处理程序控制

C. 财产安全控制和会计信息控制　　　D. 内部审计控制

二、多项选择题

1. 会计工作的外部监督有(　　)。

A. 社会监督　　　　　　　　　　　　B. 政府监督

C. 单位内部会计监督　　　　　　　　D. 单位和个人检举违法会计行为

2. 会计监督体系包括(　　)。

A. 单位内部会计监督　　　　　　　　B. 会计工作的国家监督

C. 会计工作的社会监督　　　　　　　D. 新闻媒体监督

3. 《会计法》关于单位内部会计监督制度的规定，实际上体现了内部控制制度的主要内容，包括(　　)等。

A. 职责明确　　　　　　　　　　　　B. 相互制约

C. 严格程序　　　　　　　　　　　　D. 如实记录

4. 根据《会计法》的规定，除财政部门外，依照有关法律、行政法规规定的职责，对有关单位的会计资料实施监督检查的部门有(   )。

A. 审计部门

B. 保险监管部门

C. 证券监管部门

D. 中国银行

5. 根据《会计法》的规定，下列各项中属于财政部门实施会计监督检查的内容有(   )。

A. 是否依法设置会计账簿

B. 是否按时进行纳税申报

C. 是否按时足额缴纳税款

D. 是否按照实际发生的经济业务进行会计核算

6. 按照《会计法》规定，记账人员与经济业务事项和会计事项的(   )的职责权限应当明确，并相互分离、相互制约。

A. 审批人员

B. 经办人员

C. 财物保管人员

D. 稽核人员

7. 根据《会计法》的规定，下列关于单位内部会计监督的说法，正确的是(   )。

A. 单位负责人负责单位内部会计监督制度的组织实施，对本单位内部会计监督制度的建立及有效实施承担最终责任

B. 会计机构和会计人员发现会计账簿记录与实物、款项及有关资料不相符，按照国家统一的会计制度的规定有权自行处理的，应当及时处理；无权处理的，应当立即向单位负责人报告，请求查明原因，作出处理

C. 内部会计监督的主体是各单位的会计机构、会计人员；内部会计监督的对象是本单位的会计行为

D. 记账人员与经济业务事项和会计事项的审批人员、经办人员、财物保管人员的职责权限应当明确，并相互分离、相互制约，这是机构控制和职务控制的基本要求

8. 根据《会计法》的规定，下列各项中，属于会计人员监督职权的有(   )。

A. 对违反《会计法》和国家统一的会计制度规定的会计事项，有权拒绝办理或者按照职权予以纠正

B. 发现会计账簿记录与实物、款项及有关资料不相符的，按照国家统一的会计制度的规定有权自行处理的，应当及时处理：无权处理的，应当立即向单位负责人报告，请求查明原因，作出处理

C. 办理企业合并、分立、清算事宜中的审计业务，出具有关报告

D. 监督单位从事会计工作的人员是否具备会计从业资格

三、判断题

1. 单位内部会计监督的本质是内部控制,是一种自我监督。　　　　（　　　）

2. 各单位制订的内部会计监督制度是国家统一的会计制度的组成部分。

（　　　）

3. 内部审计与内部稽核的相同点在于二者都是会计机构内部的一种工作制度。

（　　　）

4. 政府财政部门只可以对国有企、事业单位的会计行为进行监督。

（　　　）

5. 会计工作的社会监督是一种外部监督,是单位内部监督的再监督,其特征是监督行为的独立性和有偿性。　　　　　　　　　　　　　　　（　　　）

6. 单位和个人检举违反《会计法》和国家统一的会计制度规定的行为,也属于会计工作社会监督的范畴。　　　　　　　　　　　　　　　（　　　）

7. 财政部门有权对会计师事务所出具的审计报告的程序和内容进行监督。

（　　　）

8. 会计责任与审计责任可以相互替代、减轻和免除。　　　　　（　　　）

9. 财政部门和审计、税务、人民银行、证券监管、保险监管等部门一样,都是对各单位的会计行为进行监督检查。　　　　　　　　　　　　（　　　）

10. 政府会计监督是一种外部监督,即由财政部门代表国家对各单位的经济活动实施监督检查。　　　　　　　　　　　　　　　　　　　（　　　）

四、案例分析

2002 年 12 月,甲公司效益下滑、面临亏损,公司总经理电话请示正在外地出差的董事长。董事长指示把财务会计报告做得漂亮一些,总经理把这项工作交给了总会计师,要求按董事长的意见办。总会计师按公司领导意图,对当年度的财务会计报告进行了技术处理,虚拟了若干笔无交易的销售收入,从而使公司报表由亏变盈。经诚信会计师事务所审计后,公司财务会计报告对外报出。

2003 年 4 月,在《会计法》执行情况的检查中,当地财政部门发现该公司存在重大会计做假行为,依据《会计法》及相关法律、法规、制度,拟对该公司董事长、总经理、总会计师等相关人员进行行政处罚,并分别下达了行政处罚告知书。甲公司相关人员接到行政处罚告知书后,均要求举行听证会。在听证会上,有关当事人作了如下陈述:

公司董事长称:"我前一段时间出差在外,对公司情况不太了解,虽然在财务会计报告上签名并盖章,但只是履行会计手续,我不能负任何责任。具体情况可由公司总经理予以说明。"

公司总经理称:"我是搞技术出身的,主要抓公司的生产经营,对会计我是门外汉，我虽在财务会计报告上签名并盖章，那也只是履行程序而已。以前也是这样做的，我不应承担责任。有关财务会计报告情况应由公司总会计师解释。"

公司总会计师称："公司对外报出的财务会计报告是经过诚信会计师事务所审计的，他们出具了无保留意见的审计报告。诚信会计师事务所应对本公司财务会计报告的真实性、完整性负责，承担由此带来的一切责任。"

请根据我国会计法律、法规、制度的规定，分析公司董事长、总经理、总会计师在听证会上的陈述是否正确，并分别说明理由。

第五节　会计机构和会计人员

一、会计机构的设置

一个单位是否单独设置会计机构，往往取决于以下几个因素：①单位规模的大小。②经济业务和财务收支的繁简。③经营管理的要求。单位会计机构的设置有以下三种情况：

1. 单独设置会计机构

单独设置会计机构是指单位依法设置的独立负责会计事务的内部机构，其主要职责是进行会计核算，实行会计监督，拟定本单位办理会计事务的具体办法，参与拟定经济计划、业务计划，考核、分析预算、财务计划的执行情况，办理其他会计事务等。从有效发挥会计职能作用的角度看，实行企业化管理的事业单位，实行独立核算的大、中型企业（包括集团公司、股份有限公司、有限责任公司等）应当单独设置会计机构；财务收支数额较大、会计业务员较多的行政单位、社会团体和其他组织也应单独设置会计机构。

2. 不单独设置会计机构的，应当配备会计专业人员并指定会计主管人员

不具备单独设置会计机构条件的，应当在有关机构中配备专职会计人员，并指定会计主管人员。会计主管人员是指在不单独设置会计机构的单位里，负责组织管理会计事务、行使会计机构负责人职权的负责人。一些财务收支数额不大、会计业务比较简单的企、事业单位，机关，团体和个体工商户等，并没有单独设置会计机构，而是将会计工作岗位置于其他有关机构或部门之中。

3. 实行代理记账

没有设置会计机构和未配备会计人员的单位，应当根据《代理记账管理暂行办法》委托会计师事务所或者持有代理记账许可证书的其他代理记账机构进行代理记账。

【例2-5-1】王某出资建立了一个小企业，为节约成本，他从本地的一家会计师事务所聘请了一位注册会计师为他的企业代理记账。请问：王某的行为是否合法？

【解析】王某的行为合法。根据《会计法》的相关规定，不具备会计机构设置条件的，应当委托经批准设立从事会计代理记账业务的中介机构代理记账。会计师事务所是依法设立的中介机构，代理记账是其业务范围之一。

二、代理记账

代理记账，是指从事代理记账业务的社会中介机构接受委托人委托办理会计业务。委托人是指委托代理记账机构办理会计业务的单位。代理记账机构是指从事代理记账业务的中介机构，像会计咨询、服务机构、会计师事务所等。

（一）代理记账机构的设立

1. 代理记账机构的设立条件

（1）三名以上持有会计从业资格证书的专职从业人员。

（2）主管代理记账业务的负责人具有会计师以上专业技术职务资格。

（3）有固定的办公场所。

（4）有健全的代理记账业务规范和财务会计管理制度。

2. 代理记账机构的设立程序

（1）申请人向所在地的县级以上人民政府财政部门提交申请报告并附送相关材料。

（2）审批机关应当自受理申请之日起20日内决定批准或者不批准。20日内不能作出决定的，经审批机关负责人批准可延长10日，并应当将延长期限的理由告知申请人。

（3）审批机关经审查符合法定条件的，应当自作出批准决定之日起10日内向申请人下达批准文件、颁发由财政部统一印制的代理记账许可证书。审批机关决定不予批准的，应当向申请人下达书面决定，说明理由，并告知申请人享有依法申请行政复议或者提起行政诉讼的权利。

省级以下人民政府财政部门作出批准决定的，审批机关应当将批准文件抄送所在地省级人民政府财政部门。

（4）申请人经批准取得代理记账许可证书后，应当依法办理工商登记。

（二）代理记账的业务范围

（1）根据委托人提供的原始凭证和其他资料，按照国家统一的会计制度的规定进行会计核算，包括审核原始凭证、填制记账凭证、登记会计账簿、编制财务会计报告等。

（2）对外提供财务会计报告。代理记账机构为委托人编制的财务会计报告，经代理记账机构负责人和委托人签名并盖章后，按照有关法律、行政法规和国家统一的会计制度的规定对外提供。

（3）向税务机关提供税务资料。

（4）委托人委托的其他会计业务。

（三）委托代理记账的委托人的责任和义务

（1）对本单位发生的经济业务事项，应当填制或者取得符合国家统一的会计制度规定的原始凭证。

（2）应当配备专人负责日常货币资金的收支和保管。

（3）及时向代理记账机构提供真实、完整的原始凭证和其他相关资料。

（4）对于代理记账机构退回的要求按照国家统一的会计制度规定进行更正、补充的原始凭证，应当及时予以更正、补充。

（四）代理记账机构及其从业人员的义务

（1）按照委托合同办理代理记账，遵守会计法律、法规和国家统一的会计制度的规定。

（2）对在执行业务中知悉的商业秘密负有保密义务。

（3）对委托人示意其作出不当的会计处理，提供不实的会计资料，以及其他不符合法律、行政法规和国家统一的会计制度规定的要求，应当拒绝。

（4）对委托人提出的有关会计处理原则问题应当予以解释。

三、会计机构负责人（会计主管人员）的任职资格

（一）会计机构负责人（会计主管人员）的概念

会计机构负责人（会计主管人员），是指在一个单位内具体负责会计工作的中层领导人员。设置会计机构的，应当配备会计机构负责人；在有关机构中配备专职会计人员的，应当在专职会计人员中指定会计主管人员。会计机构负责人（会计主管人员）在单位负责人的领导下，负有组织、管理包括会计基础工作在内的所有会计工作的职责。会计机构负责人（会计主管人员）素质的高低、能力的大小，直接关系到有关单位会计工作的水平。所以，各单位必

须依法配备合格的会计机构负责人。

（二）会计机构负责人（会计主管人员）的任职资格

担任单位会计机构负责人（会计主管人员）的，除取得会计从业资格证书外，还应当具备会计师以上专业技术职务资格或者从事会计工作三年以上经历。

【例2-5-2】甲刚取得会计从业资格证书，但由于公司的业务需要，公司董事长便任命甲为公司会计部门的负责人，该任命合法吗？

【解析】该任命不合法。担任会计机构负责人（会计主管人员）的，除取得会计从业资格证书外，还应当具备会计师以上专业技术职务资格或者从事会计工作三年以上的经历。

四、会计从业资格

（一）会计从业资格的概念

会计从业资格，是进入会计职业，从事会计工作的一种法定资质，是进入会计职业的"门槛"。《会计法》第三十八条规定，从事会计工作的人员，必须取得会计从业资格证书。从事会计工作的人员必须取得从业资格证书，才能上岗工作；未取得会计从业资格证书的人员，不得从事会计工作。

（二）会计从业资格证书的适用范围

在国家机关、社会团体、企业、事业单位和其他组织（以下统称单位）中担任会计机构负责人（会计主管）的人员，以及从事下列会计工作的人员应当取得会计从业资格：出纳；稽核；资本、基金核算；收入、支出、债权债务核算；职工薪酬、成本费用、财务成果核算；财产物资的收发、增减核算；总账；财务会计报告编制；会计机构内会计档案管理；其他会计工作。

（三）会计从业资格的取得

1. 会计从业资格的取得实行考试制度

会计从业资格的取得实行考试制度，考试大纲、考试合格标准由财政部统一制定和公布。考试科目为：财经法规与会计职业道德、会计基础、初级会计电算化（或者珠算）。

会计从业资格考试科目实行无纸化考试，无纸化考试题库由财政部统一组织建设。会计从业资格无纸化考试管理相关规定由财政部另行制定。

各省、自治区、直辖市、计划单列市财政厅（局）（以下简称省级财政部门），新疆生产建设兵团财务局，中共中央直属机关事务管理局、国务院机关事务管理局、铁道部、中国人民解放军总后勤部、中国人民武装警察部队后勤部（以下简称中央主管单位），负责组织实施会计从业资格考试的下列事项：制定会计从业资格考试考务规则；组织会计从业资格考试软件系统的建设及管理；接收并管理财政部下发的会计从业资格无纸化考试题库；组织开展会计从业资格考试；监督检查会计从业资格考试考风、考纪，并依法对违规违纪行为进行处理处罚。

省级财政部门、新疆生产建设兵团财务局和中央主管单位应当根据本办法制定、公布会计从业资格考试的报考办法、考务规则、考试相关要求、报名条件和考试科目。

2. 会计从业资格考试报名条件

（1）遵守会计和财经法律、法规。

（2）具备良好的道德品质。

（3）具备会计专业基本知识和技能。

3. 证书领取

会计从业资格管理机构应当在考试结束后及时公布考试结果，通知考试通过人员在考试结果公布之日起 6 个月内，到指定的会计从业资格管理机构领取会计从业资格证书。

通过会计从业资格考试的人员，应当持本人有效身份证件原件，在规定的期限内，到指定的地点领取会计从业资格证书。

通过会计从业资格考试的人员，可以委托代理人领取会计从业资格证书。代理人领取会计从业资格证书时，应当持本人和委托人的有效身份证件原件。

会计从业资格证书是具备会计从业资格的证明文件，在全国范围内有效。

4. 2 年内不得参加会计从业资格考试的情形

《会计从业资格管理办法》第三十条规定，参加会计从业资格考试舞弊的，2 年内不得参加会计从业资格考试，由会计从业资格管理机构取消其考试成绩，已取得会计从业资格的，由会计从业资格管理机构撤销其会计从业资格。

5. 五年内不得重新取得会计从业资格证书的情形

因有《会计法》第四十二条、第四十三条、第四十四条所列违法情形，被依法吊销会计从业资格证书的人员，自被吊销之日起五年内不得参加会计从业资格考试，不得重新取得会计从业资格证书。

《会计法》第四十二条、第四十三条、第四十四条所列违法情形，是指以下情形：不依法设置会计账簿；私设会计账簿；未按照规定填制、取得原始凭证或者填制、取得的原始凭证不符合规定；以未经审核的会计凭证为依据登记会计账簿或者登记会计账簿不符合规定；随意变更会计处理方法；向不同的会计资料使用者提供的财务会计报告编制依据不一致；未按照规定使用会计记录文字或者记账本位币；未按照规定保管会计资料，致使会计资料毁损、灭失；未按照规定建立并实施单位内部会计监督制度或者拒绝依法实施的监督或者不如实提供有关会计资料及有关情况；任用会计人员不符合本法规定；伪造、变造会计凭证、会计账簿，编制虚假财务会计报告；隐匿或者故意销毁依法应当保存的会计凭证、会计账簿、财务会计报告。

6. 终身不得申请会计从业资格证书的情形

因有提供虚假财务会计报告，做假账，隐匿或者故意销毁会计凭证、会计账簿、财务会计报告，贪污、挪用公款，职务侵占等与会计职务有关的违法行为，被依法追究刑事责任的人员，终身不得参加会计从业资格考试，不得取得或者重新取得会计从业资格证书。

（四）会计从业资格证书的管理

1. 会计从业资格实行信息化管理

会计从业资格管理机构应当建立持证人员从业档案信息系统，及时记载、更新持证人员下列信息：持证人员的相关基础信息；持证人员从事会计工作情况；持证人员的变更、调转登记情况；持证人员换发会计从业资格证书情况；持证人员接受继续教育情况；持证人员受到表彰奖励情况；持证人员因违反会计法律、法规、规章和会计职业道德被处罚情况。

2. 变更登记

持证人员的姓名、有效身份证件及号码、照片、学历或学位、会计专业技术职务资格、开始从事会计工作时间等信息发生变化的，应当持相关有效证明和会计从业资格证书，到所属会计从业资格管理机构办理从业档案信息变更。

持证人员的其他相关信息发生变化的，应当登录所属会计从业资格管理机构指定网站进行信息变更，也可以到所属会计从业资格管理机构办理。

3. 调转登记

持证人员所属会计从业资格管理机构发生变化的，应当及时办理调转登记手续。

持证人员所属会计从业资格管理机构在各省级财政部门、新疆生产建设兵团财务局、中央主管单位各自管辖范围内发生变化的，应当持会计从业资格证书、工作证明（或户籍证明、居住证明）到调入地所属会计从业资格管理机构办理调转登记。

持证人员所属会计从业资格管理机构在各省级财政部门、新疆生产建设兵团财务局、中央主管单位管辖范围之间发生变化的，应当及时填写调转登记表，持会计从业资格证书，到原会计从业资格管理机构办理调出手续，并自办理调出手续之日起 3 个月内，持会计从业资格证书、调转登记表和在调入地的工作证明（或户籍证明、居住证明），到调入地会计从业资格管理机构办理调入手续。

4. 会计从业资格证书的定期换证制度

会计从业资格证书实行 6 年定期换证制度。

持证人员应当在会计从业资格证书到期前 6 个月内，填写定期换证登记表，持有效身份证件原件和会计从业资格证书，到所属会计从业资格管理机构办理换证手续。

持证人员应当妥善保管会计从业资格证书。如有遗失，持证人员应当在履行公告程序后，填写补发申请表，持有关证明材料，向所属会计从业资格管理机构申请补发会计从业资格证书。会计从业资格管理机构核实无误后，应当自受理之日起 20 个工作日内予以补发。

【例 2-5-3】湖北某会计人员李某到上海工作，如其继续从事会计工作（　　）。

A. 因会计从业资格证书在全国范围有效，故无需办理调转手续

B. 应自离开原工作单位之日起 90 日内，申请并填写调转登记表

C. 应在 6 个月内，向新单位所在地财政部门办理调入手续

D. 应到原会计从业资格管理机构办理调出手续，并自办理调出手续之日起 90 日内，向调入单位所在地区会计从业管理机构办理调入手续

【解析】D。持证人员所属会计从业资格管理机构在各省级财政部门、新疆生产建设兵团财务局、中央主管单位管辖范围之间发生变化的，应当及时填写调转登记表，持会计从业资格证书，到原会计从业资格管理机构办理调出手续，并自办理调出手续之日起 3 个月内，持会计从业资格证书、调转登记表和在调入地的工作证明（或户籍证明、居住证明），到调入地会计从业资格管理机构办理调入手续。

5. 会计从业资格证书的补发

持证人员应当妥善保管会计从业资格证书。如有遗失，持证人员应当在履行公告程序后，填写补发申请表，持有关证明材料，向所属会计从业资格管理机构申请补发会计从业资格证书。会计从业资格管理机构核实无误后，应当自受理之日起 20 个工作日内予以补发。

如有毁损，持证人员应当填写补发申请表，持毁损证书原件，向所属会计从业资格管理机构申请补发会计从业资格证书。会计从业资格管理机构核实无误后，应当自受理之日起 20 个工作日内予以补发。

（五）会计人员继续教育

1. 会计人员继续教育的概念

会计人员继续教育，是指取得会计从业资格的人员持续接受一定形式的、有组织的理论知识、专业技能和职业道德的教育和培训活动，不断提高和保持其专业胜任能力和职业道德水平。

2. 会计人员继续教育的对象

会计人员继续教育的对象为持有会计从业资格证书人员，具体包括在国家机关、社会团体、企业、事业单位和其他组织从事会计工作并已取得会计从业资格的会计人员和取得会计从业资格但不在会计岗位的其他人员。

3. 会计人员继续教育的形式和要求

会计人员继续教育的形式包括接受培训和自学两种。参加会计人员继续教育的方式也很多，既有面授，也有函授、录像、网络等。

持证人员参加继续教育采取学分制管理制度。持证人员继续教育相关规定由财政部另行制定。

五、会计专业职务与会计专业技术资格

（一）会计专业职务

会计专业职务，是区别会计人员业务技能的技术等级。会计专业职务分为高级会计师、会计师、助理会计师和会计员；其中，高级会计师为高级职务，会计师为中级职务，助理会计师和会计员为初级职务。

（二）会计专业技术资格

1. 会计专业技术资格考试级别

会计专业技术资格，是指担任会计专业职务的任职资格。会计专业技术资格分为初级资格、中级资格和高级资格。现阶段只对初级、中级会计资格实行全国统一考试制度。高级会计师资格实行考试与评审相结合制度，目前尚在试点。

2. 会计专业技术资格考试报名条件

会计专业技术资格考试所有级别都需要具备的基本报名条件是：

（1）坚持原则，具备良好的职业道德品质。

（2）认真执行《会计法》和国家统一的会计制度，以及有关财经法律、法规、规章制度，无严重违反财经法律的行为。

（3）履行岗位职责，热爱本职工作。

（4）具备会计从业资格，持有会计从业资格证书。

报考初级会计资格考试的人员除具备上述基本条件外，还必须具备教育部门认可的高中以上的学历。

报考中级会计资格考试的人员除具备上述基本条件外，还必须具备下列条件之一：

（1）取得大学专科学历，从事会计工作满五年。

（2）取得大学本科学历，从事会计工作满四年。

（3）取得双学士学位或研究生毕业，从事会计工作满两年。

（4）取得硕士学位，从事会计工作满一年。

（5）取得博士学位。

上述考试报名条件中所说的学历是指国家教育部门承认的学历；会计工作年限是指取得相应学历前、后从事会计工作时间的总和。

对于通过全国统一考试取得的经济、统计、审计专业技术中初级资格的人员，在具备《会计专业技术资格考试暂行规定》规定的基本条件后，可报考相应级别的会计专业技术资格考试。

（三）会计专业技术资格证书的管理

通过会计专业技术资格考试合格者，由省级人事部门颁发由人事部、财政部统一印制的会计专业技术资格证书。该证书在全国范围内有效。

对于伪造学历、会计从业资格证书和资历证明，或者在考试期间有违纪行为的，由会计专业技术资格考试管理机构吊销其会计专业技术资格，由发证机关收回其会计专业技术资格证书，两年内不得再参加会计专业技术资格考试。

（四）会计专业技术职务的评聘

通过全国统一考试取得初级或中级会计专业技术资格的会计人员，用人单位可根据工作需要和德才兼备的原则，从中择优聘任相应的会计专业职务。

六、会计工作岗位设置

会计工作岗位，是指一个单位会计机构内部根据业务分工而设置的职能岗位。

（一）根据本单位会计业务的需要设置会计工作岗位

各单位会计工作岗位的设置应与其业务活动规模、特点和管理要求相适应，保证单位会计信息的生成、加工和传递真实可靠、及时有效。业务活动规模大、经济业务量大和管理严格的单位，其会计人员相应较多，会计机构内部的岗位职责分工也相应较细；相反，业务活动规模小、业务过程简单、经济业务量少和管理要求不高的单位，会计人员相应较少，会计机构内部的岗位职责分工也相应较粗。

（二） 符合内部牵制制度的要求

内部牵制制度，也称钱账分管制度，是内部控制制度的重要组成部分。内部牵制制度是指凡是涉及款项和财物收付、结算及登记的任何一项工作，必须由两人或两人以上分工办理，以起到相互制约作用的一种工作制度。

会计工作岗位，可以一人一岗、一人多岗或者一岗多人。但出纳人员不得兼管稽核、会计档案保管和收入、费用、债权债务账目的登记工作。

当然，出纳人员并不是完全不能记账，只要所记的账不是收入、支出、费用、债权、债务等直接与单位资金收支增减往来有关的账目，可以承担一部分记账工作的，如有些单位，出纳人员业务不多，兼记固定资产明细账，这是可以的。

（三） 对会计人员的工作岗位要有计划地进行轮岗

会计人员的工作岗位应当有计划地进行轮换。定期或不定期地轮换会计人员的工作岗位有利于会计人员全面熟悉会计核算与监督业务，不断提高他们的会计业务技能和业务素质。

（四） 建立岗位责任制

会计工作岗位责任制是指明确各项会计工作的职责范围、具体内容和要求，并落实到每个会计工作岗位或会计人员的一种会计工作责任制度。

会计工作岗位一般分为总会计师（或行使总会计师职权）岗位；会计机构负责人（会计主管人员）岗位；出纳岗位；稽核岗位；资本、基金核算岗位；收入、支出、债权债务核算岗位；工资核算、成本费用核算、财务成果核算岗位；财产物资的收发、增减核算岗位；总账岗位；对外财务会计报告编制岗位；会计电算化岗位；会计档案管理岗位。

会计档案管理岗位，在会计档案正式移交之前，属于会计岗位；正式移交档案管理部门之后，不再属于会计岗位。档案管理部门的人员管理会计档案，不属于会计岗位。医院门诊收费员、住院处收费员、药房收费员、药品库房记账员、商场收款（银）员所从事的工作，均不属于会计岗位。单位内部审计、社会审计、政府审计工作也不属于会计岗位。对于上述不属于会计岗位的从业人员，不必取得会计从业资格。

七、会计人员回避制度

国家机关、国有企业、事业单位任用会计人员应当实行回避制度，单位负责人的直系亲属不得担任本单位的会计机构负责人、会计主管人员；会计机构负责人、会计主管人员的直系亲属不得在本单位会计机构中担任出纳工作。

需要回避的直系亲属包括夫妻关系、直系血亲关系、三代以内旁系血亲以及近姻亲关系。

【例2-5-4】某国有工厂原会计科长因工作调动，由该厂长的女婿王某任会计科长，王某系会计专业本科毕业，且从事会计工作已5年，有会计从业资格证书；并由会计科长王某的女儿担任出纳工作。请分析该企业的会计岗位的分工是否合法？

【解析】该企业的会计岗位的分工不合法。厂长的女婿王某任会计科长、王某的女儿担任出纳工作不符合会计人员回避制度的要求。根据会计人员回避制度的规定：单位负责人的直系亲属不得担任本单位的会计机构负责人、会计主管人员；会计机构负责人、会计主管人员的直系亲属不得在本单位会计机构中担任出纳工作。需要回避的直系亲属包括夫妻关系、直系血亲关系、三代以内旁系血亲以及近姻亲关系。

八、会计人员工作交接

会计人员工作交接，指会计人员工作调动、离职或因病暂时不能工作，应与接管人员办理交接手续的一种工作程序。办理会计交接，是有关单位和办理交接双方的法定义务。

（一）交接的范围

会计人员调动工作、离职或者因病暂时不能工作，应与接管人员办理工作交接手续。临时离职或者因病不能工作的会计人员恢复工作的，应当与接替或者代理人员办理交接手续。移交人员因病或者其他特殊原因不能亲自办理移交的，经单位负责人批准，可由移交人员委托他人代办移交，但委托人应当对所移交的会计凭证、会计账簿、会计报表和其他有关资料的合法性、真实性、完整性承担法律责任。

（二）交接的程序

1. 移交点收

移交人员离职前，必须将经管的会计工作在规定的期限内全部向接替人员移交清楚。接替人员应认真按照移交清册逐项点收。具体要求是：

（1）现金要根据会计账簿记录余额进行当面点交，不得短缺。接管人员发现不一致或者"白条顶库"现象时，移交人员在规定期限内负责查清处理。

（2）有价证券的数量要与会计账簿记录一致。有价证券面额与发行价不一致时，按照会计账簿余额交接。

（3）会计凭证、会计账簿、会计报表和其他会计资料必须完整无缺，不得遗漏。如有短缺，必须查明原因，并在移交清册中注明，由移交人负责。

（4）银行存款账户余额要与银行对账单核对一致，如有未达账项，应编制银行存款余额调节表并调节相符；各种财产物资和债权债务的明细账户余额要与总账有关账户余额核对相符；对重要实物要实地盘点，对余额较大的往来账户要与往来单位、个人核对。

（5）公章、收据、空白支票、发票、科目印章以及其他物品等必须交接清楚。

（6）实行会计电算化的单位，交接双方应在电子计算机上对有关数据进行实际操作，确认有关数字正确无误后方可交接。

2. 专人负责监交

一般会计人员办理交接手续，由单位的会计机构负责人（会计主管人员）负责监交；会计机构负责人（会计主管人员）办理交接手续，由单位负责人负责监交，必要时可由上级主管部门派人会同监交。

3. 交接后的有关事宜

（1）会计工作交接完毕后，交接双方和监交人要在移交清册上签名盖章，并在移交清册上注明单位名称，交接日期，交接双方和监交人的姓名、职务，移交清册页数及需要说明的问题和意见等。

（2）接管人员应继续使用移交前的账簿，不得擅自另立账簿，以保证会计记录前后衔接，内容完整。

（3）移交清册填制一式三份，交接双方各持一份，存档一份。

（三）交接人员的责任

移交人对自己经办且已经移交的会计凭证、会计账簿、会计报表和其他会计资料的真实性、完整性承担法律责任。移交人员所移交的会计资料是在其经办会计工作期间内所发生的，应当对这些会计资料的真实性、完整性负责。即便接替人员在交接时因疏忽没有发现所接会计资料在合法性、真实性、完整性方面存在的问题，如事后发现，仍应由原移交人员负责，原移交人员不应以会计资料已经移交而推脱责任，接替人员不对移交过来材料的真实性、完整性负法律上的责任。

【例2-5-5】小莉调任公司会计科出纳，原出纳小周调到销售科。小莉与小周在办理会计工作交接手续时，会计科长正在外地出差，指定会计科一名会计负责监交。交接中，小莉发现存在白条顶库问题，即电话向会计科长汇报，会计科长指示小莉先办理完交接手续，接管出纳工作后，再对白条顶库问题逐个查清处理。随后，小莉、小周及监交人在移交清册上签字并盖章。请问：小莉与小周办理会计工作交接中有无违规之处？

【解析】小莉与小周办理会计工作交接中有如下违规之处：

（1）监交人不符合规定。一般会计人员办理交接手续，由单位的会计机构负责人、会计主管人员负责监交。由会计科一名会计人员负责监交，不符合规定。

（2）对白条顶库现象处理不当。移交人员离职前，必须将经管的会计工作在规定的期限内全部向接替人员移交清楚，现金要根据会计账簿记录余额进行当面点交，不得短缺，接管人员发现不一致或者白条顶库现象时，移交人员在规定期限内负责查清处理。

同步测试题：

一、单项选择题

1. 会计主管人员的直系亲属不得在本单位会计机构中担任(   )工作。

A. 稽核　　　　　　　　　　　B. 会计档案管理

C. 会计　　　　　　　　　　　D. 出纳

2. 出纳人员可以兼任的职务有(   )。

A. 固定资产登记卡的填制　　　B. 稽核

C. 会计档案保管　　　　　　　D. 收入的登记

3. 通过会计专业技术资格考试合格者，由(   )颁发会计专业技术资格证书。

A. 人事部　　　　　　　　　　B. 财政部

C. 省级财政部门　　　　　　　D. 省级人事部门

4. 对于伪造学历、会计从业资格证书和资历证明，或者在考试期间有违纪行为的，由会计专业技术资格考试管理机构吊销其会计专业技术资格，由发证机关收回其会计专业技术资格证书，(   )年内不得再参加会计专业技术资格考试。

A. 2　　　　　　　　　　　　B. 3

C. 5　　　　　　　　　　　　D. 4

5. 会计人员继续教育的对象是(   )。

A. 在职会计人员　　　　　　　B. 单位负责人

C. 取得会计从业资格证书的人员　　D. 会计

6. 在我国，会计从业资格的考试由下列机构负责组织实施(   )。

A. 省级政府财政部门　　　　　B. 地区政府财政部门

C. 县级政府财政部门　　　　　D. 国务院财政部门

7. 代理记账机构及从业人员对于委托人提供不真实的会计资料的，应当( )。

    A. 制止和纠正   B. 拒绝

    C. 报告上级主管单位   D. 向单位负责人报告

8. 除会计师事务所以外，从事代理记账业务的机构，必须持有( )。

    A. 会计从业资格证书   B. 会计专业技术职务资格证书

    C. 代理记账许可证书   D. 税务代理证书

9. 根据《会计工作基础规范》的规定，单位的会计机构负责人、会计主管人员办理交接手续时，应由( )负责监交。

    A. 总会计师   B. 上级主管单位负责人

    C. 单位负责人   D. 会计机构其他负责人

10. 根据会计法律制度的有关规定，会计人员在办理会计工作交接手续中发现"白条顶库"现象时，应采取的做法是( )。

    A. 由监交人员负责查清处理

    B. 由移交人员在规定期限内负责查清处理

    C. 由接管人员在移交后负责查清处理

    D. 由会计档案管理人员负责查清处理

11. 王某在李某的监督下将会计资料移交给张某，事后，张某发现该会计资料存在严重错误，王某以会计资料已经移交为由不予理睬。对此应该承担法律责任的是( )。

    A. 张某   B. 李某

    C. 王某   D. 王某、张某、李某

二、多项选择题

1. 根据《会计基础工作规范》的规定，会计工作岗位可以一人一岗、一人多岗或者一岗多人。但出纳人员不可以兼任的工作是( )。

    A. 稽核

    B. 会计档案保管

    C. 现金和银行存款日记账的登记

    D. 收入、支出、费用、债权债务账目的登记

2. 下列从业人员，不必取得会计从业资格的是( )。

    A. 商场收费员

    B. 政府审计人员

    C. 医院门诊收费员

    D. 档案管理部门管理会计档案的人员

3. 单位出纳员许某拒绝参加会计人员继续教育，许某这一行为违反的会

计法律制度有( )。

A. 《会计法》
B. 《会计从业资格管理办法》
C. 《总会计师条例》
D. 《会计基础工作规范》

4. 下列各项中，属于代理记账业务范围的是( )。

A. 填制或取得原始凭证
B. 审核原始凭证
C. 填制记账凭证
D. 定期向税务机关提供税务资料

5. 根据我国有关法律的规定，国有企业的出纳人员应当符合下列要求( )。

A. 必须取得会计师专业技术资格
B. 不得兼管稽核工作和会计档案保管工作
C. 不得兼管收入、费用、债权债务账目的登记工作
D. 不得由会计机构负责人或会计主管人员的直系亲属担任

6. 根据会计法律制度的规定，下列有关办理会计移交手续的表述中，正确的有( )。

A. 会计主管人员办理交接手续，由本单位负责人监交
B. 经单位领导人批准，委托他人代办移交的，委托人仍应承担相应责任
C. 因病不能工作的会计人员恢复工作的，也应当与接替人员办理交接手续
D. 单位会计机构负责人晋升为本单位总会计师的，因仍主管会计工作，可不办理交接手续

7. 移交清册一般应填制一式三份，( )各执一份。

A. 移交人
B. 接替人
C. 监交人
D. 存档

8. 根据《会计法》的规定，下列人员可以担任会计机构负责人或会计主管人员( )。

A. 取得会计从业资格证书并具备会计师以上的专业技术职务资格
B. 取得会计从业资格证书并从事会计工作三年以上
C. 虽未取得会计从业资格证书，但取得了会计师的专业技术职务资格并从事会计工作三年以上
D. 虽未取得会计从业资格证书，但财会专业研究生毕业

9. 根据《会计专业职务试行条例》的规定，下列各项中属于会计专业职务的有( )。

A. 总会计师
B. 高级会计师
C. 会计师
D. 助理会计师和会计员

10. 存在( )情况下，责任人终身不得取得或重新取得会计从业资格证书。

　A. 因做假账，被法院判刑 1 年

　B. 因挪用公款，被法院判刑 2 年

　C. 因故意销毁会计资料，被法院判刑 3 年

　D. 因故意伤人，被法院判刑 1 年

三、判断题

1. 任何单位都必须单独设置会计机构。　　　　　　　　　　　（　　）

2. 所有的代理记账机构在办理工商登记之前都必须经所在地的县级以上人民政府财政部门批准。　　　　　　　　　　　　　　　　　　（　　）

3. 对个体私营经济的业主可自行建账，也可聘请社会中介机构代理建账。

　　　　　　　　　　　　　　　　　　　　　　　　　　　　（　　）

4. 会计类大学本科毕业可以直接从事会计工作。　　　　　　　（　　）

5. 会计从业资格证书是具备会计从业资格的证明文件，在本省范围内有效。

　　　　　　　　　　　　　　　　　　　　　　　　　　　　（　　）

6. 因贪污、做假账等与会计职务有关的违法行为被追究刑事责任的人员，经劳动改造表现较好的，可取得或重新取得会计从业资格证书。　　（　　）

7. 在我国，会计从业资格的考试由县级以上人民政府财政部门负责组织实施。

　　　　　　　　　　　　　　　　　　　　　　　　　　　　（　　）

8. 注册会计师也属于会计专业职务。　　　　　　　　　　　　（　　）

9. 会计工作岗位，只能一人一岗。　　　　　　　　　　　　　（　　）

10. 任何单位任用会计人员都应当实行回避制度。　　　　　　　（　　）

11. 除临时离职或因正当原因暂时不能工作的以外，会计人员在离职时都应办理交接手续。　　　　　　　　　　　　　　　　　　　　　　（　　）

12. 在会计工作交接中，接替会计人员在交接时因疏忽没有发现所接收的会计资料在真实性、完整性方面存在问题，如果事后在这一方面又发现问题，则应由接替会计人员承担相应的法律责任。　　　　　　　　　　　（　　）

四、案例分析

某公司 5 月份发生以下事项：

（1）公司档案管理部门会同财务部将已经结账到期会计档案编造清册，报请公司负责人批准后由财务部负责保管会计档案的张某在无他人在场的情况下销毁。

（2）会计人员李某因病休假两个星期，其会计工作由他人代理，李某考虑休假结束后仍从事会计工作，故未办理会计工作交接手续。

（3）因公司经理出差在外，财务部经理指定公司出纳赵某代理李某所管的固定资产明细账及收入支出费用明细账的记账登记工作。

要求：指出上述事项中不符合《会计法》之处。

第六节 法律责任

一、法律责任的概念

法律责任，是指违反法律规定的行为应当承担的法律后果。法律责任分为民事责任、行政责任和刑事责任三大类别。《会计法》规定的法律责任，主要是行政责任和刑事责任。

1. 行政责任

行政责任，是指单位或个人违反行政管理方面的法律规定所应承担的责任。行政责任分为行政处罚和行政处分。行政处罚，是指行政机关对违反行政管理法律法规的行政管理相对人所实施的一种行政制裁措施。行政处分，是行政机关对国家工作人员故意或者过失侵犯行政相对人的合法权益所实施的法律制裁。违反《会计法》，县级以上人民政府财政部门可以实施的行政处罚主要有警告、责令限期整改、罚款、行政处分和吊销会计从业资格证书等形式。

2. 刑事责任

刑事责任，是指违反刑事法律规范所应当承担的法律责任。

二、不依法设置会计账簿等会计违法行为的法律责任

不依法设置会计账簿等违法行为主要包括以下几种：①不依法设置会计账簿的行为。②私设会计账簿的行为。③未按照规定填制、取得原始凭证或者填制、取得的原始凭证不符合规定的行为。④以未经审核的会计凭证为依据登记会计账簿或者登记会计账簿不符合规定的行为。⑤随意变更会计处理方法的行为。⑥向不同的会计资料使用者提供的财务会计报告编制依据不一致的行为。⑦未按照规定使用会计记录文字或者记账本位币的行为。⑧未按照规定保管会计资料，致使会计资料毁损、灭失的行为。⑨未按照规定建立并实施单位内部会计监督制度，或者拒绝依法实施的监督，或者不如实提供有关会计资料及有关情况的行为。⑩任用会计人员不符合《会计法》规定的行为。

根据《会计法》规定，有上述违法行为之一者，由县级以上人民政府财

政部门责令限期改正，可以对单位并处 3000 元以上 5 万元以下的罚款；对其直接负责的主管人员和其他直接责任人员，可以处 2000 元以上 2 万元以下的罚款；属于国家工作人员的，还应当视情节轻重，由其所在单位或者其上级单位或者行政监察部门给予警告、记过、记大过、降级、降职、撤职、留用察看或开除等行政处分。会计人员有上述所列行为之一，情节严重的，由县级以上人民政府财政部门吊销会计从业资格证书。构成犯罪的，依法追究刑事责任。

三、其他会计违法行为的法律责任

（一）伪造、变造会计凭证、会计账簿，编制虚假财务会计报告的法律责任

伪造、变造会计凭证、会计账簿，编制虚假财务会计报告，构成犯罪的，依法追究刑事责任。有前款行为，尚不构成犯罪的，由县级以上人民政府财政部门予以通报，可以对单位并处 5000 元以上 10 万元以下的罚款；对其直接负责的主管人员和其他直接责任人员，可以处 3000 元以上 5 万元以下的罚款；属于国家工作人员的，还应当由其所在单位或者有关单位依法给予撤职直至开除的行政处分；对其中的会计人员，并由县级以上人民政府财政部门吊销会计从业资格证书。

（二）隐匿、故意销毁依法应保存的会计资料的法律责任

隐匿或者故意销毁依法应当保存的会计凭证、会计账簿、财务会计报告，构成犯罪的，依法追究刑事责任。有前款行为，尚不构成犯罪的，由县级以上人民政府财政部门予以通报，可以对单位并处 5000 元以上 10 万元以下的罚款；对其直接负责的主管人员和其他直接责任人员，可以处 3000 元以上 5 万元以下的罚款；属于国家工作人员的，还应当由其所在单位或者有关单位依法给予撤职直至开除的行政处分；对其中的会计人员，并由县级以上人民政府部门吊销会计从业资格证。

（三）授意、指使、强令会计机构、会计人员及其他人员伪造、变造会计凭证、会计账簿，编制虚假财务会计报告或隐匿、故意销毁依法应保存的会计资料的法律责任

授意，是指暗示他人按其意思行事。指使，是指通过明示方式，指示他人按其意思行事。强令，是指明知其命令是违反法律的，而强迫他人执行其命令的行为。

授意、指使、强令会计机构、会计人员及其他人员伪造、变造会计凭证、会计账簿，编制虚假财务会计报告或者隐匿、故意销毁依法应当保存的会计凭证、会计账簿、财务会计报告，构成犯罪的，依法追究刑事责任；尚不构成犯罪的，可以处 5000 元以上 5 万元以下的罚款；属于国家工作人员的，还应当由其所在单位或者有关单位依法给予降级、撤职或开除的行政处分。

（四）单位负责人对会计人员实行打击报复的法律责任

《会计法》规定，单位负责人对依法履行职责、抵制违反本法规定行为的会计人员以降级、撤职、调离工作岗位、解聘或者开除等方式实行打击报复，构成犯罪的，依法追究刑事责任；尚不构成犯罪的，由其所在单位或者有关单位依法给予行政处分。对受打击报复会计人员，应当恢复其名誉和原有职务、级别。《刑法》规定，公司、企业、事业单位、机关、团体的领导人，对依法履行职责、抵制违反《会计法》违法行为的会计人员实行打击报复，情节恶劣的，处 3 年以下有期徒刑或拘役。

同步测试题：

一、单项选择题

1. 对违反《会计法》行为实施行政处罚的主体只能是( )。

A. 县级以上人民政府

B. 县级以上人民政府财政部门

C. 县级以上人民政府财政部门中的会计处（科）

D. 县级以上人民政府财政部门中的财政监察处（科）

2. 行政处分的对象仅限于( )。

A. 公民　　　　　　　　　　　B. 法人

C. 国家工作人员　　　　　　　D. 其他组织

3. 某职工到北京出差，实际支付住宿费 1100 元，却开出 2400 元的发票到单位报销，后被查出。应给这一职工的处罚是通报，并处( )。

A. 3000 元以上 5 万元以下的罚款

B. 5000 元以上 1 万元以下的罚款

C. 3000 元以上 2 万元以下的罚款

D. 5000 元以上 10 万元以下的罚款

4. 对伪造变造会计凭证、会计账簿或者编制虚假财务报告的行为，尚不构成犯罪的，县级以上人民政府财政部门予以通报，可以对单位并处( )罚款。

A. 2000 元以上 2 万元以下　　　B. 3000 元以上 5 万元以下

C. 5000 元以上 10 万元以下　　D. 5000 元以上 5 万元以下

5. 下列违反《会计法》的行为中，只能给予当事人行政处分的是( )。

A. 财政部门及有关行政部门的工作人员在实施监管中玩忽职守

B. 财政部门及有关行政部门的工作人员在实施监管中泄露国家秘密

C. 财政部门及有关行政部门的工作人员在实施监管中泄露商业秘密

D. 财政部门及有关行政部门的工作人员将检举人姓名和检举材料转给被检举单位和检举人个人

6. 在财政部门组织的《会计法》执行情况检查中，经查，2002 年伟鸿公司实际亏损 10 万元，而其财务报告表现为盈利 5 万元，虚增了利润。财政部门对此进行了行政处罚。对主管人员及其他直接责任人恰当的处分为（　　　）。

A. 2000 元以上 2 万元以下的罚款　　　B. 2000 元以上 2 万元以下的罚金

C. 3000 元以上 5 万元以下的罚款　　　D. 3000 元以上 5 万元以下的罚金

二、多项选择题

1. 违反《会计法》的行为，应当承担的法律责任有（　　　）。

A. 社会责任　　　　　　　　　　　　B. 刑事责任

C. 民事责任　　　　　　　　　　　　D. 行政责任

2. 下列各项中属于《会计法》规定的行政处罚的形式有（　　　）。

A. 罚款　　　　　　　　　　　　　　B. 警告

C. 吊销税务登记证　　　　　　　　　D. 吊销会计从业资格证书

3. 以下（　　　）情形下违法行为责任人应承担相应的法律责任。

A. 私设会计账簿

B. 毁损、灭失会计资料

C. 隔夜登记会计账簿

D. 未将取得的原始凭证送交会计机构

4. 单位责任人对会计人员实行打击报复的，除对单位负责人依法进行处罚外，对受打击报复的会计人员还应采取必要的补救措施（　　　）。

A. 名誉受到损害要恢复名誉

B. 被调离工作岗位、解聘或者开除的应恢复原有职位

C. 被撤职的应当恢复其原有职务

D. 被降级的应当恢复其原有的级别

5. 涉及会计人员违法职业行为的主要包括（　　　）。

A. 违反单位会计核算规则的行为

B. 违反单位会计监督规则的行为

C. 伪造、变造凭证、账簿和报表的行为

D. 隐匿、故意销毁依法应当保存的凭证、账簿和报表的行为

6. 根据《会计法》的规定，对于"随意变更会计处理方法"的行为，应

当承担的法律责任是（　　　）。

A. 由县级以上人民政府财政部门责令限期改正

B. 对单位处以 3000 元以上 5 万元以下的罚款

C. 对其直接负责的主管人员可以处于 2000 元以上 2 万元以下的罚款

D. 构成犯罪的，依法追究刑事责任

7. 某外商投资企业存在私设会计账簿，搞账外账的严重违法行为，但尚未构成犯罪，按照《会计法》，其直接负责的主管人员和负有直接责任的会计人员可能受到的行政处罚有（　　　）。

A. 责令限期改正

B. 处以 2000 元以上 2 万元以下罚款

C. 负有直接责任的企业负责人就地免职

D. 吊销负有直接责任的会计人员的会计从业资格证书

三、案例分析

1. 2003 年 1 月，某服装厂发生如下事项：

（1）7 日，该厂会计人员王某脱产学习一星期，会计科长指定出纳李某临时兼管王某的债权债务账目的登记工作，未办理会计工作交接手续。

（2）10 日，该厂档案科会同会计科销毁了一批保管期限已满的会计档案，未经厂领导批准，也未编造会计档案销毁清册，销毁后未履行任何手续。

（3）该厂 2002 年度亏损 20 万元，20 日，厂长授意会计人员采取伪造会计凭证等手段调整企业的财务会计报告，将 2002 年利润调整为盈利 50 万元。

要求：根据以上事实，回答下列问题：

（1）出纳李某临时兼管王某的债权债务账目的登记工作是否符合规定？

（2）会计人员王某脱产学习一星期，是否需要办理会计工作交接手续？

（3）该厂档案科会同会计科销毁保管期满的会计档案在程序上是否符合规定？

（4）厂长授意会计人员采取伪造会计凭证等手段调整企业的财务会计报告是否应当承担法律责任？

2. 某市财政局在 2008 年 4 月《会计法》执法检查中，发现某小型企业为节省开支只任用了两名会计，其中已取得会计师职称，并持有会计从业资格证书的王某被单位负责人指定为会计主管人员，负责登记总账、编制财务会计报告和稽核工作，另一名尚未取得会计从业资格证书的张某被单位负责人指定担任出纳工作，兼记日记账、各种明细账和会计档案的保管。该企业出纳员在单位负责人的授意下，将收到的下脚料销售款 5000 元另行存放不入账，以便负责人日常应酬。会计主管王某发现后，向上级主管部门举报，上级主管部门将检举材料一并转给该企业，责令其自行纠正。该企业负责人遂以工作需要为由，将会计主管王某调离会计工作岗位，另外聘用一名经济管理专业应届大学毕业生担任会计主管人员，由于该会计主管人员经验不足使得会计管理混乱，会计处理方法随意改变，会计核算中时有多报、漏记的会计差错发生，并仍秉承单位负责人意图，私设小金库。

　　要求：

　　（1）请逐项分析上述哪些行为违反了《会计法》的规定？

　　（2）财政部门和有关部门对该企业违反《会计法》的行为应如何处理？

第三章　支付结算法律制度

【学习目标】

　　通过本章学习，掌握汇票、本票、支票等票据结算方式的具体规定；掌握银行结算账户的开立、使用等的具体规定；熟悉办理支付结算的基本要求和支付结算的基本原则；了解非票据结算方式的具体规定。

【案例导入】

　　李某代表甲公司携带一张记载有本单位签章、出票日期为 2005 年 5 月 9 日、票面金额为 20 万元的转账支票前往乙公司采购物品。5 月 10 日，李某代表甲公司与乙公司签订了一份价值 20 万元的合同，该合同约定，甲公司于合同签订当日以支票方式一次付款，乙公司应当于 6 月 4 日前向甲公司交付所购物品。李某在向乙公司交付支票时，声明该支票未记载收款人，由乙公司自己填写。

　　乙公司在收到支票后，未在该支票收款人栏里记载自己的名称。2005 年 5 月 12 日，乙公司在与丙公司的买卖合同中，直接将该支票背书转让给丙公司。5 月 14 日，持票人丙公司向丁银行提示付款。5 月 16 日，丁银行通知丙公司，该支票款项已到账，但却不能支取使用，主要原因是：该支票记载有"甲公司收到乙公司交付办公用品之次日，持票人才能支取使用该资金"。乙公司于 6 月 8 日向甲公司交付所购办公用品，丁银行于 6 月 9 日通知丙公司将支票金额转入丙公司的银行账户。

　　要求：

　　（1）甲公司交付给乙公司的支票未记载收款人，该支票是否有效？并说明理由。

（2）乙公司将未记载收款人的支票背书转让给丙公司是否符合有关规定？并说明理由。

（3）丁银行通知丙公司不能支取使用到账资金的理由是否成立？并说明理由。

【解析】

（1）该支票有效。根据《票据法》的规定，收款人名称属于支票的绝对应记载事项，但支票的金额、收款人名称可以由出票人授权补记。

（2）乙公司将未记载收款人的支票背书转让给丙公司不符合法律规定。根据《票据法》的规定，支票的金额、收款人名称未补记前，不得背书转让和提示付款。

（3）银行的理由不成立。支票限于见票即付，不得另行记载日期。另行记载付款日期的，该记载无效。出票人在付款人处的存款足以支付支票金额时，付款人应在见票当日足额付款。

第一节　支付结算概述

一、支付结算的概念

（一）支付结算的定义

支付结算，是指单位、个人在社会经济活动中使用票据、信用卡和结算凭证进行货币给付及其资金清算的行为，其主要功能是完成资金从一方当事人向另一方当事人的转移。

银行、城市信用合作社、农村信用合作社（以下统称银行）以及单位（含个体工商户）和个人是办理支付结算的主体。其中，银行是支付结算和资金清算的中介机构。未经中国人民银行批准的非银行金融机构和其他单位不得作为中介机构经营支付结算业务。但法律、行政法规另有规定的除外。

支付结算的目的是实现资金从当事人一方向当事人另一方的转移。银行作为资金转移的场所或中介机构，必须有当事人支付款项的意思表示，才能为当事人办理货币给付及资金清算。银行在支付结算活动中，必须履行审查义务。

银行只要以善意且符合规定的正常操作程序审查，对伪造、变造的票据和结算凭证上的签章以及需要交验的个人有效身份证件，未发现异常而支付金额的，对出票人或付款人不再承担受委托付款的责任，同时对持票人或收款人不再承担付款的责任。

为了规范支付结算工作，我国制定了一系列支付结算方面的法律、法规和制度，其中属于支付结算方面的法律有 1995 年 5 月 10 日八届全国人大常务委员会第十三次会议通过的《中华人民共和国票据法》（1996 年 1 月 1 日起施行）；属于支付结算方面的行政法规有 1997 年 8 月 21 日经国务院批准由中国人民银行发布的《票据管理实施办法》（1997 年 10 月 1 日起施行）；属于支付结算方面的规章有 1997 年 9 月 19 日中国人民银行发布的《支付结算办法》（1997 年 12 月 1 日起施行）、1997 年 6 月 23 日中国人民银行发布的《国内信用证结算办法》（1997 年 8 月 1 日起施行）、1999 年 1 月 5 日中国人民银行发布的《银行卡业务管理办法》（1999 年 3 月 1 日起施行）、《电子支付指引（第一号）》（2005 年 10 月 26 日由中国人民银行公布实施）等。

（二）支付结算的基本原则

1. 恪守信用、履约付款原则

各单位之间、单位与个人之间发生交易往来，通过银行办理结算时，应根据各自的具体条件、自行协商订约，使结算双方办理款项收付完全建立在自觉自愿、相互信任的基础上。该原则要求结算当事人必须依照双方约定的民事法律关系内容依法承担义务和行使权利，严格遵守信用，履行付款义务，特别是应当按照约定的付款金额和付款日期进行支付。

2. 谁的钱进谁的账、由谁支配原则

银行在办理结算时，必须按照存款人的委托，将款项支付给其指定的收款人；对存款人的资金，除国家法律另有规定外，必须由其自由支配，银行不代扣款项，以维护存款人对存款资金的所有权或经营权，保证其对资金的自主支配权。

3. 银行不垫款原则

银行在办理结算时，只提供结算服务，起中介作用，负责将结算款项从付款单位账户划转到收款单位账户，不给任何单位垫付款项，以划清银行资金与开户单位的资金界限，保护银行资金的所有权或经营权，促使开户单位直接对自己的债权债务负责，而不能将自己的债务全部或部分转嫁给银行。付款单位在办理结算过程中只能用自己的存款余额支付其他单位款项，收款单位也只能在款项已经在银行办妥了收款手续，进入本单位账户后才能支配使用。

【例 3-1-1】2008 年 5 月 10 日，甲公司的经办人李梅持转账支票到其开户银行某工商银行办事处办理转账手续，要求将其账面上的存款 5 万元转到本市与该公司有业务往来的某信用社。当日下午李梅持工商银行办事处加盖有转讫章的进账单（回单）到信用社要求提取现金 5 万元，信用社柜台员因该公司是信用社老客户，即为其办理了提现手续。11 日上午信用社发现甲公司转存至本信用社的 5 万元尚未到账。请问：该信用社对此业务的处理违反了支付结算的哪项基本原则？

【解析】信用社对此业务的处理违反了支付结算的"银行不垫款"原则。信用社认为签发人持有开户行的进账单，就表示对方银行已从客户账上转账，并认为这笔款项迟早会到本信用社账上的，在款项未收妥的情况下，就将 5 万元支付给收款人，以信任代替制度，很可能造成信用社资金损失。

二、办理支付结算的基本要求

1. 单位、个人和银行办理支付结算必须使用按中国人民银行统一规定印制的票据和结算凭证

票据和结算凭证是办理支付结算的工具。未使用按中国人民银行统一规定印制的票据，票据无效；未使用中国人民银行统一规定格式的结算凭证，银行不予受理。

2. 单位、个人和银行应当按照《人民币银行结算账户管理办法》的规定开立、使用账户

在银行开立存款账户的单位和个人办理支付结算，账户内需有足够的资金保证支付。法律、行政法规另有规定的除外。没有开立存款账户的个人向银行交付款项后，也可以通过银行办理支付结算。银行依法为单位、个人在银行开立的存款账户中的存款保密，维护其资金的自主支配权。除国家法律、行政法规另有规定外，银行不得为任何单位或者个人查询账户情况，不得为任何单位或者个人冻结、扣划款项，不得停止单位、个人存款的正常支付。

3. 票据和结算凭证上的签章和其他记载事项应当真实，不得伪造、变造

伪造，是指无权限人假冒他人或虚构人名义签章的行为。变造，是指无权更改票据内容的人对票据上签章以外的记载事项加以改变的行为。变造票据的方法多是在合法票据的基础上对票据加以剪接、挖补、覆盖、涂改，从而非法改变票据的记载事项。伪造、变造票据属于欺诈行为，应追究其刑事责任。票据上有伪造、变造的签章的，不影响票据上其他当事人真实签章的效力。

票据和结算凭证上的签章，为签名、盖章或者签名加盖章。单位、银行在票据上的签章和单位在结算凭证上的签章，为该单位、银行的盖章加其法定代

表人或其授权的代理人的签名或盖章。个人在票据和结算凭证上的签章，为个人本名的签名或盖章。

票据和结算凭证的金额、出票或签发日期、收款人名称不得更改，更改的票据无效；更改的结算凭证，银行不予受理。对票据和结算凭证上的其他记载事项，原记载人可以更改，更改时应当由原记载人在更改处签章证明。

4. 填写票据和结算凭证应当规范，做到要素齐全、数字正确、字迹清晰、不错不漏、不潦草、防止涂改

票据和结算凭证金额以中文大写和阿拉伯数字同时记载，二者必须一致，二者不一致的票据无效；二者不一致的结算凭证，银行不予受理。

少数民族地区和外国驻华使领馆根据实际需要，金额大写可以使用少数民族文字或者外国文字记载。

【例3-1-2】2009年5月26日，甲公司采购部门向乙公司购买书柜。出纳人员填制了一张转账支票，但未注明收款人及款项用途，就交与采购部门以支付货款。10月28日，甲公司采购部门因急需支付欠丙公司的另一笔费用，遂将手中未及时交给乙公司的支票，补填了收款人及用途后交给丙公司以支付欠款。请问：甲公司相关部门及人员在处理支票结算时是否符合规定？

【解析】采购部门与出纳在处理支票结算时不符合规定。《支付结算办法》规定："填写票据和结算凭证应当规范，做到要素齐全、数字正确、字迹清晰、不错不漏、不潦草、防止涂改。"甲公司出纳人员在填制支票时，要素未填齐全就交给采购部门，致使采购部门得以擅自改变支票的收款人及用途，这种做法会对公司资金安全带来风险。

三、填写票据和结算凭证的基本要求

（一）金额的书写要求

1. 中文大写金额的书写要求

（1）中文大写金额数字应用正楷或行书填写，不得自造简化字。如壹（壹）、贰（贰）、叁（叁）、肆（肆）、伍（伍）、陆（陆）、柒（柒）、捌、玖、拾（拾）、佰、仟、万（万）、亿、圆（元）、角、分、零、整（正）等字样。不得用一、二（两）、三、四、五、六、七、八、九、十、廿、毛、另（或0）填写。金额数字书写使用繁体字的，也应受理。

（2）中文大写金额数字到"元"为止的，在"元"之后，应写"整"或"正"字；大写金额数字到"角"为止的，在"角"之后可以不写"整"或"正"字；大写金额数字有"分"的，"分"后面不写"整"或"正"字。

（3）中文大写金额数字前应标明"人民币"字样，大写金额数字应紧接"人民币"字样填写，不得留有空白。大写金额数字前未印"人民币"字样的，应加填"人民币"三字。大写金额栏内不得预印固定的"万、仟、佰、拾、元、角、分"字样。

2. 阿拉伯小写金额数字的书写要求

（1）阿拉伯小写金额数字中有"0"时，中文大写应按照汉语语言规律、金额数字构成和防止涂改的要求进行书写。举例如下：

①阿拉伯数字中间有"0"时，中文大写金额要写"零"字。如¥1508.50，应写成人民币壹仟伍佰零捌元伍角。

②阿拉伯数字中间连续有几个"0"时，中文大写金额中间可以只写一个"零"字。如¥3009.24，应写成人民币叁仟零玖元贰角肆分；又如¥6007.14，应写成人民币陆仟零柒元壹角肆分。

③阿拉伯金额数字万位或元位是"0"，或者数字中间连续有几个"0"，万位、元位也是"0"，但千位、角位不是"0"时，中文大写金额中可以只写一个"零"字，也可以不写"零"字。如¥1980.42，应写成人民币壹仟玖佰捌拾元零肆角贰分，或者写成人民币壹仟玖佰捌拾元肆角贰分；又如¥206000.73，应写成人民币贰拾万陆仟元零柒角叁分，或者写成人民币贰拾万零陆仟元柒角叁分。

④阿拉伯金额数字角位是"0"，而分位不是"0"时，中文大写金额"元"后面应写"零"字。如¥36408.02，应写成人民币叁万陆仟肆佰零捌元零贰分；又如¥225.04，应写成人民币贰佰贰拾伍元零肆分。

（2）阿拉伯小写金额数字前面，均应填写人民币符号"¥"。阿拉伯小写金额数字要认真填写，不得连写分辨不清。

（二）票据出票日期的书写要求

（1）票据的出票日期必须使用中文大写。为防止变造票据的出票日期，在填写月、日时，月为壹、贰和壹拾的，日为壹至玖和壹拾、贰拾、叁拾的，应在其前加"零"；日为拾壹至拾玖的，应在其前面加"壹"。如2月12日，应写成零贰月壹拾贰日；10月20日，应写成零壹拾月零贰拾日；1月15日，应写成零壹月壹拾伍日。

（2）票据出票日期使用小写填写的，银行不予受理。大写日期未按要求规范填写的，银行可予受理，但由此造成损失的，由出票人自行承担。

【例3-1-3】2005年2月，东方市公安局接到甲公司报案，称甲公司查账时发现，2004年7月付与乙公司的一张40500元的转账支票，却被提走了940500元。接案后，公安机关分析乙公司王某有重大作案嫌疑。经查，2004年7

月，乙公司王某为受害单位进行设备防腐处理，工程结束后收到转账支票一张。王某见支票上只有小写金额，遂将小写金额前加个"9"，自己再填上大写金额，从而顺利地将款项划到自己账下。请分析乙公司王某能够得逞的原因。

【解析】根据《支付结算办法》的规定，票据和结算凭证金额以中文大写数字和阿拉伯数字同时记载，且两者必须一致。本例中，乙公司王某得逞的主要原因是甲公司未严格按照关于填写票据和结算凭证的基本规定同时填写中文大写金额和阿拉伯数字小写金额，以及阿拉伯小写金额数字前面未填写人民币符号，从而给乙公司王某的违法行为留下了可乘之机。因此，单位或个人必须按照《支付结算办法》的规定填写票据或结算凭证。

同步测试题：

一、单项选择题

1. (　　　)负责制定统一的支付结算法律制度。

A. 中国人民银行总行 　　　　　　　B. 中国银行总行

C. 商业银行总行 　　　　　　　　　D. 国家政策性银行

2. 票据上记载的事项可以更改的是(　　　　)。

A. 票据金额 　　　　　　　　　　　B. 出票日期

C. 付款人名称 　　　　　　　　　　D. 收款人名称

3. 单位、个人和银行办理支付结算必须使用(　　　　)。

A. 各开户银行印制的票据和结算凭证

B. 按财政部统一规定印制的票据和结算凭证

C. 按中国人民银行统一规定印制的票据和结算凭证

D. 按国家税务总局统一规定印制的票据和结算凭证

4. 填写票据时，3 月 20 日应当写为(　　　　)。

A. 叁月贰拾日 　　　　　　　　　　B. 零叁月零贰拾日

C. 零叁月贰拾日 　　　　　　　　　D. 叁月零贰拾日

5. 填写票据和结算凭证时的大写金额数字到(　　　　)为止的，应在其后写"整"或"正"字。

A. 元 　　　　　　　　　　　　　　B. 角

C. 分 　　　　　　　　　　　　　　D. 元或角

6. 某公司于 2005 年 2 月 10 日开出一张支票，下列有关支票日期的写法中符合要求的是(　　　　)。

A. 贰零零伍年贰月拾日 　　　　　　B. 贰零零伍年零贰月壹拾日

C. 贰零零伍年零贰月零壹拾日 　　　D. 贰零零伍年贰月壹拾日

7. 下列各项中，不符合票据和结算凭证填写要求的是(　　)。

A. 中文大写金额数字到"角"为止的，在"角"之后没有写"整"字

B. 将出票日期1月15日写成零壹月壹拾伍日

C. 将出票日期10月25日写成壹拾月贰拾伍日

D. 将出票日期2月12日写成零贰月壹拾贰日

8. 某单位于2003年10月19日开出一张支票，下列有关支票日期的写法符合要求的是(　　)。

A. 贰零零叁年拾月拾玖日　　　　　B. 贰零零叁年壹拾月壹拾玖日

C. 贰零零叁年零壹拾月拾玖日　　　D. 贰零零叁年零壹拾月壹拾玖日

二、多项选择题

1. 下列各项中，属于办理支付结算主体的有(　　)。

A. 城市信用合作社　　　　　　　　B. 个人

C. 单位　　　　　　　　　　　　　D. 个体工商户

2. 下列各项中，属于支付结算和资金清算的中介机构的有(　　)。

A. 城市信用合作社　　　　　　　　B. 银行

C. 保险公司　　　　　　　　　　　D. 大型股份公司

3. 下列各项中属于无效票据的是(　　)。

A. 更改签发日期的票据

B. 更改收款单位名称的票据

C. 出票日期使用中文大写，但大写日期未按要求规范填写的票据

D. 更改中文大写金额的票据

4. 支付结算应遵循以下基本原则(　　)。

A. 恪守信用、履约付款原则　　　　B. 谁的钱进谁的账、由谁支配原则

C. 银行不垫款原则　　　　　　　　D. 一个基本账户原则

5. 下列属于票据伪造的是(　　)。

A. 会计员张某假冒公司董事长签章　B. 会计员张某更改票据出票日期

C. 持票人李某更改票据金额　　　　D. 会计员张某以虚构人的名义签章

6. 票据和结算凭证金额的大小写不一致，则(　　)。

A. 以中文大写为准　　　　　　　　B. 以阿拉伯数字为准

C. 票据无效　　　　　　　　　　　D. 票据行为无效

7. 下列票据无效的是(　　)。

A. 更改票据金额　　　　　　　　　B. 更改出票或签发日期

C. 更改收款人名称　　　　　　　　D. 票据金额的大小写不一致

8. 下列关于票据签章的表述中，正确的有(　　)。

A. 票据和结算凭证上的签章，为签名、盖章或者签名加盖章

B. 单位、银行在票据上的签章和单位在结算凭证上的签章，为该单位、银行的盖章加其法定代表人或其授权的代理人的签名或盖章

C. 个人在票据和结算凭证上的签章，为个人本名的签名或盖章

D. 票据签章是票据行为生效的重要条件，也是票据行为表现形式中必须记载的事项

9. 下列各项中表述正确的有(　　)。

A. 票据中的中文大写金额数字应用正楷或行书填写

B. 票据中的中文大写金额数字前应标明"人民币"字样

C. 票据的出票日期可以使用小写填写

D. 票据中的中文大写金额数字到元为止的，在元之后应写"整"或"正"字

10. 使用中文大写填写票据出票日期时，应在其前面加"零"的月份有(　　)。

A. 壹月　　　　　　　　　　B. 贰月

C. 叁月　　　　　　　　　　D. 壹拾月

三、判断题

1. 支付结算的实质性权利义务关系是当事人之间的权利义务关系，银行仅是结算活动和资金清算中介机构。　　　　　　　　　　　　　(　　)

2. 银行在办理结算时，因业务需要，可以承担一定的垫付款项的责任。
　　　　　　　　　　　　　　　　　　　　　　　　　　　　　(　　)

3. 个人在票据上的签章和在财务会计报告中的签章的要求是一样的，都是签名并加盖个人名章。　　　　　　　　　　　　　　　　　　　(　　)

4. 根据支付结算办法的规定，票据和结算凭证上的所有记载事项，任何人不得更改。　　　　　　　　　　　　　　　　　　　　　　　　(　　)

5. 银行不得为任何单位或者个人冻结、扣划款项，不得停止单位、个人存款的正常支付，但可以为单位或者个人查询账户情况。　　　　　　(　　)

6. 甲公司因购货向乙公司签发了一张支票，将出票日期"2月18日"写为"贰月壹拾捌日"，则银行可以受理，但由此造成的损失由甲公司自行承担。
　　　　　　　　　　　　　　　　　　　　　　　　　　　　　(　　)

7. 甲公司因购货向乙公司签发了一张支票，出票日期填写为"6月18日"，则该张支票仍然有效，银行可以受理，但由此造成的损失由甲公司自行承担。
　　　　　　　　　　　　　　　　　　　　　　　　　　　　　(　　)

第二节　银行结算账户

一、银行结算账户的概念和分类

（一）银行结算账户的概念

银行结算账户是指存款人在经办银行开立的办理资金收付结算的人民币活期存款账户。

1. 银行结算账户是存款人与银行之间产生的一种法律关系

银行结算账户法律关系的主体是存款人与银行，其中，"银行"是指在中国境内经中国人民银行批准经营支付结算业务的政策性银行、商业银行（含外资独资银行、中外合资银行、外国银行分行）、城市商业银行、城市信用社、农村信用合作社；"存款人"是指在中国境内开立银行结算账户的机关、团体、部队、企业、事业单位、其他组织、个体工商户和自然人。存款人与银行之间既有平等的经济协调法律关系，也有不平等的经济管理法律关系。比如存款人是银行的"客户"，双方法律关系的发生必须有平等的协商和意思表示一致；另外，银行对存款人的账户行使管理权，可以对违反账户管理的存款人进行处罚，双方存在着不平等的管理与被管理关系。

2. 银行结算账户的性质是活期存款账户

活期存款是指存款人可以随时存取的存款，定期存款是指银行与存款人对存款的期限和提取方式事先约定的存款。活期存款账户具有结算功能，单位定期存款账户不具有结算功能，该类账户的开立和使用应遵守《人民币单位存款管理办法》的规定。

3. 银行结算账户的目的是办理资金收付结算

存款人开立银行结算账户与储蓄账户具有不同的目的。开立银行结算账户的目的是为了在日常经济活动中随时办理资金的收付结算；而开立储蓄账户的目的是存取本金和支取利息，储蓄账户不具有办理资金收付结算的功能，其开立和使用应遵守《储蓄管理条例》的规定。

4. 银行结算账户是人民币活期存款账户

银行结算账户与外币存款账户有所不同。银行结算账户主要是办理人民币的资金收付结算，其开立使用应遵守《支付结算办法》及其他相关法律、法规，而外币存款账户办理的是外币业务，其开立和使用应遵守国家外汇管理局的有关规定。

（二）银行结算账户的种类

1. 从存款人的角度划分

根据存款人的不同，银行结算账户分为个人银行结算账户和单位银行结算账户。个人银行结算账户是指存款人凭个人身份证件以自然人名称开立的银行结算账户。个人因使用借记卡、信用卡在银行或邮政储蓄机构开立的银行结算账户纳入个人银行结算账户管理。单位银行结算账户是指存款人以单位名称开立的银行结算账户。个体工商户凭营业执照以字号或经营者姓名开立的银行结算账户纳入单位银行结算账户管理。

2. 从银行结算账户的用途划分

单位银行结算账户按用途不同，分为基本存款账户、一般存款账户、专用存款账户、临时存款账户。根据《人民币银行结算账户管理办法》的规定，存款人开立基本存款账户、临时存款账户和预算单位开立专用存款账户实行核准制，经中国人民银行核准后由银行核发开户登记证。但存款人因注册验资需要开立的临时存款账户除外。

3. 从银行结算账户的开户地划分

银行结算账户根据开户地的不同，分为本地银行结算账户和异地银行结算账户。本地银行结算账户是指存款人在注册地或住所地开立的银行结算账户。注册地是指存款人的营业执照等开户证明文件上记载的住所地。异地银行结算账户是指存款人在异地（跨省、市、县）开立的银行结算账户。

（三）银行结算账户管理的基本原则

1. 一个基本账户原则

存款人可根据银行结算账户的用途以及不同的资金来源，开立不同的银行账户，比如，可以开立基本存款账户、一般存款账户、临时存款账户和专用存款账户。但是，存款人只能在银行开立一个基本存款账户。

2. 自主选择原则

存款人可以自主地选择银行开立账户，银行也可以自愿选择存款人。除国家法律、行政法规和国务院另有规定外，任何单位和个人不得强令存款人到指定银行开立银行结算账户。

3. 为存款人保密原则

银行必须依法为存款人的银行结算账户信息保密。银行结算账户信息包括开立的主体、账号、密码、金额及资金往来情况等。银行应依法为存款人保密，维护存款人资金自主支配权，除国家法律、行政法规另有规定外，不代任何单位或个人冻结、扣划存款人账户内存款和查询有关资料。

4. 依法开立和使用银行结算账户原则

银行结算账户的开立和使用应当遵守法律、行政法规，不得利用银行结算账户进行偷逃税款、逃废债务、套取现金及其他违法犯罪活动。

二、银行结算账户的开立、变更和撤销

(一) 银行结算账户的开立

1. 开立地点

存款人应在注册地或住所地开立银行结算账户。符合异地（跨省、市、县）开户条件的，也可以在异地开立银行结算账户。

2. 填制开户申请书

存款人开立银行结算账户时，应填制开户申请书。

单位申请开立单位银行结算账户时，应由法定代表人或单位负责人直接办理，如因特殊原因法定代表人或单位负责人不能亲自办理的，必须授权他人办理。由法定代表人或单位负责人直接办理的，应出具法定代表人或单位负责人本人的身份证件；授权他人办理的，除出具被授权人本人的身份证件外，还应出具其法定代表人或单位负责人的授权书及身份证件。

个人申请开立个人银行结算账户时，提倡由存款人本人亲自办理。申请开立使用支票、信用卡等信用支付工具的个人银行结算账户时，因存款人要办理预留签名或名章等开户手续，必须由存款人本人亲自办理。

单位开立银行结算账户的名称应与其提供的申请开户的证明文件的名称全称一致。有字号的个体工商户开立银行结算账户的名称，应与其营业执照的字号相一致；无字号的个体工商户开立银行结算账户的名称，由"个体户"字样和营业执照记载的经营者姓名组成。自然人开立银行结算账户的名称，应与其提供的有效身份证件中的名称全称一致。

3. 开户银行依法审查

银行应对存款人的开户申请书填写的事项和证明文件的真实性、完整性、合规性进行认真审查。开户申请书填写的事项齐全，符合开立基本存款账户、临时存款账户和预算单位专用存款账户条件的，银行应将存款人的开户申请书、相关的证明文件和银行审核意见等开户资料报送中国人民银行当地分支行。

4. 中国人民银行当地分支行依法核准

中国人民银行应于两个工作日内对银行报送的基本存款账户、临时存款账

户和预算单位专用存款账户的开户资料的合规性予以审核，符合开户条件的，予以核准；不符合开户条件的，应在开户申请书上签署意见，连同有关证明文件一并退回报送银行。

5. 开立账户

中国人民银行当地分支行依法核准后办理开户手续；符合开立一般存款账户、其他专用存款账户和个人银行结算账户条件的，银行应办理开户手续，并于开户之日起 5 个工作日内向中国人民银行当地分支行备案。银行为存款人开立一般存款账户、其他专用存款账户，应自开户之日起 3 个工作日内书面通知基本存款账户开户银行。

6. 签订协议

开立银行结算账户时，银行应与存款人签订银行结算账户管理协议，明确双方的权利与义务。银行应建立存款人预留签章卡片，并将签章式样和有关证明文件的原件或复印件留存归档。

存款人开立单位银行结算账户，自正式开立之日起 3 个工作日后，方可使用该账户办理付款业务。

但注册验资的临时存款账户转为基本存款账户和因借款转存开立的一般存款账户除外。

（二）银行结算账户的变更

根据账户管理的要求，存款人下列账户资料变更后，应及时向开户银行办理变更手续：①存款人的账户名称。②单位的法定代表人或主要负责人。③地址、邮编、电话等其他开户资料。

银行结算账户发生变更的，应当办理相关的变更手续。根据《人民币银行结算账户管理办法》的有关规定，银行结算账户的存款人名称发生变更，但不改变开户银行及账号的，应于 5 个工作日内向开户银行提出银行结算账户的变更申请，并出具有关部门的证明文件。单位的法定代表人或主要负责人、住址以及其他开户资料发生变更时，应于 5 个工作日内书面通知开户银行并提供有关证明。

银行接到存款人的变更通知后，应及时办理变更手续，并于两个工作日内向中国人民银行报告。

（三）银行结算账户的撤销

银行结算账户的撤销，是指存款人因开户资格或其他原因终止银行结算账户使用的行为。

1. 银行结算账户的撤销事由

根据《人民币银行结算账户管理办法》的规定，发生下列事由之一的，存款人应向开户银行提出撤销银行结算账户的申请：

（1）被撤并、解散、宣告破产或关闭的。

（2）注销、被吊销营业执照的。

（3）因迁址需要变更开户银行的。

（4）其他原因需要撤销银行结算账户的。

2. 银行结算账户的撤销程序

（1）存款人主体资格终止后，银行结算账户撤销手续的办理

存款人发生被撤并、解散、宣告破产或关闭，或被注销、被吊销营业执照等主体资格终止的，应于 5 个工作日内向开户银行提出撤销银行结算账户的申请。

存款人主体资格终止后，撤销银行结算账户的，应当先撤销一般存款账户、专用存款账户、临时存款账户，将账户资金转入基本存款账户后，方可办理基本存款账户的撤销。

银行得知存款人主体资格终止情况的，存款人超过规定期限未主动办理撤销银行结算账户手续的，银行有权停止其银行结算账户的对外支付。

（2）因地址变更或其他原因需要变更开户银行，银行结算账户撤销手续

银行在收到存款人撤销银行结算账户的申请后，对于符合销户条件的，应当在两个工作日内办理撤销手续。存款人需要重新开立基本存款账户的，应在撤销其原基本存款账户后 10 日内申请重新开立基本存款账户。存款人在申请重新开立基本存款账户时，除应根据前述开立基本存款账户的规定出具相关证明文件外，还应当出具"已开立银行结算账户清单"。

3. 办理银行结算账户撤销手续的注意事项

在办理银行结算账户撤销手续的过程中，应当注意以下事项：

（1）未获得工商行政管理部门核准登记的单位，在验资期满后，应向银行申请撤销注册验资临时存款账户，其账户资金应退还给原汇款人账户。注册验资资金以现金方式存入，出资人提取现金的，应出具缴存现金时的现金缴款原件及其有效身份证件。

（2）存款人尚未清偿其开户银行债务的，不得申请撤销该账户。

（3）存款人撤销银行结算账户，必须与开户银行核对银行结算账户存款余额，交回各种重要空白票据及结算凭证和开户登记证，银行核对无误后方可办理销户手续。存款人未按规定交回各种重要空白票据及结算凭证的，应出具有关证明，造成损失的，由其自行承担。

（4）银行撤销单位银行结算账户时应在其基本存款账户开户登记证上注明销户日期并签章，同时于撤销银行结算账户之日起两个工作日内，向中国人

民银行报告。

（5）银行对一年未发生收付活动且未欠开户银行债务的单位银行结算账户，应通知单位自发出通知之日起 30 日内办理销户手续，逾期视同自愿销户，未划转款项列入久悬未取专户管理。

【例 3-2-1】存款人有下列(　　　)情形之一的，应向开户银行提出撤销银行结算账户的申请。

A. 法定代表人被撤销　　　　　　B. 营业执照被吊销

C. 因迁址需要变更开户银行　　　　D. 存款人账户名称改变

【解析】BC。法定代表人被撤销、存款人账户名称改变办理变更手续。

三、基本存款账户

基本存款账户，是指存款人因办理日常转账结算和现金收付而开立的银行结算账户。单位银行结算账户的存款人只能在银行开立一个基本存款账户。其他银行结算账户的开立必须以基本存款账户的开立为前提，必须凭基本存款账户开户登记证办理开户手续，并在基本存款账户开户登记证上进行相应登记。

（一）开立基本存款账户的条件

根据《人民币银行结算账户管理办法》的规定，下列存款人可以申请开立基本存款账户：

（1）企业法人。

（2）非法人企业。

（3）机关、事业单位。

（4）团级（含）以上军队、武警部队及分散值勤的支（分）队。

（5）社会团体。

（6）民办非企业组织。

（7）异地常设机构。

（8）外国驻华机构。

（9）个体工商户。

（10）居民委员会、村民委员会、社区委员会。

（11）单位设立的独立核算的附属机构。

（12）其他组织。

可见，凡具有民事权利能力和民事行为能力，并依法独立享有民事权利和承担民事义务的法人和其他组织，均可以开立基本存款账户。同时，有些单位虽然不是法人组织，但具有独立核算资格，有自主办理资金结算的需要，包括非法人企业（如具有营业执照的企业集团下属的分公司）、外国驻华机构、个体工商户设立的独立核算的附属机构（单位附属独立核算的食堂、招待所、幼儿园）等，也可以开立基本存款账户。

（二）开立基本存款账户所需的证明文件

根据《人民币银行结算账户管理办法》的规定，存款人申请开立基本存款账户，应向银行出具下列证明文件：

（1）企业法人，应出具企业法人营业执照正本。

（2）非法人企业，应出具企业营业执照正本。

（3）机关和实行预算管理的事业单位，应出具政府人事部门或编制委员会的批文或登记证书和财政部门同意其开户的证明；非预算管理的事业单位，应出具政府人事部门或编制委员会的批文或登记证书。

（4）军队、武警团级（含）以上单位以及分散值勤的支（分）队，应出具军队军级以上单位财务部门、武警总队财务部门的开户证明。

（5）社会团体，应出具社会团体登记证书，宗教组织还应出具宗教事务管理部门的批文或证明。

（6）民办非企业组织，应出具民办非企业登记证书。

（7）外地常设机构，应出具其驻在地政府主管部门的批文。

（8）外国驻华机构，应出具国家有关主管部门的批文或证明；外资企业驻华代表处、办事处应出具国家登记机关颁发的登记证。

（9）个体工商户，应出具个体工商户营业执照正本。

（10）居民委员会、村民委员会、社区委员会，应出具其主管部门的批文或证明。

（11）独立核算的附属机构，应出具其主管部门的基本存款账户开户登记证和批文。

（12）其他组织，应出具政府主管部门的批文或证明。

如果上述存款人为从事生产、经营活动纳税人的，还应出具税务部门颁发的税务登记证。

（三）基本存款账户的使用范围

基本存款账户是存款人的主办账户，该账户主要办理存款人日常经营活动的资金收付及其工资、奖金和现金的支取。

【例3-2-2】某银行的关系大户甲企业电话通知该行行长，因业务需要，要求开立基本存款账户，该行长告诉会计主管按甲企业要求为其开立账户。银行会计主管到前台经办员处，在企业没有出示任何开户手续的情况下，为该企业开立了基本存款账户，并电话通知企业可以当日购买支票办理付款业务。请问：此做法是否正确，为什么？

【解析】银行的做法不正确。①开立单位存款账户，应该由单位法定代表人或单位负责人直接办理，如因特殊原因法定代表人或单位负责人不能亲自办理的，必须授权他人办理。授权他人办理的，除出具被授权人本人的身份证件外，还应出具法定代表人或单位负责人的授权书及身份证件。本案例中，企业的有关人员，没有持企业法定代表人的授权书及身份证件即要求银行办理，不符合规定。②开立基本存款账户，必须提供有关的证明资料，而本案例中，没有提供任何资料，这不符合规定。③存款人开立单位银行结算账户，自正式开立之日起3个工作日后，方可使用该账户办理付款业务。而本案例中，开立之日即办理支票付款业务，不符合规定。

四、一般存款账户

一般存款账户，是存款人因借款或其他结算需要，在基本存款账户开户银行以外的银行营业机构开立的银行结算账户。

（一）开立一般存款账户的条件

开立基本存款账户的存款人都可以开立一般存款账户。根据规定，只要存款人具有借款或其他结算需要，都可以申请开立一般存款账户，且没有数量限制。

（二）开立一般存款账户所需的证明文件

根据《人民币银行结算账户管理办法》的规定，存款人申请开立一般存款账户，应向银行出具下列证明文件：

（1）开立基本存款账户规定的证明文件。

（2）基本存款账户开户登记证。

（3）存款人因向银行借款需要，应出具借款合同。

（4）存款人因其他结算需要，应出具有关证明。

（三）一般存款账户的使用范围

一般存款账户用于办理存款人借款转存、借款归还和其他结算的资金收付。该账户可以办理现金缴存，但不得办理现金支取。

【例3-2-3】蓝天贸易公司会计员将归还甲公司的一笔借款以现金方式存入该公司的一般存款账户，并计划过几天将该账户中的另一笔款项提取现金。请问：这两笔业务会存在什么问题？

【解析】第一笔业务银行会为其办理，但第二笔业务银行不会为其办理。根据《人民币银行结算账户管理办法》的规定，一般存款账户可以办理现金缴存，但不得办理现金支取。

五、专用存款账户

专用存款账户，是存款人按照法律、行政法规和规章，对有特定用途的资金进行专项管理和使用而开立的银行结算账户。

（一）开立专用存款账户的条件

根据《人民币银行结算账户管理办法》的规定，对下列资金的管理与使用，存款人可以申请开立专用存款账户：

（1）基本建设资金。

（2）更新改造资金。

（3）财政预算外资金。

（4）粮、棉、油收购资金。

（5）证券交易结算资金。

（6）期货交易保证金。

（7）信托基金。

（8）金融机构存放同业资金。

（9）政策性房地产开发资金。

（10）单位银行卡备用金。

（11）住房基金。

（12）社会保障基金。

（13）收入汇缴资金和业务支出资金。

（14）党、团、工会设在单位的组织机构经费。

（15）其他需要专项管理和使用的资金。

因收入汇缴资金和业务支出资金开立的专用存款账户，应使用隶属单位的名称。

（二）开立专用存款账户所需的证明文件

根据《人民币银行结算账户管理办法》的规定，存款人申请开立专用存款账户，应向银行出具其开立基本存款账户规定的证明文件、基本存款账户开户登记证和下列证明文件：

（1）基本建设资金、更新改造资金、政策性房地产开发资金、住房基金、社会保障基金，应出具主管部门批文。

（2）财政预算外资金，应出具财政部门的证明。

（3）粮、棉、油收购资金，应出具主管部门批文。

（4）单位银行卡备用金，应按照中国人民银行批准的银行卡章程的规定出具有关证明和资料。

（5）证券交易结算资金，应出具证券公司或证券管理部门的证明。

（6）期货交易保证金，应出具期货公司或期货管理部门的证明。

（7）金融机构存放同业资金，应出具其证明。

（8）收入汇缴资金和业务支出资金，应出具基本存款账户存款人有关的证明。

（9）党、团、工会设在单位的组织机构经费，应出具该单位或有关部门的批文或证明。

（10）其他按规定需要专项管理和使用的资金，应出具有关法规、规章或政府部门的有关文件。

（三）专用存款账户的使用范围

专用存款账户用于办理各项专用资金的收付。针对不同的专用资金，《人民币银行结算账户管理办法》规定了不同的使用范围：

（1）单位银行卡账户的资金必须由其基本存款账户转账存入。该账户不得办理现金收付业务。

（2）财政预算外资金、证券交易结算资金、期货交易保证金和信托基金专用存款账户，不得支取现金。

（3）基本建设资金、更新改造资金、政策性房地产开发资金、金融机构存放同业资金账户需要支取现金的，应在开户时报中国人民银行当地分支行批准。中国人民银行当地分支行应根据国家现金管理的规定审查批准。

（4）粮、棉、油收购资金，社会保障基金，住房基金和党、团、工会经费等专用存款账户支取现金应按照国家现金管理的规定办理。银行应按照国家对粮、棉、油收购资金使用管理的规定加强监督，不得办理不符合规定的资金收付和现金支取。

（5）收入汇缴资金和业务支出资金，是指基本存款账户存款人附属的非独立核算单位或派出机构发生的收入和支出的资金。收入汇缴账户除向其基本存款账户或预算外资金财政专用存款户划缴款项外，只收不付，不得支取现金。业务支出账户除从其基本存款账户拨入款项外，只付不收，其现金支取必须按照国家现金管理的规定办理。

六、临时存款账户

临时存款账户，是指存款人因临时需要并在规定期限内使用而开立的银行结算账户。

（一）临时存款账户开立的条件

根据《人民币银行结算账户管理办法》的规定，存款人有下列情况的，可以申请开立临时存款账户：

（1）设立临时机构。

（2）异地临时经营活动。

（3）注册验资，注册增资。

（二）开立临时存款账户所需的证明文件

根据《人民币银行结算账户管理办法》的规定，存款人申请开立临时存款账户，应向银行出具下列证明文件：

（1）临时机构，应出具其驻在地主管部门同意设立临时机构的批文。

（2）异地建筑施工及安装单位，应出具其营业执照正本或其隶属单位的营业执照正本，以及施工及安装地建设主管部门核发的许可证或建筑施工及安装合同。

（3）异地从事临时经营活动的单位，应出具其营业执照正本以及临时经营地工商行政管理部门的批文。

（4）注册验资资金，应出具工商行政管理部门核发的企业名称预先核准通知书或有关部门的批文。

上述第（2）、（3）项，存款人还应出具其基本存款账户开户登记证。

（三）临时存款账户的使用范围

临时存款账户用于办理临时机构以及存款人临时经营活动发生的资金收付。临时存款账户适用范围主要包括：设立临时机构，如工程指挥部、筹备领导小组、摄制组等；异地临时经营活动，如建筑施工及安装单位等；注册验资。临时存款账户应根据有关开户证明文件确定的期限或存款人的需要确定其有效期限，最长不得超过2年。临时存款账户支取现金，应按照国家现金管理的规定办理。注册验资的临时存款账户在验资期间只收不付，注册验资资金的汇缴人应与出资人的名称一致。

七、个人银行结算账户

（一）个人银行结算账户开立的条件

（1）使用支票、信用卡等信用支付工具的。

（2）办理汇兑、定期借记、定期贷记、借记卡等结算业务的。

（二）开立个人银行结算账户所需的证明文件

（1）中国居民，应出具居民身份证或临时身份证。

（2）中国人民解放军军人，应出具军人身份证件。

（3）中国人民武装警察，应出具武警身份证件。

（4）香港、澳门居民，应出具港澳居民往来内地通行证；台湾居民，应出具台湾居民来往内地通行证或者其他有效旅行证件。

（5）外国公民，应出具护照。

（6）法律、法规和国家有关文件规定的其他有效证件。

银行为个人开立银行结算账户时，根据需要还可要求申请人出具户口簿、驾驶执照、护照等有效证件。

（三）个人银行结算账户的使用范围

个人银行结算账户用于办理个人转账收付和现金支取，储蓄账户仅限于办理现金存取业务，不得办理转账结算。

根据《人民币银行结算账户管理办法》的规定，下列款项可以转入个人银行结算账户：

（1）工资、奖金收入。

（2）稿费、演出费等劳务收入。

（3）债券、期货、信托等投资的本金和收益。

（4）个人债权或产权转让收益。

（5）个人贷款转存。

（6）证券交易结算资金和期货交易保证金。

（7）继承、赠与的款项。

（8）保险理赔、保费退还等款项。

（9）纳税退还。

（10）农、副、矿产品销售收入。

（11）其他合法款项。

（四）个人银行结算账户使用过程中的注意事项

（1）单位从其银行结算账户支付给个人银行结算账户的款项，每笔超过5万元的，应向其开户银行提供下列付款依据：

①代发工资协议和收款人清单。

②奖励证明。

③新闻出版、演出主办等单位与收款人签订的劳务合同或支付给个人款项的证明。

④证券公司、期货公司、信托投资公司、奖券发行或承销部门支付或退还

给自然人款项的证明。

⑤债权或产权转让协议。

⑥借款合同。

⑦保险公司的证明。

⑧税收征管部门的证明。

⑨农、副、矿产品购销合同。

⑩其他合法款项的证明。

（2）从单位银行结算账户支付给个人银行结算账户的款项应纳税的，税收代扣单位付款时应向其开户银行提供完税证明。

（3）个人持出票人为单位的支票向开户银行委托收款，将款项转入其个人银行结算账户的，或者个人持申请人为单位的银行汇票和银行本票向开户银行提示付款，将款项转入其个人银行结算账户的，个人应当提供上述第①～⑩项中规定的有关收款依据。

（4）单位银行结算账户支付给个人银行结算账户款项的，银行应按有关规定，认真审查付款依据或收款依据的原件，并留存复印件，按会计档案保管。未提供相关依据或相关依据不符合规定的，银行应拒绝办理。

八、异地银行结算账户

（一）异地银行结算账户开立的条件

异地银行结算账户是指存款人符合法定条件，根据需要在异地开立相应的银行结算账户。根据《人民币银行结算账户管理办法》的规定，存款人有下列情形之一的，可以在异地开立有关银行结算账户：

（1）营业执照注册地与经营地不在同一行政区域（跨省、市、县）需要开立基本存款账户的。

（2）办理异地借款和其他结算需要开立一般存款账户的。

（3）存款人因附属的非独立核算单位或派出机构发生的收入汇缴或业务支出需要开立专用存款账户的。

（4）异地临时经营活动需要开立临时存款账户的。

（5）自然人根据需要在异地开立个人银行结算账户的。

（二）开立异地银行结算账户的证明文件

存款人需要在异地开立单位银行结算账户，根据开立存款账户的种类不同，除出具开立基本存款账户、一般存款账户、专用存款账户和临时存款账户规定的有关证明文件外，还应出具下列相应的证明文件：

（1）经营地与注册地不在同一行政区域的存款人，在异地开立基本存款账户的，应出具注册地中国人民银行分支行的未开立基本存款账户的证明。

（2）异地借款的存款人在异地开立一般存款账户的，应出具在异地取得贷款的借款合同。

（3）因经营需要在异地办理收入汇缴和业务支出的存款人，在异地开立专用存款账户的，应出具隶属单位的证明。

其中，属于第（2）、（3）项两种情况的，还应出具其基本存款账户开户登记证。

【例3-2-4】2007年12月，市财政局在对其所管辖的甲贸易公司进行财务检查时，发现该公司的结算存款账户出现下列情况：

（1）2007年5月9日，甲企业的财务科长持有关证件到乙银行营业部办理基本存款账户开立手续，乙银行工作人员审查了相关证明文件，办理了基本存款账户开户手续。同日，该财务科长持以上证件和丙银行的贷款合同到丙银行开立了一个一般存款账户。5月10日，该财务科长携带该企业的印鉴到乙银行营业部购买了转账支票一本，并当场签发了金额15000元的转账支票，填写了进账单。支票和进账单的收款人为在乙银行开户的B企业，乙银行的工作人员审查完毕后当场办理了该支票的转账手续。

（2）该公司在工商银行开立基本存款户，其下属公司以方便结算为理由在建设银行又开设了一个基本存款账户。

（3）在该公司的银行存款上的数笔款项是从个人账户转存的，经查实是由于出纳人员经常将没能及时送存银行的现金先存在其个人账户中，以后再转回单位存款账户。

（4）公司有一个在外省设立的账户用于支付采购款，目前为止还有频繁的资金出入，经核查发现早在1年前公司就已经改变了采购地点，该存款户已经不再为采购支付货款了。

（5）公司已于2个月前进行了地址的迁移，但其开户银行没有改变。经办人员认为应该先去办理"银行结算账户撤销"手续，之后，再按照有关规定开立新账户。

要求：甲贸易公司在银行结算账户的管理上存在哪些问题？请逐条进行分析，并说明理由。

【解析】（1）该行为不符合账户管理的规定。《人民币银行结算账户管理办法》规定"存款人开立单位银行结算账户，自正式开立之日起3个工作日后，方可办理付款业务"，本案例涉及的乙银行工作人员没有严格执行这一规定，在甲企业开户的次日就为其办理了转账手续，违反了《人民币银行结算账户管理办法》的规定。

（2）违反规定开设 2 个基本存款户。《支付结算办法》规定，单位只能开设 1 个基本存款账户，不得在多家银行机构开立基本存款户。

（3）混淆单位结算账户与个人账户区别，存在"公款私存"的现象。

（4）存在未能及时撤销异地为采购开设的临时结算账户，因此很可能会发生利用临时结算账户套取现金，或其他违法事项。

（5）地址改变，但开户银行没有改变的，要去开户银行办理变更手续，而不是办理撤销手续。

同步测试题：

一、单项选择题

1. 下列关于银行结算账户的说法中，正确的是（　　）。

A. 银行结算账户既包括人民币存款结算业务，也包括外币存款结算业务

B. 银行结算账户属于单位定期存款账户

C. 银行结算账户不同于储蓄账户

D. 银行结算账户仅限于单位存款人结算开立

2. 存款人开立单位银行结算账户，自正式开立之日起（　　）个工作日后，方可使用该账户办理付款业务。

A. 2　　　　　　　　　　　　　　B. 3

C. 5　　　　　　　　　　　　　　D. 7

3. 银行对 1 年未发生收付活动且未欠开户银行债务的单位银行结算账户，应通知单位自发出通知之日起（　　）日内办理销户手续，逾期视同自愿销户，未划转款项列入久悬未取专户管理。

A. 30　　　　　　　　　　　　　　B. 20

C. 5　　　　　　　　　　　　　　D. 10

4. 主要办理存款人日常经营活动的资金收付及其工资、奖金和现金的支取的账户是（　　）。

A. 一般存款账户　　　　　　　　　B. 基本存款账户

C. 专用存款账户　　　　　　　　　D. 临时存款账户

5. 存款人可以办理现金缴存，但不得办理现金支取的账户是（　　）。

A. 一般存款账户　　　　　　　　　B. 基本存款账户

C. 专用存款账户　　　　　　　　　D. 临时存款账户

6. 蓝星有限责任公司在工商银行 A 市支行开立了基本存款账户，现因经营需要向建设银行 B 分行申请贷款 100 万元，经审查同意办理贷款，其应在 B

分行开立(　　)。

  A. 基本存款账户   B. 一般存款账户

  C. 临时存款账户   D. 个人银行结算账户

7. 下列关于一般存款账户的表述中，不正确的是(　　)。

  A. 一般存款账户是存款人在基本存款账户开户银行以外银行营业机构开立的银行结算账户

  B. 一般存款账户是与基本存款账户的存款人不在同一地点的单位办理异地借款和其他结算需要开立的账户

  C. 存款人可以通过一般存款账户办理转账结算和现金缴存，但不得办理现金支取

  D. 一般存款账户是存款人的主要存款账户

8. 下列关于个人银行结算账户使用功能的表述中，不正确的是(　　)。

  A. 具有活期储蓄功能

  B. 具有普通转账结算功能

  C. 使用支票、信用卡等信用支付工具的功能

  D. 个人储蓄账户也可以办理转账结算

二、多项选择题

1. 下列关于银行结算账户的分类方式中，表述准确的有(　　)。

  A. 按用途可分为基本存款账户、一般存款账户、专用存款账户和临时存款账户

  B. 按存款人不同可分为个人银行结算账户和单位银行结算账户

  C. 按存入币种不同可分为人民币结算账户和外币结算账户

  D. 按存款期限不同可分为定期存款账户和活期存款账户

2. 根据存款人的不同，银行结算账户分为(　　)。

  A. 个人银行结算账户   B. 单位银行结算账户

  C. 本地银行结算账户   D. 基本存款账户

3. 银行结算账户管理应遵循的基本原则有(　　)。

  A. 一个基本账户原则   B. 自主选择原则

  C. 为存款人保密原则   D. 谁的钱进谁的账、由谁支配原则

4. 存款人下列账户资料变更后，应及时向开户银行办理变更手续的有(　　)。

  A. 存款人的账户名称   B. 单位的法定代表人或主要负责人

  C. 地址、邮编、电话等其他开户资料 D. 存款人破产的

5. 根据《人民币银行结算账户管理办法》的规定，发生下列事由之一的，存款人应向开户银行提出撤销银行结算账户的申请的有(　　)。

A. 被撤并、解散、宣告破产或关闭的　B. 注销、被吊销营业执照的

C. 单位法定代表人被撤销　　　　　D. 因迁址需要变更开户银行的

6. 根据《人民币银行结算账户管理办法》的规定，下列各项中，不具备开立基本存款账户资格的存款人有(　　)。

A. 自然人

B. 单位设立的非独立核算的附属机构

C. 个体工商户

D. 社区委员会

7. 根据《人民币银行结算账户管理办法》的规定，对下列资金的管理与使用，存款人可以申请开立专用存款账户的有(　　)。

A. 证券交易结算资金　　　　　　B. 粮、棉、油收购资金

C. 期货交易保证金　　　　　　　D. 注册验资

8. 根据《人民币银行结算账户管理办法》的规定，存款人有下列情况的，可以申请开立临时存款账户(　　)。

A. 设立临时机构　　　　　　　　B. 异地临时经营活动

C. 党、团、工会设在单位的组织机构经费　　D. 注册验资

9. 下列关于个人银行结算账户和活期储蓄账户的说法中正确的有(　　)。

A. 都可以存取现金

B. 存款都可获得利息收入

C. 本人名下的个人结算账户和活期储蓄账户之间可以相互转账

D. 都可以对他人办理转账结算

三、判断题

1. 存款人开立单位银行结算账户，自正式开立之日起 3 个工作日后，才可使用该账户办理付款和收款业务。　　　　　　　　　　　　(　　)

2. 存款人开立单位银行结算账户，自正式开立之日起就可使用该账户办理结算业务。　　　　　　　　　　　　　　　　　　　　　　(　　)

3. 银行得知存款人主体资格终止情况的，存款人超过规定期限未主动办理撤销银行结算账户手续的，银行有权停止其银行结算账户的对外支付。

(　　)

4. 即使存款人尚未清偿其开户银行债务的，也可以申请撤销该账户。

(　　)

5. 存款人撤销银行结算账户时，未按规定交回各种重要空白票据及结算凭证的，应出具有关证明，造成损失的，由其自行承担。　　　　　(　　)

6. 只有法人组织才可以开立基本存款账户。　　　　　　　　　(　　)

7. 一般存款账户既可办理现金缴存，也可办理现金支取。　　　　（　　）

8. 开立基本存款账户的存款人都可以开立一般存款账户。　　　（　　）

9. 只要存款人具有借款或其他结算需要，都可以申请开立一般存款账户，但有数量限制。　　　　　　　　　　　　　　　　　　（　　）

10. 临时存款账户没有使用期限的限制。　　　　　　　　　　　（　　）

11. 注册验资的临时存款账户在验资期间只收不付。　　　　　　（　　）

12. 个人在办理对外的资金转出或接受外部的资金转入时（包括本人异地账户汇款）只能通过结算账户办理；储蓄账户只能办理本人名下的存取款业务和转账，而不能对他人或单位转账，也不能接受他人或单位的资金转入。

（　　）

第三节　票据结算

一、票据概述

（一）票据的概念

票据有广义和狭义之分。广义的票据包括各种有价证券和凭证；狭义的票据仅指《票据法》上规定的票据。在我国，《票据法》上规定的票据包括银行汇票、商业汇票、银行本票和支票。根据我国《票据法》的规定，票据是由出票人签发的、约定自己或者委托付款人在见票时或指定的日期向收款人或持票人无条件支付一定金额的有价证券。

（二）票据的特征

1. 票据是设权证券

票据权利的发生必须首先做成票据。票据的签发，不是为了证明已经存在的权利，而是为了创设一种权利，无票据即无票据权利。

2. 票据是要式证券

票据必须具备法定格式才能有效。除《票据法》另有规定者外，不具备法定格式的，不发生票据效力。票据格式表现为票据的必须记载的事项、票据用纸（包括纸质、纸色、尺寸）、书写方法、书写用具及墨水颜色等。法定的必须记载的事项不齐备而又被《票据法》所不容许的，票据无效；票据用纸、书写等不符合规定的，票据无效。

3. 票据是文义证券

票据的一切权利与义务，必须严格依照票据上记载的文义而定。不得以票据以外的任何事由变更其效力。例如，票据上记载的出票日与实际出票日不一致时，以票据上记载的为准。

4. 票据是无因证券

无因证券是指证券效力与作成证券的原因完全分离，证券权利的存在和行使，不以作成证券的原因为要件。票据的持票人行使票据权利时，不必证明其取得票据的原因，以及票据权利发生的原因。这些原因存在与否、有效与否，与票据权利原则上互不影响。票据的持票人仅依票据上所载文义就可以请求给付一定金额的货币。

5. 票据是流通证券

票据的转让可以依背书和交付的简单程序进行，而不必通知债务人。

6. 票据是缴回证券

票据债权人受领了票据金额后，必须将票据交还债务人，转移票据所有权，使票据关系消灭。

【例3-3-1】甲公司向乙公司购买一批货物，于2009年3月10日签发一张同城转账支票给乙公司用于支付货款。乙公司于3月12日将该支票背书转让给丙公司。随后，甲、乙间的买卖合同解除。现付款银行以甲乙间的买卖合同已解除为由拒绝向丙公司付款。请问：该做法是否正确？

【解析】该做法不正确。因为票据是无因证券，只要权利人持有票据，就享有票据权利，就可以行使票据上的权利。至于权利人持有票据或取得票据的原因以及票据权利发生的原因，则在所不问，即这些原因是否存在、是否发生、是否有效，原则上都不影响票据权利的存在。

（三）票据的功能

从总体上讲，票据在经济生活中的作用是代替货币进行结算和融通资金，方便贸易，促进经济发展。

1. 支付功能

票据可以充当支付工具，代替现金使用。对于当事人来讲，用票据支付可以消除现金携带的不便，克服点钞的麻烦，节省计算现金的时间。

2. 汇兑功能

票据可以代替货币在不同地方之间运送，方便异地之间的支付。如果异地之间使用货币，需要运送或携带，不仅费时费力，而且极不安全，一旦发生事故，损失将无法挽回，大额货币的运送更是如此。使用票据到异地支付，便利之处显而易见，并且，如果发生事故使票据毁损灭失，或被他人不法取得，权利人若及时采取措施，通知银行止付，请求司法保护，就可保全利益，不致受损。

3. 信用功能

票据当事人可以凭借自己的信誉，将未来才能获得的金钱作为现在的金钱来使用。

4. 债务抵销功能

债权人可以签发票据，指定自己的债务人向自己的债权人无条件支付一定金额，由此消灭相互之间的债权债务。这样，各方的债权都得以实现，而且简便迅速。

5. 融资功能

票据可以有偿转让，实现资金周转。持票人急需现金时，可持票向银行请求贴现，也可以以背书方式将票据卖给他人，满足需要。

【例3-3-2】甲企业购买乙企业货物，甲企业暂时款项不足，便凭借自己的信誉签发了一张以乙企业为收款人、以自己的开户银行为付款人，约定3个月后付款的票据给乙企业。此时，甲企业实际上是将3个月后才能筹足的款项于现在使用。这体现了票据的(　　)功能。

A. 支付功能　　　　　　　　　B. 汇兑功能

C. 信用功能　　　　　　　　　D. 融资功能

【解析】C。

（四）票据的当事人

票据当事人，是指票据法律关系中享有票据权利、承担票据义务的当事人，也称票据法律关系主体。票据当事人可分为基本当事人和非基本当事人。

1. 基本当事人

基本当事人，是指在票据做成和交付时就已存在的当事人，是构成票据法律关系的必要主体，包括出票人、付款人和收款人。其中，出票人，是指依法定方式签发票据并将票据交付给收款人的人；收款人，是指票据到期后有权收取票据所载金额的人，又称票据权利人；付款人，是指由出票人委托付款或自行承担付款责任的人。商业汇票及支票的基本当事人有出票人、付款人与收款人。本票的基本当事人有出票人与收款人。付款人付款后，票据上的一切债务责任解除。

2. 非基本当事人

非基本当事人是指在票据做成并交付后，通过一定的票据行为加入票据关系而享有一定权利、义务的当事人，包括承兑人、背书人、被背书人、保证人等。其中，承兑人，是指接受汇票出票人的付款委托同意承担支付票据义务的人，又称汇票主债务人；背书人，是指在转让票据时，在票据背面或粘单上签字或盖章并将该票据交付给受让人的票据收款人或持有人；被背书人，是指被记名受让票据或接受票据转让的人；保证人，是指为票据债务提供担保的人，由票据债务人以外的他人担当。保证人在被保证人不能履行票据付款责任时，以自己的金钱履行票据付款义务，然后取得持票人的权利，向票据债务人追索。

并非所有的票据当事人一定同时出现在某一张票据上，除基本当事人外，非基本当事人是否存在，完全取决于相应票据行为是否发生。不同票据上可能出现的票据当事人也有所不同。

（五）票据权利与义务

票据权利与义务是指票据法律关系主体所享有的权利和应承担的义务，是票据法律关系的重要内容。

1. 票据权利

票据权利，是指票据持票人向票据债务人请求支付票据金额的权利，包括付款请求权和追索权。付款请求权，是指持票人向汇票的承兑人、本票的出票人、支票的付款人出示票据要求付款的权利，是第一顺序权利，又称主要票据权利。行使付款请求权的持票人可以是票据记载的收款人或最后的被背书人；担负付款请求权付款义务的主要是主债务人。票据追索权，是指票据当事人行使付款请求权遭到拒绝或有其他法定原因存在时，向其前手请求偿还票据金额及其他法定费用的权利，是第二顺序权利，又称偿还请求权利。行使追索权的当事人除票据记载收款人和最后被背书人外，还可能是代为清偿票据债务的保证人、背书人。

2. 票据义务

票据义务是指票据债务人向持票人支付票据金额的责任。它是基于债务人特定的票据行为（如出票、背书、承兑等）而应承担的义务，不具有制裁性质，主要包括付款义务和偿还义务。

实务中，票据债务人承担票据义务一般有四种情况：①汇票承兑人因承兑而应承担付款义务。②本票出票人因出票而承担自己付款的义务。③支票付款人在与出票人有资金关系时承担付款义务。④汇票、本票、支票的背书人，汇票、支票的出票人、保证人，在票据不获承兑或不获付款时的付款清偿义务。

【例3-3-3】下列对票据权利的说法中，不符合规定的是(　　)。

A. 票据权利包括付款请求权和追索权

B. 付款请求权和追索权是有一定顺序的，有不可选择性

C. 追索权是票据权利的第一顺序权利，只有追索权遭到拒绝后，才能行使付款请求权

D. 持票人不先行使付款请求权而先行使追索权遭到拒绝提起诉讼的，除特别规定，人民法院不予受理

【解析】C。付款请求权是票据权利的第一顺序权利，只有付款请求权遭到拒绝后，才能行使追索权。

【例3-3-4】凯旋公司从明星公司购进一批设备，价款为100万元，凯旋公司开出一张期限为6个月的商业承兑汇票给明星公司，而兰林公司在该汇票正面记载了保证事项，明星公司得到汇票后，将该汇票背书转让给了钟山公司。汇票到期，钟山公司委托银行收款时才得知凯旋公司的存款账户余额不足支付，银行拒绝付款。钟山公司要求明星公司付款。请问：

（1）钟山公司在票据未获付款的情况下是否有权向明星公司要求付款？为什么？

（2）钟山公司在明星公司拒绝付款的情况下是否可以向凯旋公司要求付款？为什么？

（3）如果兰林公司代为履行票据付款义务，则兰林公司可向谁行使追索权？

【解析】（1）钟山公司在票据未获付款的情况下，有权要求明星公司付款，根据《票据法》的规定，持票人行使付款请求权受到拒绝时，可以向其前手请求支付票据金额。

（2）钟山公司可以向明星公司、凯旋公司要求付款。根据《票据法》的规定，汇票的出票人、背书人、保证人、承兑人对持票人承担连带责任，持票人可以不按照汇票债务人的先后顺序，对其中任何一人、数人或者全体行使追索权。因此，钟山公司可以向凯旋公司、明星公司、兰林公司进行追索。

（3）兰林公司代为履行票据付款义务后，有权向凯旋公司追偿。

（六）票据行为

票据行为，是指能够产生票据权利与义务关系的法律行为。我国《票据法》规定的票据行为则是指票据当事人以发生票据债务为目的的、以在票据上签名或盖章为权利义务成立要件的法律行为，包括出票、背书、承兑和保证四种。

出票，是指出票人签发票据并将其交付给收款人的行为。

背书，是指收款人或持票人为将票据权利转让给他人或者将一定的票据权利授予他人行使而在票据背面或者粘单上记载有关事项并签章的行为。

承兑，是指汇票付款人承诺在汇票到期日支付汇票金额并签章的行为。

保证，是指票据债务人以外的人，为担保特定债务人履行票据债务而在票据上记载有关事项并盖章的行为。保证人对合法取得票据的持票人所享有的票

据权利承担保证责任。被保证的票据，保证人应当与被保证人对持票人承担连带责任。保证人为两人以上的，保证人之间承担连带责任，票据到期后得不到付款的，持票人有权向保证人请求付款，保证人应当足额付款。保证人清偿票据债务后，可以行使持票人对被保证人及其前手的追索权。

（七）票据签章

票据签章，是指票据有关当事人在票据上签名、盖章或签名加盖章的行为。票据签章是票据行为生效的重要条件，也是票据行为表现形式中必须记载的事项。如果票据缺少当事人的签章，将导致票据无效或该项票据行为无效。

票据上的签章因票据行为的性质不同，签章当事人也不相同。票据签发时，由出票人签章；票据转让时，由背书人签章；票据承兑时，由承兑人签章；票据保证时，由保证人签章；持票人行使票据权利时，由持票人签章。一般来讲，出票人在票据上的签章不符合法律规定的，票据无效；背书人在票据上的签章不符合法律规定的，其签章无效，但不影响其前手符合规定签章的效力；承兑人、保证人在票据上的签章不符合法律规定的，其签章无效，但不影响其他符合规定签章的效力。

（八）票据记载事项

票据记载事项，是指依法在票据上记载票据相关内容的行为。票据记载事项一般分为绝对记载事项、相对记载事项和任意记载事项等。

绝对记载事项，是指《票据法》明文规定必须记载的，如不记载，票据即为无效的事项。如表明票据种类的事项，必须记明"汇票"、"本票"、"支票"，否则票据无效。

相对记载事项，是指《票据法》规定应该记载而未记载，适用法律的有关规定而不使票据失效的事项。如商业汇票上未记载付款日期的，视为见票即付；支票上未记载付款地的，以付款人的营业场所为付款地。

任意记载事项，是指《票据法》不强制当事人必须记载而允许当事人自行选择，不记载时不影响票据效力，记载时则产生票据效力的事项。如背书人在票据上记载"不得转让"字样的，票据不得转让，其后手背书转让的，原背书人对后手的被背书人不承担票据责任，其中的"不得转让"事项即为任意记载事项。

（九）票据的伪造和变造

1. 票据的伪造

票据的伪造，是指无权限人假冒他人名义或虚构人名义签章的行为，如假冒出票人的签章出票，假冒他人名义进行背书签章、承兑签章、保证签章等行为。

伪造票据是一种扰乱社会经济秩序、损害他人利益的行为，在法律上不具有任何票据行为的效力。由于其从一开始就是无效的，故持票人即使是善意取得，对被伪造人也不能行使票据权利。由于伪造人没有在票据上以自己的名义签章，因此不承担票据责任。但是，如果伪造人的行为给他人造成损害的，必须承担民事责任，构成犯罪的，应承担刑事责任。

票据上有伪造签章的，不影响其他真实签章的效力。在票据上真正签章的当事人，仍应对被伪造的票据的债权人承担票据责任，票据债权人在提示承兑、提示付款或者行使追索权时，票据上真正的签章人不能以伪造为由进行抗辩。

【例3-3-5】甲私刻乙公司的财务专用章，假冒乙公司名义签发一张转账支票交给收款人丙，丙将该支票背书转让给丁，丁又背书转让给戊。当戊主张票据权利时，下列表述中正确的是(　　)。

A. 甲不承担票据责任　　　　　　B. 乙公司承担票据责任

C. 丙不承担票据责任　　　　　　D. 丁不承担票据责任

【解析】A。伪造人甲没有在票据上以自己的名义签章，因此不承担票据责任。被伪造人乙也不承担票据责任，丙、丁是真正的签章人，要承担票据责任。

2. 票据的变造

票据的变造，是指无权更改票据内容的人，对票据签章以外的记载事项加以变更的行为，如更改票据到期日、付款日、付款地、金额等。

票据的变造应依照签章是在变造之前或之后来承担责任。如果当事人的签章在变造之前，应按原记载的内容负责；如果当事人的签章在变造之后，则应按变造后的记载内容负责；如果无法辨别是在票据被变造之前或之后签章的，视为在变造之前签章。

【例3-3-6】甲签发一张票面金额为2万元的转账支票给乙，乙将该支票背书转让给丙，丙将票面金额改为5万元后背书转让给丁，丁又背书转让给戊。下列关于票据责任承担的表述中，正确的是(　　)。

A. 甲、乙、丁对2万元负责，丙对5万元负责

B. 乙、丙、丁对5万元负责，甲对2万元负责

C. 甲、乙对2万元负责，丙、丁对5万元负责

D. 甲、乙对5万元负责，丙、丁对2万元负责

【解析】C。如果当事人的签章在变造之前，应按原记载的内容负责；如果当事人的签章在变造之后，则应按变造后的记载内容负责。

(十) 票据丧失的补救

票据丧失，是指票据因灭失、遗失、被盗等原因而使票据权利人脱离其对

票据的占有。票据丧失后，可以采取挂失止付、公示催告、普通诉讼三种形式进行补救。

挂失止付，是指失票人将丧失票据的情况通知付款人或代理付款人，由接受通知的付款人或代理付款人审查后暂停支付的一种方式。只有确定付款人或代理付款人的票据丧失时，才可以进行挂失止付，具体包括已承兑的商业汇票、支票、填明"现金"字样的银行汇票和银行本票四种。挂失止付并不是票据丧失后采取的必经措施，而只是一种暂时的预防措施，最终要通过申请公示催告或提起普通诉讼。

公示催告，是指在票据丧失后由失票人向人民法院提出申请，请求人民法院以公告方式通知不确定的利害关系人限期申报权利，逾期未申报者，则权利失效，而由法院通过除权判决宣告所丧失的票据无效的一种制度或程序。

普通诉讼，是指丧失票据的失票人直接向人民法院提起诉讼，要求法院判令付款人向其支付票据金额的行为。

【例3-3-7】甲公司的采购员李某持由该公司开户银行签发的、不能用于支取现金的银行汇票，前往乙公司购置一批价值100万元的商品。在前往途中，由于李某保管不慎，银行汇票被盗，随后，甲公司根据李某的报告，将银行汇票被盗通知该银行汇票的付款银行，要求挂失止付。请问：银行是否会办理挂失止付？为什么？

【解析】根据《支付结算办法》的规定，填明"现金"字样的银行汇票丧失，可以由失票人通知付款人或者代理付款人挂失止付，而未填明"现金"字样的银行汇票丧失不得挂失止付。因此，该银行会拒绝挂失止付。甲公司在被银行拒绝挂失止付后，可以采取公示催告的措施维护其权益，即可以向银行汇票付款地的基层人民法院提出公示催告申请，请求人民法院向该银行汇票的付款银行发出立即停止付款的通知，并以公告方式通知不确定的利害关系人限期申报权利，逾期未申报者，则权利失效，而由法院通过除权判决宣告所丧失的银行汇票无效。

二、支票

（一）支票的概念和种类

1. 支票的概念

支票，是指出票人签发的、委托办理支票存款业务的银行在见票时无条件支付确定的金额给收款人或者持票人的票据。支票的基本当事人包括出票人、付款人和收款人。出票人即存款人，是在经中国人民银行当地分支行批准办理支票业务的银行机构开立可以使用支票存款账户的单位和个人；付款人是出票人的开户银行；持票人是票面上填明的收款人，也可以是经背书转让的被背书人。

2. 支票的种类

我国《票据法》按照支付票款方式，将支票分为普通支票、现金支票和转账支票。支票上印有“现金”字样的为现金支票（见图3–3–1），现金支票只能用于支取现金。支票上印有“转账”字样的为转账支票（见图3–3–2），转账支票只能用于转账。支票上未印有“现金”或“转账”字样的为普通支票（见图3–3–3），普通支票既可以用于支取现金，也可以用于转账。在普通支票左上角划两条平行线的，为划线支票，划线支票只能用于转账，不得支取现金。

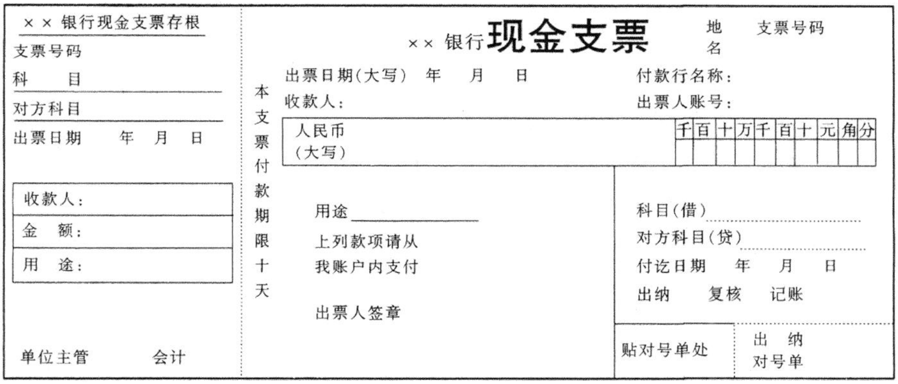

××银行现金支票存根
支票号码
科　目
对方科目
出票日期　年　月　日
收款人：
金　额：
用　途：
单位主管　会计

××银行现金支票　地名　支票号码
本支票付款期限十天
出票日期(大写)　年　月　日　付款行名称：
收款人：　出票人账号：
人民币（大写）　千 百 十 万 千 百 十 元 角 分
用途
上列款项请从
我账户内支付
出票人签章
科目(借)
对方科目(贷)
付讫日期　年　月　日
出纳　复核　记账
贴对号单处　出纳对号单

图3–3–1　现金支票正面

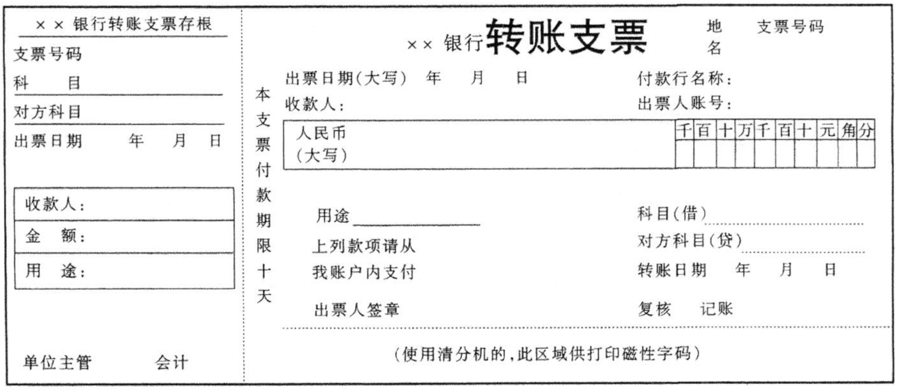

××银行转账支票存根
支票号码
科　目
对方科目
出票日期　年　月　日
收款人：
金　额：
用　途：
单位主管　会计

××银行转账支票　地名　支票号码
本支票付款期限十天
出票日期(大写)　年　月　日　付款行名称：
收款人：　出票人账号：
人民币（大写）　千 百 十 万 千 百 十 元 角 分
用途
上列款项请从
我账户内支付
出票人签章
科目(借)
对方科目(贷)
转账日期　年　月　日
复核　记账
（使用清分机的，此区域供打印磁性字码）

图3–3–2　转账支票正面

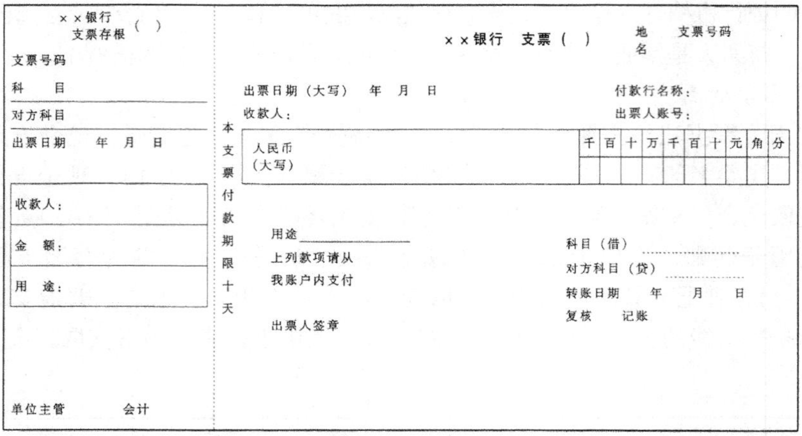
××银行
支票存根 （ ）
支票号码
科 目
对方科目
出票日期 年 月 日
收款人：
金 额：
用 途：
单位主管 会计
本支票付款期限十天
××银行 支票（ ） 地名 支票号码
出票日期（大写） 年 月 日 付款行名称：
收款人： 出票人账号：
人民币（大写） 千 百 十 万 千 百 十 元 角 分
用途
上列款项请从
我账户内支付
出票人签章
科目（借）
对方科目（贷）
转账日期 年 月 日
复核 记账

图 3-3-3 普通支票正面

（二）支票的使用范围

单位和个人在同一票据交换区域的各种款项结算，均可以使用支票。支票在其票据交换区域内可以背书转让，但用于支取现金的支票不能背书转让。

（三）支票的记载事项

1. 支票的绝对记载事项

（1）表明“支票”的字样。

（2）无条件支付的委托。这是支票有关支付文句的记载事项。我国现行使用的支票记载支付的文句，一般是支票上已印好的“上列款项请从我账户内支付”的字样或相同文义的文字。

（3）确定的金额。

（4）付款人名称。支票的付款人名称是出票人的存款银行或者其他金融机构。

（5）出票日期。

（6）出票人签章。支票上的出票人签章，出票人为单位的，为与该单位在银行预留签章一致的财务专用章或者公章加其法定代表人或者其授权的代理人的签名或者盖章；出票人为个人的，为与该个人在银行预留签章一致的签名或者盖章。

支票上未记载上述规定事项之一的，支票无效。

为了发挥支票灵活便利的特点，我国票据法规定，支票金额和收款人名称可以授权补记。未补记前不得背书转让和提示付款。

2. 支票的相对记载事项

（1）付款地。支票上未记载付款地的，以付款人的营业场所为付款地。

（2）出票地。支票上未记载出票地的，以出票人的营业场所、住所或者经常居住地为出票地。

此外，根据《票据法》的规定，支票上可以记载非法定记载事项，但这些事项并不发生支票上的效力。

【例3-3-8】王女给王母现金支票一张，用途栏写明"生日快乐"。王母请求支票的付款行兑现时，银行柜台营业员拒付，理由是用途栏书写不规范。请问：银行的做法是否合法？

【解析】根据《票据法》的规定，支票上可以记载法定事项以外的其他出票事项，但是该记载事项不具有支票上的效力。在本例中，用途栏记载事项属于非法定记载事项，其记载对票据效力无影响，所以银行的做法不合法。

3. 支票的不得记载事项

支票的付款日期限于见票即付，不得另行记载付款日期。另行记载付款日期的，该记载无效。

（四）支票的提示付款期限

支票的提示付款期限为自出票日起10日，但中国人民银行另有规定的除外。超过提示付款期限提示付款的，持票人的开户银行不予受理，付款人不予付款。

（五）支票的办理和使用要求

（1）签发支票应使用碳素墨水或墨汁。

（2）支票的出票人签发支票的金额不得超过付款时在付款人处实有的存款金额。禁止签发空头支票。

（3）支票的出票人预留银行签章是银行审核支票付款的依据。银行也可以与出票人约定使用支付密码，作为银行审核支付支票金额的条件。

（4）出票人不得签发与其预留银行签章不符的支票；使用支付密码的，出票人不得签发支付密码错误的支票。

（5）出票人签发空头支票、签章与预留银行签章不符的支票、使用支付密码地区支付密码错误的支票，银行应予退票，并按票面金额处以5%且不低于1000元的罚款；持票人有权要求出票人支付支票金额2%的赔偿金。对于屡次签发的，银行应当停止其签发支票。

（6）持票人可以委托开户银行收款或直接向付款人提示付款。用于支取现金的支票仅限于收款人向付款人提示付款。

持票人委托开户银行收款的支票，银行应通过票据交换系统收妥后入账。

持票人委托开户银行收款时，应作委托收款背书，在支票背面背书人签章栏签章，记载"委托收款"字样、背书日期，在被背书人栏记载开户银行名称，并将支票和填制的进账单送交开户银行。持票人持用于转账的支票向付款人提示付款时，应在支票背面背书人签章栏签章，并将支票和填制的进账单送交出票人开户银行。收款人持用于支取现金的支票向付款人提示付款时,应在支票背面"收款人签章"处签章,持票人为个人的,还需交验本人身份证件,并在支票背面注明证件名称、号码及发证机关。

(7) 出票人在付款人处的存款足以支付支票金额时,付款人应当在见票当日足额付款。

(8) 存款人领购支票时,必须填写"票据和结算凭证领用单"并签章,签章应与预留银行的签章相符。存款账户结清时,必须将全部剩余空白支票交回银行注销。

支票的流转程序见图3-3-4。

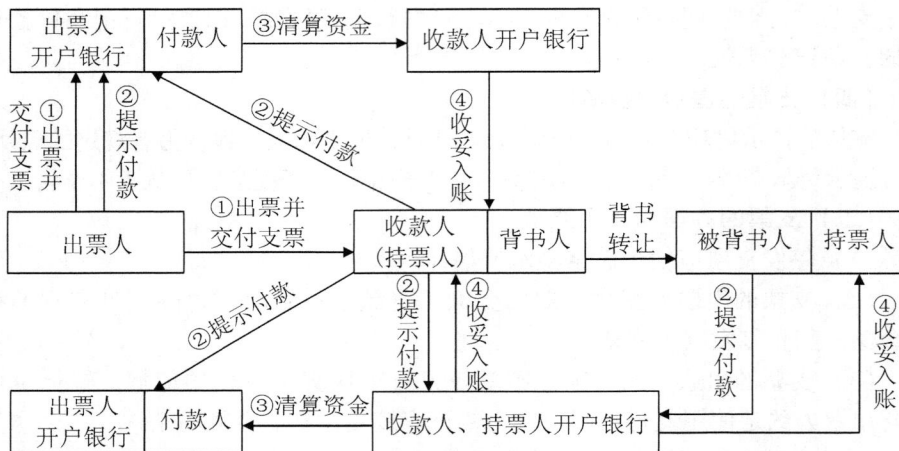

图 3-3-4 支票的流转程序

资料来源:财政部会计资格评价中心编:《经济法基础》,经济科学出版社,2008 年 12 月第 1 版,第 332 页。

【例3-3-9】甲企业 2009 年 1 月 29 日银行存款账户余额为 2 万元。同日,客户乙到甲企业催要金额为 20 万元的材料货款,甲企业就向客户乙开了一张 20 万元的转账支票。请问:

(1) 甲企业开出的这张转账支票属于什么性质的支票?

(2) 银行是否可以对甲企业进行罚款?罚款金额是多少?除了罚款外,还应采取何种措施?

(3) 客户乙是否有权要求甲企业对其赔偿?赔偿金额是多少?

【解析】(1) 甲企业开出的这张支票属于空头支票。因为支票的出票人签发支票的金额不得超过付款时在付款人处实有的存款金额。而本例中,支票的出票人甲签发支票的金额（20 万元）超过了付款时在付款人处实有的存款金额（2 万元），属于空头支票。

（2）银行可以对甲企业进行罚款，罚款金额是 10000 元。除了罚款外，还应退票。因为出票人签发空头支票，银行应予退票，并按票面金额处以 5% 但不低于 1000 元的罚款。所以，200000×5% =10000（元）。

（3）乙有权要求甲企业对其赔偿，赔偿金额是 4000 元。因为出票人签发空头支票、签章与预留银行签章不符的支票、使用支付密码地区支付密码错误的支票，持票人有权要求出票人支付支票金额 2% 的赔偿金。所以，200000×2% =4000（元）。

三、本票

（一）本票的概念和种类

本票是出票人签发的，承诺自己在见票时无条件支付确定的金额给收款人或者持票人的票据。本票是由出票人约定自己付款的一种自付证券，其基本当事人有两个，即出票人和收款人，在出票人之外不存在独立的付款人。在出票人完成出票行为之后，即承担了到期无条件支付票据金额的责任。

在我国，本票仅指银行本票（银行本票票样见图 3-3-5 和图 3-3-6）。银行本票是申请人将款项交存银行，由银行签发给其据以办理转账结算或支取现金的票据。银行本票的出票人，为经中国人民银行当地分支行批准办理银行本票业务的银行机构，非银行金融机构不得签发银行本票。

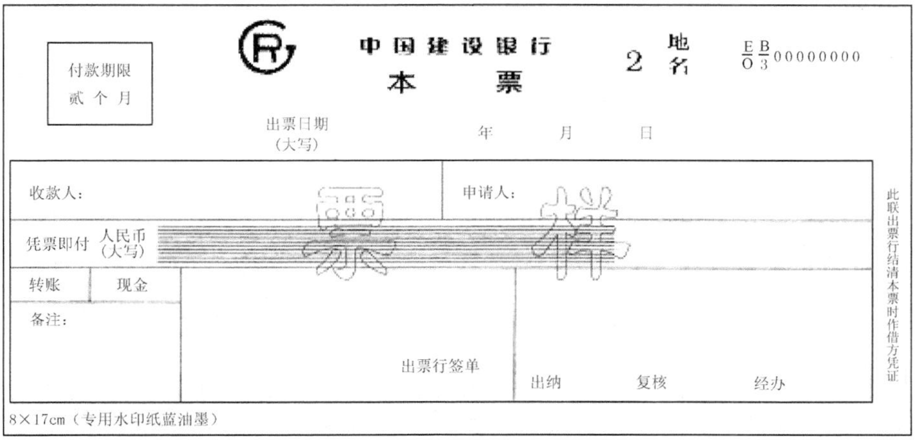
付款期限
贰 个 月
中国建设银行
本　票
2　地名
EB/03 00000000
出票日期（大写）　年　月　日
收款人：　申请人：
凭票即付　人民币（大写）
转账　现金
备注：
出票行签单
出纳　复核　经办
此联出票行结清本票时作借方凭证
8×17cm（专用水印纸蓝油墨）

图 3-3-5　银行本票正面

被背书人			被背书人		
	背书人签章			背书人签章	
	年　月　日			年　月　日	
持票人向银行 提示付款签章：	身份证件名称： 号码：		发证机关：		

（粘贴单处）

图 3-3-6　银行本票背面

根据面额的不同，银行本票分为定额银行本票和不定额银行本票。定额银行本票面额分为 1000 元、5000 元、1 万元和 5 万元。

（二）银行本票的适用范围

单位和个人在同一票据交换区域各种款项结算，均可以使用银行本票。银行本票可以用于转账，注明"现金"字样的银行本票可以用于支取现金。

（三）银行本票的记载事项

1. 本票的绝对应记载事项

（1）表明"本票"的字样。

（2）无条件支付的承诺。

（3）确定的金额。

（4）收款人名称。

（5）出票日期。

（6）出票人签章。

欠缺记载上列事项之一的，银行本票无效。

2. 本票的相对记载事项

（1）付款地。本票上未记载付款地的，以出票人的营业场所为付款地。

（2）出票地。本票上未记载出票地的，以出票人的营业场所为出票地。

（四）银行本票的出票

申请人使用银行本票，应向银行填写"银行本票申请书"，填明收款人名称、申请人名称、支付金额、申请日期等事项并签章。申请人和收款人均为个人需要支取现金的，应在"支付金额"栏先填写"现金"字样，后填写支付金额。

出票银行受理银行本票申请书，收妥款项签发银行本票。用于转账的，在银行本票上划去"现金"字样；申请人和收款人均为个人需要支取现金的，在银行本票上划去"转账"字样。不定额银行本票用压数机压印出票金额。出票银行在银行本票上签章后交给申请人。

申请人或收款人为单位的，银行不得为其签发现金银行本票。

（五）银行本票的付款

1. 银行本票见票付款

银行本票见票即付，收款人或持票人取得银行本票后，可随时请求出票人付款。

《票据法》规定："本票的出票人在持票人提示见票时，必须承担付款的责任。本票的持票人未按照规定期限提示见票的，丧失对出票人以外的前手的追索权。"

本票的出票人是票据主债务人，负有绝对付款责任。持票人在规定期限内提示本票，出票人必须承担付款责任。除票据时效届满而使票据权利消灭或者要式欠缺而使票据无效外，出票人的付款责任并不因持票人未在规定期限内向其提示付款而解除，所以持票人仍对出票人享有付款请求权和追索权，只是丧失对出票人以外的前手的追索权。

2. 银行本票的提示付款期限

银行本票的提示付款期限自出票之日起最长不得超过2个月。持票人超过提示付款期限不获付款的，在票据权利时效期内向出票银行作出说明，并提供本人身份证或单位证明、持银行本票向出票银行请求付款。

银行本票的流转程序见图3-3-7。

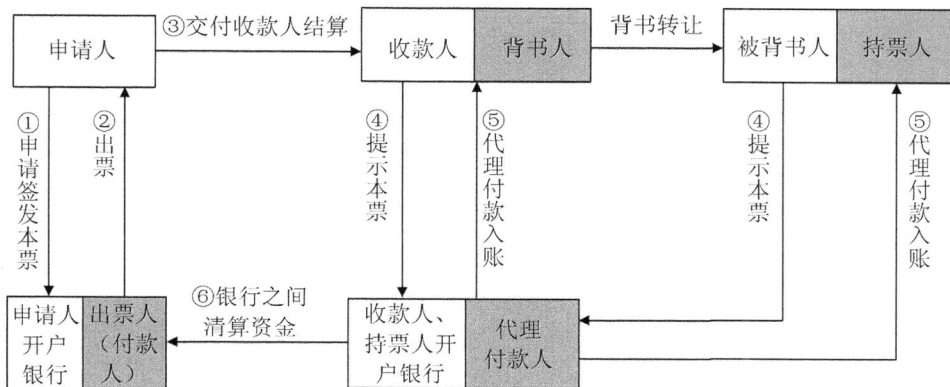

图3-3-7 银行本票的流转程序

资料来源：财政部会计资格评价中心编：《经济法基础》，经济科学出版社，2009年12月第1版，第333页。

【例 3-3-10】某公司会计员小李手里有这样一张银行定额本票，相关记载如下：出票日期为贰零零柒年贰月捌日；票面金额为 6000 元；付款日期为贰零零柒年肆月捌日；未记载收款人名称。小刘拿着这张银行本票要求付款遭银行拒付。请分析银行拒付的原因。

【解析】（1）票据的记载不规范、不完整，2007 年 2 月 8 日大写应为贰零零柒年零贰月零捌日。

（2）定额银行本票面额有 1000 元、5000 元、10000 元和 50000 元四种，没有 6000 元面额的定额银行本票。

（3）收款人名称是银行本票的绝对应记载事项，该本票没有记载收款人名称，为无效银行本票。

四、银行汇票

（一）银行汇票的概念

银行汇票是出票银行签发的，由其在见票时按照实际结算金额无条件支付给收款人或者持票人的票据。银行汇票票样见图 3-3-8 和图 3-3-9。

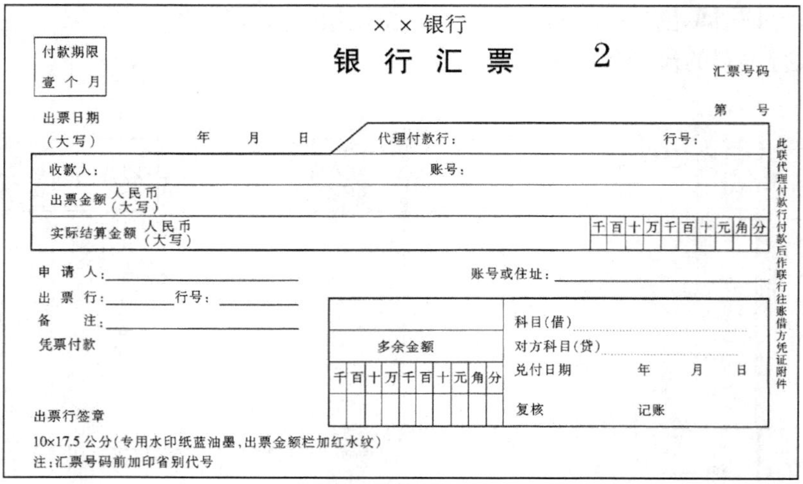
××银行
银 行 汇 票 2
付款期限 壹 个 月
汇票号码
第 号
出票日期（大写） 年 月 日
代理付款行： 行号：
收款人： 账号：
出票金额 人民币（大写）
实际结算金额 人民币（大写） 千 百 十 万 千 百 十 元 角 分
申 请 人： 账号或住址：
出 票 行： 行号：
备 注：
凭票付款
多余金额 千 百 十 万 千 百 十 元 角 分
科目（借）
对方科目（贷）
兑付日期 年 月 日
复核 记账
出票行签章
此联代理付款行付款后作联行往账借方凭证附件
10×17.5 公分（专用水印纸蓝油墨，出票金额栏加红水纹）
注：汇票号码前加印省别代号

图 3-3-8 银行汇票正面

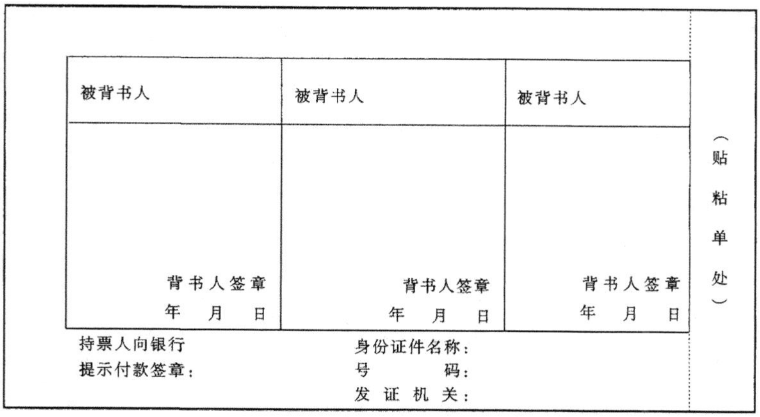

图 3-3-9　银行汇票背面

　　银行汇票可分为银行现金汇票和银行转账汇票。汇票上有签发银行按规定载明"现金"字样的是银行现金汇票，可用于支取现金；票面上载有"转账"字样或未记载"现金"字样的，是银行转账汇票，银行转账汇票一般用于结算，不用于支取现金，需要支付现金的，付款银行按照现金管理规定审查后才予支付。

（二）银行汇票的使用范围

　　单位和个人在同城、异地或统一票据交换区域的各种款项结算，均可使用银行汇票。

　　银行汇票的出票和付款，全国范围限于中国人民银行和各商业银行参加"全国联行往来"的银行机构办理。跨系统银行签发的转账银行汇票的付款，应通过同城票据交换将银行汇票和解讫通知提交给同城的有关银行审核支付后抵用。代理付款人不得受理未在本行开立存款账户的持票人为单位直接提交的银行汇票。省、自治区、直辖市内和跨省、市的经济区域内银行汇票的出票和付款，按照有关规定办理。

　　银行汇票的代理付款人是代理本系统出票银行或跨系统签约银行审核支付汇票款项的银行。

（三）银行汇票的记载事项

1. 银行汇票的绝对记载事项

　　（1）表明"银行汇票"的字样。票据上必须记载足以表明该票据是银行汇票的文字。如果没有该文字，银行汇票则无效。

　　（2）无条件支付的承诺。无条件支付的承诺是汇票的支付文句，表明付款人支付汇票金额是不附加任何条件的。如果附有条件，则汇票无效。

（3）确定的金额。汇票上记载的金额必须是固定的数额，如果汇票上记载的金额是不确定的，汇票将无效。所谓确定，指固定为一个金额，即不容许记载选择性金额范围，如 50 万元以内或 10 万元左右等。

（4）付款人名称。现金银行汇票应填明代理付款人名称。

（5）收款人名称。收款人是指出票人在汇票上记载的受领汇票金额的最初票据权利人。对收款人名称，应记载本名、全名或全称。自然人收款的，应以其身份证件上的姓名为准。收款人为法人或其他非法人的企业、团体、其他单位的，应记载经登记或经批准的名称，且应为全名，不可记简称。收款人在付款银行开立资金账户的，出票时记载的名称，应与在开户银行预留印鉴的名称相一致，以便于票据权利的实现。

（6）出票日期。出票日期是指出票人在汇票上记载的签发汇票的日期。出票日为当事人意思表示的日期，不一定是事实上的出票日。因此，可以记为实际出票的日期，也可以提前或错后，记载的出票日与事实上的出票日不符的，不影响票据的效力。

出票日须为历法上存有的日期，否则票据无效。如记载为 2 月 30 日、13 月 10 日等，票据均无效。

（7）出票人签章。出票人签章是指出票人在票据上亲自书写自己的姓名、名称或盖章。出票人应签其本名、全名。

2. 银行汇票的相对记载事项

（1）付款地。未记载付款地的，以付款人的营业场所为付款地。

（2）出票地。未记载出票地的，以出票人的营业场所为出票地。

3. 银行汇票的非法定记载事项

银行汇票的非法定记载事项是指法律规定以外的记载事项。根据《票据法》的规定，汇票上可以记载本法规定事项以外的其他出票事项，但是该记载事项不具有汇票上的效力。该类记载事项主要是指与汇票的基础关系有关的事项，如签发票据的原因或用途、该票据项下交易的合同号码等，这些事项尽管有利于当事人清算方便，但却与票据本身关系不大，故其不具有票据上的效力。

（四）银行汇票的提示付款期限

银行汇票的提示付款期限为自出票日起 1 个月（不分大月、小月，统一按次月对日计算，到期日遇法定节假日顺延），持票人超过提示付款期限提示付款的，代理付款人不予受理。

（五） 银行汇票的办理和使用要求

1. 办理银行汇票的程序

（1）申请。申请人使用银行汇票，应向出票银行填写"银行汇票申请书"，填明收款人名称、汇票金额、申请人名称、申请日期等事项并签章。其签章为预留银行的签章。

申请人和收款人均为个人，需要使用银行汇票向代理付款人支取现金的，申请人须在"银行汇票申请书"上填明代理付款人名称，在"汇票金额"栏先填写"现金"字样，后填写汇票金额。申请人或者收款人为单位的，不得在"银行汇票申请书"上填明"现金"字样。

（2）受理。出票银行受理银行汇票申请书，收妥款项后签发银行汇票，并用压数机压印出票金额，将银行汇票和解讫通知一并交给申请人。

签发转账银行汇票，不得填写代理付款人名称，但由中国人民银行代理兑付银行汇票的商业银行向设有分支机构地区签发转账银行汇票的除外。签发现金银行汇票，申请人和收款人必须均为个人，收妥申请人交存的现金后，在银行汇票"出票金额"栏先填写"现金"字样，后填写出票金额，并填写代理付款人名称。申请人或者收款人为单位的，银行不得为其签发现金银行汇票。申请人取得银行汇票时，应根据银行盖章退回的申请书存根联，编制记账凭证。

（3）持票办理结算。申请人取得银行汇票后，即可向填明的收款单位办理结算，申请人应将银行汇票和解讫通知一并交付给汇票上记明的收款人。申请人应根据收款人交付的发票等有关单据编制记账凭证。

2. 银行汇票兑付的基本要求

（1）收款人受理银行汇票时，应审查下列事项：银行汇票和解讫通知是否齐全、汇票号码和记载的内容是否一致；收款人是否确为本单位或本人；银行汇票是否在提示付款期限内；必须记载的事项是否齐全；出票人签章是否符合规定，是否有压数机压印的出票金额，并与大写出票金额一致；出票金额、出票日期、收款人名称是否更改，更改的其他记载事项是否由原记载人签章证明。

（2）收款人受理申请人交付的银行汇票时，应在出票金额以内，根据实际需要的款项办理结算，并将实际结算金额和多余金额准确、清晰地填入银行汇票和解讫通知的有关栏内。未填明实际结算金额和多余金额或实际结算金额超过出票金额的，银行不予受理。

银行汇票的实际结算金额不得更改，更改实际结算金额的银行汇票无效。

（3）收款人可以将银行汇票背书转让给被背书人，但注明"现金"字样的银行汇票不得背书转让。

银行汇票的背书转让以不超过出票金额的实际结算金额为准。未填写实际结算金额或实际结算金额超过出票金额的银行汇票不得背书转让。

被背书人受理银行汇票时，除审查上述（1）项中收款人受理银行汇票时应审查的事项外，还应审查下列事项：银行汇票是否记载实际结算金额，有无更改，其金额是否超过出票金额；背书是否连续，背书人签章是否符合规定，背书使用粘单的，是否按规定签章；背书人为个人的，应验证其个人身份证件。

（4）持票人向银行提示付款时，必须同时提交银行汇票和解讫通知，缺少任何一联，银行不予受理。

（5）在银行开立存款账户的持票人向开户银行提示付款时，应在汇票背面"持票人向银行提示付款签章"处签章，签章须与预留银行签章相同，并将银行汇票和解讫通知、进账单送交开户银行。银行审查无误后办理转账。

（6）未在银行开立存款账户的个人持票人，可以向选择的任何一家银行机构提示付款。提示付款时，应在汇票背面"持票人向银行提示付款签章"处签章，并填明本人身份证件名称、号码及发证机关，由其本人向银行提交身份证件及其复印件。银行审核无误后，将其身份证件复印件留存备查，并以持票人的姓名开立应解汇款及临时存款账户，该账户只付不收，付完清户，不计付利息。

转账支付的银行汇票，应由原持票人向银行填制支款凭证，并由本人交验其身份证件办理支付款项。该账户的款项只能转入单位或个体工商户的存款账户，严禁转入储蓄和银行卡账户。

支取现金的，银行汇票上必须有出票银行按规定填明的"现金"字样，才能办理。未填明"现金"字样，需要支取现金的，由银行按照国家现金管理规定审查支付。

持票人对填明"现金"字样的银行汇票，需要委托他人向银行提示付款的，应在银行汇票背面背书栏签章，记载"委托收款"字样、被委托人姓名和背书日期以及委托人身份证件名称、号码、发证机关。被委托人向银行提示付款时，也应在银行汇票背面"持票人向银行提示付款签章"处签章，记载证件名称、号码及发证机关，并同时向银行交验委托人和被委托人的身份证件及其复印件。

（7）银行汇票的实际结算金额低于出票金额的，其多余金额由出票银行退交申请人。

（8）申请人因银行汇票超过付款提示期限或其他原因要求退款时，应将银行汇票和解讫通知同时提交到出票银行，并提供本人的身份证件或者单位的证明（申请人为单位的，应出具该单位的证明；申请人为个人的，应出具该本人的身份证件）。对于代理付款银行查询的该张银行汇票，应在汇票提示付款期满后方能办理退款。出票银行对于转账银行汇票的退款，只能转入原申请人账户；对于符合规定填明"现金"字样银行汇票的退款，才能退付现金。

（9）填明"现金"字样和代理付款人的银行汇票丧失，可以由失票人通知付款人或者代理付款人挂失止付。未填明"现金"字样和代理付款人的银行汇票丧失，不得挂失止付。银行汇票丧失，失票人可以凭人民法院出具的其享有票据权利的证明，向出票银行请求付款或退款。

银行汇票的流转程序见图3–3–10。

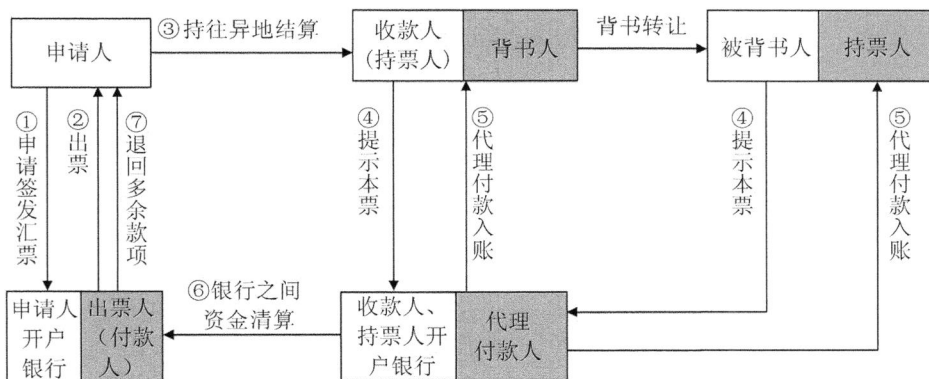

图3–3–10　银行汇票的流转程序

资料来源：财政部会计资格评价中心编：《经济法基础》，经济科学出版社，2008年12月第1版，第314页。

【例3–3–11】甲企业向乙企业购买一批原材料，为其开具了一张100万元的银行汇票，该汇票的收款人为乙企业，付款人为丙银行。由于受市场供需和物价的影响，这项经济业务的实际结算金额为150万元。甲企业在汇票上签了章，并写明了出票日期等有关内容。乙企业接受此银行汇票后，到丙银行请求兑付时，遭到丙银行拒绝。请问：丙银行的做法是否正确？

【解析】该银行汇票是无效的，丙银行的做法正确。实际结算金额超过出票金额的，银行不予受理。

五、商业汇票

（一）商业汇票的概念和种类

商业汇票，是指由出票人签发的，委托付款人在指定日期无条件支付确定金额给收款人或者持票人的票据。

商业汇票按承兑人的不同，分为银行承兑汇票（见图 3-3-11）和商业承兑汇票（见图 3-3-12、图 3-3-13）。商业承兑汇票由银行以外的付款人承兑，

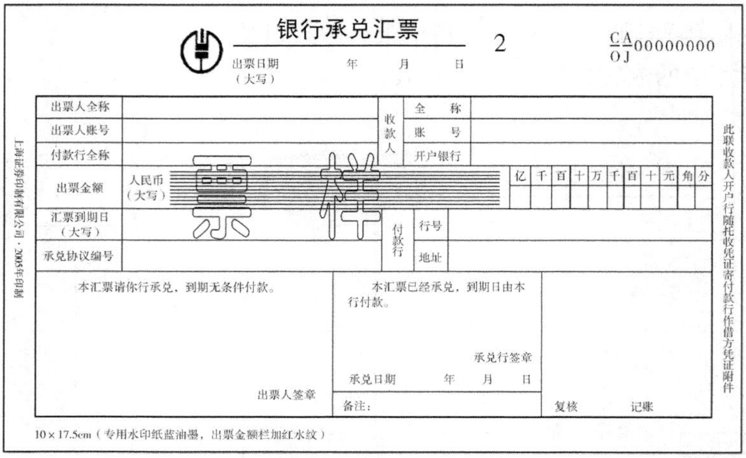
银行承兑汇票 2
CA/OJ 00000000
出票日期（大写） 年 月 日
出票人全称
出票人账号
付款行全称
收款人 全称 账号 开户银行
出票金额 人民币（大写）
亿 千 百 十 万 千 百 十 元 角 分
汇票到期日（大写）
付款行 行号 地址
承兑协议编号
本汇票请你行承兑，到期无条件付款。
出票人签章
本汇票已经承兑，到期日由本行付款。
承兑行签章
承兑日期 年 月 日
备注：
复核 记账
上海证券印制有限公司·2005年印制
此联收款人开户行随托收凭证寄付款行作借方凭证附件
10×17.5cm（专用水印纸蓝油墨，出票金额栏加红水纹）

图 3-3-11 银行承兑汇票正面

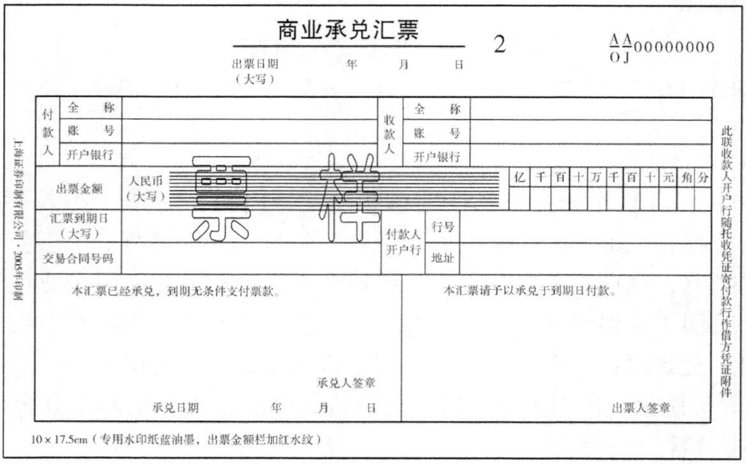
商业承兑汇票 2
AA/OJ 00000000
出票日期（大写） 年 月 日
付款人 全称 账号 开户银行
收款人 全称 账号 开户银行
出票金额 人民币（大写）
亿 千 百 十 万 千 百 十 元 角 分
汇票到期日（大写）
付款人开户行 行号 地址
交易合同号码
本汇票已经承兑，到期无条件支付票款。
承兑人签章
承兑日期 年 月 日
本汇票请予以承兑于到期日付款。
出票人签章
上海证券印制有限公司·2005年印制
此联收款人开户行随托收凭证寄付款行作借方凭证附件
10×17.5cm（专用水印纸蓝油墨，出票金额栏加红水纹）

图 3-3-12 商业承兑汇票正面

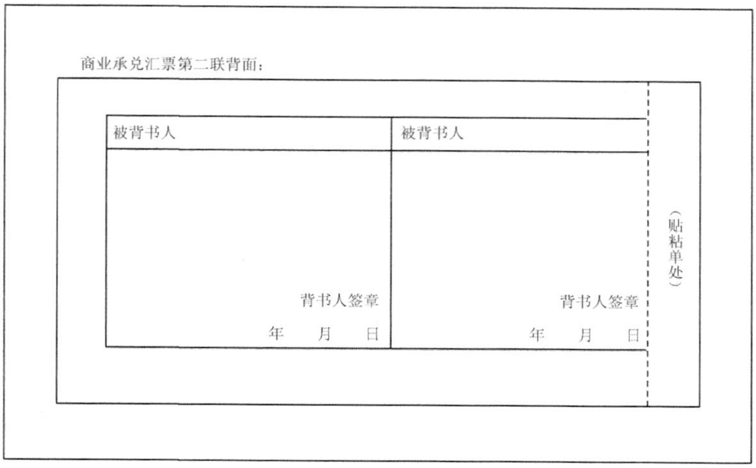

图 3-3-13 商业承兑汇票背面

银行承兑汇票由银行承兑。商业汇票的付款人为承兑人。

在银行开立存款账户的法人以及其他组织之间，必须有真实的交易关系或债权债务关系，才能使用商业汇票。

（二）商业汇票的出票

1. 出票人的确定

商业承兑汇票的出票人，为在银行开立存款账户的法人以及其他组织，与付款人具有真实的委托付款关系，具有支付汇票金额的可靠资金来源。银行承兑汇票的出票人必须是在承兑银行开立存款账户的法人以及其他组织，并与承兑银行具有真实的委托付款关系，资信状况良好，具有支付汇票金额的可靠资金来源。商业承兑汇票可以由付款人签发并承兑，也可由收款人签发交付款人承兑。银行承兑汇票由在承兑银行开立存款账户的存款人签发。

2. 商业汇票的绝对记载事项

签发商业汇票必须记载下列事项，欠缺其中之一的，商业汇票无效。

（1）表明商业承兑汇票或银行承兑汇票的字样。

（2）无条件支付的委托。

（3）确定的金额。

（4）付款人名称。

（5）收款人名称。

（6）出票日期。

（7）出票人签章。

3. 商业汇票的相对记载事项

商业汇票的相对记载事项是指商业汇票上应记载而未记载的，适用法律的直接规定而不使票据失效的事项。

（1）汇票上未记载付款日期的，视为见票即付。商业汇票的付款日期（即到期日）有三种记载形式：定日付款，出票后定期付款，见票后定期付款。未记载付款日期的，视为见票即付，持票人提示付款时，付款人即得进行付款。

（2）汇票上未记载付款地的，以付款人的营业场所、住所或经常居住地为付款地。

（3）汇票上未记载出票地的，以出票人的营业场所、住所或经常居住地为出票地。

此外，汇票上可以记载非法定记载事项，但这些事项不具有汇票上的效力。

4. 商业汇票出票的效力

汇票出票后即产生票据上的权利义务关系，这种权利义务因汇票当事人的地位不同而不相同。

（1）对出票人的效力。汇票的出票人出票后，并不产生自己的直接付款义务，只承担法定担保义务，即担保汇票的承兑和付款。担保汇票的承兑是指汇票到期日前不获承兑时，收款人或持票人可以请求出票人偿还票据金额、利息和有关费用。担保汇票的付款是指汇票到期时，付款人虽已承兑但拒绝付款的，出票人必须承担清偿责任。

（2）对付款人的效力。出票行为是单方行为，付款人在承兑之前，不承担任何票据责任。但一旦承兑，即成为汇票上的主债务人。

（3）对收款人的效力。收款人取得汇票后，成为第一持票人，即取得票据权利，一方面就票据金额享有付款请求权；另一方面，在该请求权不能满足时，即享有追索权。同时，收款人依法享有转让票据、获得相应对价的权利。

【例3-3-12】根据《票据法》的规定，汇票出票人依法完成出票行为后即产生票据上的效力。下列表述中，正确的是（　　　）。

A. 收款人在汇票金额的付款请求权不能满足时，仅享有对出票人的追索权

B. 付款人在出票人完成出票之日，即成为汇票上的主债务人

C. 汇票签发后，如付款人不予付款，出票人应当承担票据责任

D. 付款人在承兑之前，不承担任何票据责任

【解析】CD。

（三）商业汇票的承兑

承兑是指汇票付款人承诺在汇票到期日支付汇票金额并签章的行为。承兑仅适用于商业汇票。

1. 提示承兑

提示承兑，是指持票人向付款人出示汇票，并要求付款人承诺付款的行为。定日付款或者出票后定期付款的汇票，持票人应当在汇票到期日前向付款人提示承兑。见票后定期付款的汇票，持票人应当自出票日起1个月内向付款人提示承兑。汇票未按规定期限提示承兑的，持票人丧失对其前手的追索权。见票即付的汇票无须提示承兑。

2. 受理承兑

付款人收到持票人提示承兑的汇票时，应当向持票人签发收到汇票的回单。回单上应当记明汇票提示承兑日期并签章。付款人对向其提示承兑的汇票，应当自收到汇票之日起3日内承兑或者拒绝承兑，一般来说，如果付款人在3日内不作承兑与否表示的，则应视为拒绝承兑，持票人可以请求其作出拒绝承兑证明，向其前手行使追索权。

3. 承兑的记载事项

付款人承兑汇票的，应当在汇票正面记载"承兑"字样和承兑日期并签章；见票后定期付款的汇票，应当在承兑时记载付款日期。汇票上未记载承兑日期的，应当以收到提示承兑的汇票之日起3日内的最后一日为承兑日期。

4. 承兑的效力

付款人承兑商业汇票，不得附有条件；承兑附有条件的，视为拒绝承兑。付款人承兑汇票后，应当承担到期付款的责任。这一到期付款的责任是一种绝对责任，具体表现在：①承兑人于汇票到期日必须向持票人无条件地支付汇票上的金额，否则其必须承担迟延付款责任。②承兑人必须对汇票上的一切权利人承担责任，该等权利人包括付款请求权人和追索权人。③承兑人不得以其与出票人之间的资金关系对抗持票人，拒绝支付汇票金额。④承兑人的票据责任不因持票人未在法定期限提示付款而解除。

银行承兑汇票的承兑银行，应当按照票面金额向出票人收取0.5‰的手续费。

【例3-3-13】甲公司在与乙公司交易中获得100万元的汇票一张，付款人为丙公司。甲公司请求承兑时，丙公司在汇票上签注："承兑。乙公司款到后支付。"根据《票据法》的规定，下列关于丙公司付款责任的表述中，正确的是(　　)。

A. 丙公司已经承兑，应承担付款责任

B. 应视为丙公司拒绝承兑，丙公司不承担付款责任

C. 乙公司给丙公司付款后，丙公司才承担付款责任

D. 按乙公司给丙公司付款的多少确定丙公司应承担的付款责任

【解析】B。

（四）商业汇票的付款

商业汇票的付款，是指付款人依据票据文义支付票据金额，以消灭票据关系的行为。

1. 提示付款

提示付款是指持票人向付款人或承兑人出示票据，请求付款的行为。持票人只有在法定期限内提示付款的，才产生法律效力。持票人应当按照下列法定期限提示付款：①见票即付的汇票，自出票日起1个月内向付款人提示付款。②定日付款、出票后定期付款或者见票后定期付款的汇票，自到期日起10日内向承兑人提示付款。持票人未按照规定期限提示付款的，在作出说明后，承兑人或者付款人仍应当继续对持票人承担付款责任。通过委托收款银行或者通过票据交换系统向付款人提示付款的，视同持票人提示付款。

2. 付款人付款

持票人按照规定提示付款的，付款人必须无条件地在提示付款当日按票据金额足额支付给持票人，否则，应承担迟延付款的责任。商业汇票的付款期限，最长不得超过6个月。

付款人及其代理付款人付款时，应当审查汇票背书的连续性，并审查提示付款人的合法身份证明或者有效证件。如果付款人及其代理付款人以恶意或者有重大过失付款的，应当自行承担责任。此外，如果付款人对定日付款、出票后定期付款或者见票后定期付款的汇票在到期日前付款，由付款人自行承担所产生的责任。

银行承兑汇票的出票人于汇票到期日未能足额交存票款时，承兑银行除凭票向持票人无条件付款外，对出票人尚未支付的汇票金额按照每天0.5‰计收利息。商业承兑汇票签发后，由付款人承兑后交给收款人。付款人应于商业承兑汇票到期前将票款足额交存其开户银行，银行待该汇票到期日凭票将款项划给收款人或持票人。商业承兑汇票到期日付款人账户资金不足支付时，其开户银行应将商业承兑汇票退回，由其自行处理，同时对付款人按票面金额处以5%但不低于50元的罚款。

如果汇票金额为外币的，应按照付款日的市场汇价，以人民币支付。汇票当事人对汇票支付的货币种类另有约定的，从其约定。

3. 付款的效力

付款人依法足额付款后，票据关系消灭，汇票上的全体债务人的责任予以解除。

（五）商业汇票的背书

商业汇票的背书，是指按照法定的事项和方式在商业汇票背面或者粘单上记载有关事项并签章的票据行为。持票人可以将汇票权利转让给他人或者将一定的汇票权利授予他人行使，持票人行使此项权利时，应当背书并交付汇票。

1. 背书的记载事项

（1）背书的绝对记载事项。背书时，背书人和被背书人两项事项为绝对记载事项，否则，背书无效。

背书人背书时，必须在票据上签章。汇票以背书转让或者以背书将一定的汇票权利授予他人行使时，必须记载被背书人名称。如果背书人未记载被背书人名称即将票据交付他人的，持票人在票据被背书人栏内记载自己的名称与背书人记载具有同等法律效力。

（2）背书的相对记载事项。背书时，应由背书人记载背书日期。未记载背书日期的，视为在汇票到期日前背书。

（3）背书的任意记载事项。背书人在汇票上记载"不得转让"字样，其后手再背书转让的，原背书人对后手的被背书人不承担保证责任。

（4）背书的不得记载事项。背书不得记载的内容有两项：①附有条件的背书。②部分背书。背书不得附有条件。背书时附有条件的，所附条件不具有汇票上的效力。部分背书是指背书人在背书时，将汇票金额的一部分或者将汇票金额分别转让给两人以上的背书。部分背书属于无效背书。

2. 背书粘单

票据凭证不能满足背书人记载事项的需要，可以加附粘单，粘附于票据凭证上。为了保证粘单的有效性和真实性，第一位使用粘单的背书人必须将粘单粘接在票据上，并且在汇票和粘单的粘接处签章，否则，该粘单记载的内容无效。

3. 背书连续

背书连续是指在票据转让中，转让汇票的背书人与受让汇票的被背书人在汇票上的签章依次前后衔接。背书连续主要是指背书在形式上连续，如果背书在实质上不连续，如有伪造签章等，付款人仍应对持票人付款。但是，如果付款人明知持票人不是真正票据权利人，则不得向持票人付款，否则应自行承担责任。

4. 法定禁止背书

法定禁止背书是指根据《票据法》的规定而禁止背书转让的情形。被拒绝承兑、被拒绝付款或者超过付款提示期限的汇票，不得背书转让；背书转让的，背书人应当承担汇票责任。

5. 背书效力

背书人以背书转让票据后，即承担保证其后手所持票据承兑和付款的责任。

【例3-3-14】甲、乙签订一份购销合同，甲将自己取得的银行承兑汇票背书转让给乙，以支付货款。甲在汇票的背书栏记载有"若乙不按期履行交货义务，则不享有票据权利"，乙又将此汇票背书转让给丙。根据票据法律制度的规定，下列表述中，正确的是（　　　）。

A. 该票据的背书行为为附条件背书，背书的效力待定

B. 乙在未履行交货义务时，不得主张票据权利

C. 无论乙是否履行交货义务，票据背书转让后，丙都取得票据权利

D. 背书上所附条件不产生汇票上的效力，乙无论交货与否均享有票据权利

【解析】CD。

（六）商业汇票的保证

票据保证，即票据债务人以外的第三人，以担保特定债务人履行票据债务为目的，而在票据上记载有关事项并签章的行为。

1. 保证的记载事项

（1）保证的绝对记载事项。保证时，保证文句及保证人签章是绝对记载事项，否则，保证无效。

（2）保证的相对记载事项。保证人名称和住所、被保证人名称及保证日期为相对记载事项。未记载保证人名称和住所的，以保证人的签章和营业场所或住所推定。未记载被保证人名称的，已承兑的汇票，承兑人为被保证人；未承兑的汇票，出票人为被保证人。未记载保证日期的，出票日期为保证日期。

保证人未在票据或粘单记载"保证"字样而另行签订保证合同或者保证条款的，不属于票据保证。

2. 保证事项的记载方法

如果保证人是为出票人、承兑人保证的，则应记载于汇票的正面；如果保证人是为背书人保证，则应记载于汇票的背面或者粘单上。

3. 保证责任

被保证的汇票，保证人应当与被保证人对持票人承担连带责任。汇票到期后得不到付款的，持票人有权向保证人请求付款，保证人应当足额付款。保证人为两人以上的，保证人之间承担连带责任。

4. 保证的效力

保证人对合法取得汇票的持票人所享有的汇票权利，承担保证责任。但是，被保证人的债务因汇票记载事项欠缺而无效的除外。保证不得附加任何条件；保证附有条件的，所附条件无效。保证人清偿汇票债务后，可以行使持票人对

被保证人及其前手的追索权。

银行承兑汇票流转程序见图3-3-14，商业承兑汇票流转程序见图3-3-15。

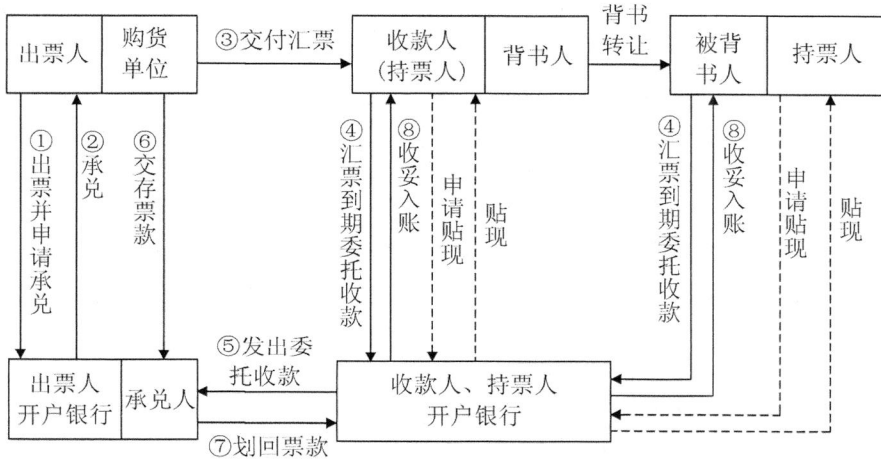

图 3-3-14　银行承兑汇票流转程序

资料来源：财政部会计资格评价中心编：《经济法基础》，经济科学出版社，2009年12月第1版，第329页。

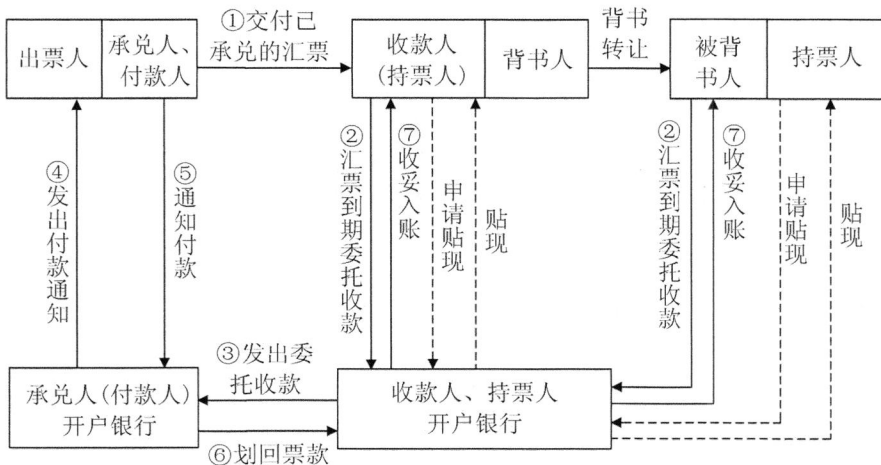

图 3-3-15　商业承兑汇票流转程序

资料来源：财政部会计资格评价中心编：《经济法基础》，经济科学出版社，2009年12月第1版，第329页。

【例 3-3-15】 甲公司与乙公司交易中获得金额为 100 万元的汇票一张，出票人为乙公司，付款人为丙公司，汇票上有丁、戊两公司的保证签章，其中丁公司保证 80 万元，戊公司保证 20 万元。后丙公司拒绝承兑该汇票。根据《票据法》的规定，下列各项中，正确的是(　　)。

A. 甲公司在被拒绝承兑时可以向乙公司追索 100 万元

B. 甲公司在被拒绝承兑时只能依据与乙公司的交易合同要求乙公司付款

C. 甲公司只能分别向丁公司追索 80 万元、向戊公司追索 20 万元

D. 丁公司和戊公司应当向甲公司承担连带责任

【解析】 AD。

【例 3-3-16】 甲公司要求乙公司以银行承兑汇票支付货款，甲公司在取得乙公司提交的银行承兑汇票后按照约定向乙公司交货，并且将汇票委托给开户银行到期收款。但是，该银行承兑汇票到期，银行告知甲公司，乙公司缴付的款项不足以支付。请问：

(1) 甲公司可否收到货款？

(2) 银行如何处理该银行承兑汇票？

【解析】 (1) 甲公司可以收到货款。因为它持有的是银行承兑汇票，到期后无论乙公司是否将款项足额缴付银行，银行都应无条件支付。

(2) 银行首先会按其承诺支付款项，然后按照相关规定对乙公司进行追索。

同步测试题：

一、单项选择题

1. 下列不属于商业汇票特征的是(　　)。

A. 有出票人、付款人和收款人三个基本当事人

B. 是由出票人委托他人支付的票据，是一种委付证券

C. 可以见票即付，也可以约期付款

D. 只能由银行机构签发，非银行机构不得签发

2. 下列关于银行本票性质的表述中，不正确的是(　　)。

A. 银行本票的付款人见票时必须无条件付款给持票人

B. 持票人超过提示付款期限不获付款的，可向出票银行请求付款

C. 银行本票不可以背书转让

D. 注明"现金"字样的银行本票可以用于支取现金

3. 不可能成为支票当事人的是(　　)。

A. 出票人　　　　　　　　　　B. 承兑人

C. 背书人　　　　　　　　　　D. 保证人

4. 票据权利是指( )向票据债务人请求支付票据金额的权利。

A. 持票人　　　　　　　　　　B. 保证人

C. 承兑人　　　　　　　　　　D. 付款人

5. 下列不属于票据行为的是( )。

A. 出票人签发票据并将其交付

B. 票据遗失,向银行挂失止付

C. 汇票付款人承诺在汇票到期日支付汇票金额并签章的行为

D. 票据债务人以外的人在票据上记载有关事项并签章的行为

6. 出票人在汇票记载"不得转让"字样的,则汇票不得转让。"不得转让"事项属于( )。

A. 绝对记载事项　　　　　　　　B. 相对记载事项

C. 任意记载事项　　　　　　　　D. 非法定记载事项

7. 下列不属于票据丧失的补救措施的是( )。

A. 登报声明作废　　　　　　　　B. 挂失止付

C. 公示催告　　　　　　　　　　D. 普通诉讼

8. 下列各项中,不属于银行汇票的绝对记载事项的是( )。

A. 无条件支付的委托　　　　　　B. 无条件支付的承诺

C. 出票金额　　　　　　　　　　D. 标明银行汇票字样

9. 银行汇票金额的记载要使用中文大写和阿拉伯数字同时记载,且二者必须一致,二者不一致的,则票据( )。

A. 以中文大写为准　　　　　　　B. 以阿拉伯数字记载为准

C. 无效　　　　　　　　　　　　D. 以票据上较小的金额为准

10. 下列票据丧失后,持票人不可以向付款人申请挂失止付( )。

A. 普通的银行汇票　　　　　　　B. 已承兑的商业汇票

C. 支票　　　　　　　　　　　　D. 填明"现金"字样的银行本票

11. 银行汇票的付款方式是( )。

A. 定日付款　　　　　　　　　　B. 出票后定期付款

C. 见票即付　　　　　　　　　　D. 见票后定期付款

12. 蓝天汽车公司于2008年3月12日向军杰公司购买了一批汽车轮胎,于是委托其开户银行于当日签发了一张价值20万元的银行汇票,军杰公司收到银行汇票后应在( )前提示付款。

A. 2008年3月22日　　　　　　B. 2008年5月12日

C. 2008年4月12日　　　　　　D. 2008年9月22日

13. 支票上未记载付款地的，以付款人的(　　)为付款地。

A. 营业场所　　　　　　　　　　B. 住所

C. 经常居住地　　　　　　　　　D. 出票地

14. 甲公司签发金额为100万元的商业承兑汇票。对此说法正确的是(　　)。

A. 甲公司在签发汇票时必须在银行有100万元的存款

B. 甲公司必须在签发汇票后的10日内向银行提供100万元的付款保证金

C. 只要汇票到期时甲公司能支付100万元即可

D. 汇票到期时甲公司存款余额不足支付的，该汇票为空头汇票，汇票无效

15. 甲企业在其银行存款不足1万元的情况下，向业务单位开出一张1.5万元的转账支票，银行可以处予(　　)元罚款。

A. 750　　　　　　　　　　　　B. 500

C. 300　　　　　　　　　　　　D. 1000

16. 银行审检支票付款的依据是支票出票人的(　　)。

A. 电话号码　　　　　　　　　　B. 身份证

C. 支票存根　　　　　　　　　　D. 预留银行盖章

17. 甲在将一汇票背书转让给乙时，未将乙的姓名记载在被背书人栏内。乙发现后将自己的姓名填入被背书人栏内。下列关于乙填入自己姓名的行为效力的表述中，正确的是(　　)。

A. 无效　　　　　　　　　　　　B. 有效

C. 可撤销　　　　　　　　　　　D. 甲追认后有效

18. 乙公司与丙公司交易时以汇票支付。丙公司见汇票出票人为甲公司，遂要求乙公司提供担保，乙公司请丁公司为该汇票作保证，丁公司在汇票背书栏签注"若甲公司出票真实，本公司愿意保证"。后经了解甲公司实际并不存在。根据票据法律制度的规定，下列表述中，正确的是(　　)。

A. 丁公司应承担一定赔偿责任

B. 丁公司只承担一般保证责任，不承担票据保证责任

C. 丁公司应当承担票据保证责任

D. 丁公司不承担任何责任

19. 根据《票据法》的规定，如果本票的持票人未在法定付款提示期限内提示付款的，则丧失对特定票据债务人以外的其他债务人的追索权。该特定票据债务人是(　　)。

A. 出票人　　　　　　　　　　　B. 保证人

C. 背书人　　　　　　　　　　　D. 被背书人

20. 若一张汇票上记载"见票后两个月付款"，这张汇票属于(　　)。

A. 出票后定期付款的汇票　　　　B. 见票后定期付款的汇票

C. 见票即付汇票　　　　　　　　D. 定日汇票

二、多项选择题

1. 下列关于票据特征的表述中，不正确的有(　　)。

A. 票据都有付款提示期限

B. 任何票据都可以用于办理结算或提取现金

C. 汇票都需要承兑

D. 票据所记载的金额由出票人自行支付或委托付款人支付

2. 商业承兑汇票是由(　　)的票据。

A. 收款人承兑　　　　　　　　　B. 付款人签发

C. 收款人签发　　　　　　　　　D. 付款人承兑

3. 银行承兑汇票到期、承兑申请人账户资金不足付款时，承兑银行应(　　)。

A. 无条件向收款人、被背书人付款

B. 不负责付款

C. 对尚未扣回的承兑金额每天按万分之五收罚息

D. 将汇票退给收款人

4. 下列人员中，行使付款请求权时，对持票人负有付款义务的有(　　)。

A. 汇票的承兑人　　　　　　　　B. 银行本票的出票人

C. 支票的付款人　　　　　　　　D. 汇票的背书人

5. 基本当事人有出票人、付款人和收款人的票据有(　　)。

A. 商业汇票　　　　　　　　　　B. 本票

C. 发票　　　　　　　　　　　　D. 支票

6. 根据《票据法》的规定，下列选项中，属于变造票据的有(　　)。

A. 变更票据金额　　　　　　　　B. 变更票据上的到期日

C. 变更票据上的签章　　　　　　D. 变更票据上的付款日

7. 下列有关票据伪造的表述中，不符合票据法律制度规定的有(　　)。

A. 票据的伪造仅指假冒他人名义签章的行为

B. 票据上有伪造签章的，不影响票据上其他真实签章的效力

C. 善意的且支付相当对价的合法持票人有权要求被伪造人承担票据责任

D. 票据伪造人的伪造行为即使给他人造成损害，也不承担票据责任

8. 下列情况下，银行汇票属于无效票据的有(　　)。

A. 未填明实际结算金额的　　　　B. 更改实际结算金额的

C. 实际结算金额超过票面金额的　　D. 实际结算金额低于票面金额的

9. 签发现金银行汇票，(　　)必须均为个人。

A. 出票人　　　　　　　　　　　B. 收款人

C. 申请人　　　　　　　　　　　D. 付款人

10. 某单位出纳李某签发一张现金支票到开户银行提款，在该支票上的签章应为(　　)。

A. 预留银行的该单位财务专用章

B. 经授权的出纳人员李某的印章

C. 该单位会计机构负责人的印章

D. 预留银行的该单位法定代表人的印章

11. 支票中可以由出票人授权补记的有(　　)。

A. 支票金额　　　　　　　　　　B. 收款人名称

C. 出票人签章　　　　　　　　　D. 付款人名称

12. 出票人签发下列支票，银行应予退票，并按票面金额处以 5% 但不低于 1000 元罚款的是(　　)。

A. 空头支票

B. 支付密码错误的支票

C. 出票日期未使用中文大写规范填写的支票

D. 签章与其预留银行签章不符的支票

13. 根据票据法律制度的规定，下列各背书情形中，属于背书无效的有(　　)。

A. 将汇票金额全部转让给甲某

B. 将汇票金额的一半转让给甲某

C. 将汇票金额分别转让给甲某和乙某

D. 将汇票金额转让给甲某但要求甲某不得对背书人行使追索权

14. 甲出具一张本票给乙，乙将该本票背书转让给丙，丁作为乙的保证人在票据上签章。丙又将该本票背书转让给戊，戊作为持票人未按规定期限向出票人提示本票。根据《票据法》的规定，下列选项中，戊不得行使追索权的有(　　)。

A. 甲　　　　　　　　　　　　　B. 乙

C. 丙　　　　　　　　　　　　　D. 丁

三、判断题

1. 2009 年 5 月 1 日甲公司开具一张支票给乙公司以支付材料款，根据《票据法》的规定，甲公司应当在 2009 年 5 月 11 日前提示付款。　　(　　)

2. 承兑是商业汇票特有的制度。　　　　　　　　　　　　　　(　　)

3. 票据关系形成后，票据关系不受票据基础关系的影响。　　　(　　)

4. 票据上记载的出票日与实际出票日不一致时，以票据上记载的为准。

(　　)

5. 票据的持票人行使票据权利时，不必证明其取得票据的原因，以及票据权利发生的原因。 （ ）

6. 本票的基本当事人有出票人、付款人和收款人。 （ ）

7. 商业汇票在出票时付款人是否确实承担付款责任并不确定，因而需要由付款人进行承兑。 （ ）

8. 本票的出票人即为付款人，在出票时付款人付款一事即已确定，因而无需付款人承兑。 （ ）

9. 支票不需要承兑，但付款人承担绝对的付款责任。 （ ）

10. 银行承兑汇票的承兑人一经承兑，就必须承担绝对的无条件的付款责任。 （ ）

11. 商业汇票经承兑后，其主债务人即由出票人转化为承兑人，而本票的主债务人始终是出票人。 （ ）

12. 票据上有伪造、变造签章的，不影响票据上其他当事人真实签章的效力。 （ ）

13. 出票人在票据上记载"不得转让"，应当记载于票据背面。 （ ）

14. 持票人善意取得伪造的票据，对被伪造人不能行使票据权利。（ ）

15. 甲伪造乙的签章实施票据欺诈行为，给他人造成损失的，乙不承担票据责任。 （ ）

16. 甲签发一张金额为 5 万元的本票交收款人乙，乙背书转让给丙，丙将本票金额改为 8 万元后转让给丁，丁又背书转让给戊。如果戊向甲请求付款，甲只应支付 5 万元，戊所受损失 3 万元应向丁和丙请求赔偿。 （ ）

17. 票据丧失后，首先要采取挂失止付，然后再申请公示催告和提起普通诉讼。 （ ）

18. 支票的付款日期限于见票即付，不得另行记载付款日期。另行记载付款日期的，该支票无效。 （ ）

四、案例分析

振辉公司财务部 2008 年 8 月 15 日开出两张票据：一张为面额 1 万元的支票，用于向甲宾馆支付会议费；另一张为面额 20 万元的银行承兑汇票，到期日为 9 月 5 日，用于向乙公司支付材料款，该汇票已经银行承兑。

2008 年 8 月 20 日，甲宾馆向银行提示付款。银行发现该支票为空头支票，遂予以退票，并对振辉公司处以 500 元罚款。甲宾馆要求振辉公司除支付其 1 万元会议费外，还另需支付其 2000 元赔偿金。2008 年 9 月 5 日，乙公司向银行提示付款时，得知振辉公司的账户余额不足 20 万元。请问：

（1）银行对振辉公司签发空头支票处以 500 元罚款是否符合法律规定？

（2）甲宾馆能否以振辉公司签发空头支票为由要求其支付 2000 元赔偿金？

（3）银行能否以振辉公司账户余额不足 20 万元为由拒绝向乙公司付款？

第四节　非票据结算方式

一、信用卡

（一）信用卡的概念和种类

信用卡是指商业银行向个人和单位发行的，凭以向特约单位购物、消费和向银行存取现金，且具有消费信用的特制载体卡片。

信用卡按使用对象不同，可分为单位卡和个人卡；按信誉等级不同，可分为白金卡、金卡和普通卡等；按照币种不同，可分为人民币卡、双币种卡等；按照信息载体不同，可分为磁条卡和芯片卡等；按照是否向发卡银行交存备用金分为贷记卡和准贷记卡。贷记卡，是指发卡银行给予持卡人一定的信用额度，持卡人可以在信用额度内先消费后还款的信用卡，它具有透支消费、期限内还款可免息、卡内存款不计付利息等特点。准贷记卡，是指持卡人必须先按照发卡银行要求交存一定金额备用金，当备用金余额不足支付时，可以在规定的信用额度内透支的信用卡。

（二）信用卡的申领与销户

1. 信用卡的申领

单位或个人申领信用卡，应按规定填写申请表，连同有关资料一并送交发卡银行。发卡银行可根据申请人的资信程度，要求其提供担保，具体可采取保证、抵押或质押等方式。

凡在中国境内金融机构开立基本存款账户的单位，可凭中国人民银行核发的开户许可证申领单位卡。单位卡可申领若干张，持卡人资格由申领单位法定代表人或其委托的代理人书面指定和注销。

凡具有完全民事行为能力的公民，可凭本人有效身份证件及发卡银行规定的相关证明文件申领个人卡。个人卡的主卡持卡人可为其配偶及年满 18 周岁的亲属申领附属卡，申领的附属卡最多不得超过两张，也有权要求注销其附属卡。

2. 信用卡的销户

持卡人在还清信用卡的全部交易款项、透支本息和有关费用后，属于下列情形之一的，可申请办理销户：①信用卡有效期满45天后，持卡人不更换新卡的。②信用卡挂失满45天后，没有附属卡又不更换新卡的。③信用卡被列入止付名单，发卡银行已收回其信用卡45天的。④持卡人死亡，发卡银行已收回其信用卡45天的。⑤持卡人要求销户或担保人撤销担保，并已交回全部信用卡45天的。⑥信用卡账户两年（含）以上未发生交易的。⑦持卡人违反其他规定，发卡银行认为应该取消资格的。

发卡银行办理销户，应当收回信用卡。有效信用卡无法收回的，应当将其止付。

销户时，单位卡账户余额转入其基本存款账户，不得提取现金；个人卡账户可以转账结清，也可以提取现金。

持卡人丢失信用卡，应立即持有效证明文件并按照发卡行要求提供的相关材料，向发卡行或代办行及时申请挂失。发卡行或代办行审核后，办理相应的挂失手续。

（三）信用卡的资金来源

单位卡账户的资金，一律从其基本存款账户转账存入，不得交存现金，不得将销售收入的款项存入其账户。

个人卡在使用过程中，需要向其账户续存资金的，只限于其持有的现金存入和工资性款项以及属于个人的劳务报酬收入转账存入。严禁将单位的款项存入个人卡账户。

（四）信用卡使用的主要规定

（1）持卡人可持信用卡在特约单位购物、消费。单位卡不得用于10万元以上的商品交易、劳务供应款项的结算。信用卡仅限于合法持卡人本人使用，持卡人不得出租或转借信用卡。单位卡可办理商品交易和劳务供应款项的结算，但一律不得透支，不得支取现金。

（2）特约单位不得拒绝受理持卡人合法持有的、签约银行发行的有效信用卡，不得因持卡人使用信用卡而向其收取附加费用。

（3）发卡行对贷记卡的取现应当每笔授权，每卡每日累计取现不得超过规定金额。

（4）同一持卡人单笔透支发生额，单位卡不得超过5万元人民币（含等值外币），个人卡不得超过2万元人民币（含等值外币）。

此外，单位卡不得超过发卡行对该单位综合授信额度的3%；无综合授信额度可参照的单位，其月透支余额不得超过10万元人民币（含等值外币）。

（5）准贷记卡的透支期限最长为 60 天。贷记卡的首月最低还款额不得低于其当月透支余额的 10%。

（6）持卡人使用信用卡不得发生恶意透支。恶意透支是指持卡人超过规定限额或规定期限，并且经发卡银行催收无效的透支行为。

（7）发卡银行对于贷记卡中的存款不计付利息。贷记卡持卡人非现金交易享受如下优惠条件：①免息还款期。银行记账日至发卡银行规定的到期日之间为免息还款期。持卡人在到期还款日前偿还所使用全部银行款项即可享受免息还款期待遇，无需支付非现金交易的利息。②最低还款额待遇。持卡人还可选择按照发卡行规定的最低还款额待遇进行还款。贷记卡持卡人选择最低还款额方式或超过其信用额度用卡时，不再享受免息还款期待遇，应当支付未偿还部分自银行记账日起、按规定利率计算的透支利息。

贷记卡持卡人支取现金、准贷记卡透支，不享受上述免息还款期和最低还款额待遇。

发卡银行对贷记卡持卡人未偿还最低还款额和超信用额度用卡的行为，应当分别按最低还款额未还部分、超过信用额度部分的 5% 收取滞纳金和超限费。

贷记卡透支按月记收复利，准贷记卡透支按月计收单利，透支利率为日利率 0.5‰，并根据中国人民银行的此项利率调整而调整。

（8）商业银行办理银行卡收单业务（指签约银行向商户提供的本、外币资金结算服务）应当按照下列标准向商户收取结算手续费：餐饮、宾馆、娱乐、珠宝金饰、工艺美术品、房地产及汽车销售为交易金额的 1.25%，其中房地产、汽车销售封顶为每笔 80 元；百货、批发、社会培训、中介服务、旅行社及景区门票为交易金额的 0.78%，其中批发类每笔 26 元；超市、大型仓储式卖场、水电煤气缴费、加油、交通运输售票为交易金额的 0.38%；公立医院、公立学校按照服务成本收取费用。

二、汇兑

（一）汇兑的概念和分类

汇兑是汇款人委托银行将款项支付给收款人的结算方式。汇兑可分为信汇、电汇两种（信汇凭证和电汇凭证分别见图 3-4-1 和图 3-4-2）。信汇是以邮寄方式将汇款凭证转给外地收款人指定的汇入行，电汇则是以电报方式将汇款凭证转发给收款人指定的汇入行。单位和个人的各种款项的结算，均可使用汇兑结算方式。

××银行 电汇凭证 （回 单） 1

□普通 □加急 委托日期 年 月 日

汇款	全 称		收款	全 称	
	账 号			账 号	
	汇出地点	省 市／县		汇入地点	省 市／县
汇出行名称			汇入行名称		
金额	人民币（大写）				亿 千 百 十 万 千 百 十 元 角 分
汇出行签章			支付密码		
			附加信息及用途：		
				复核	记账

此联汇出行给汇款人回单

8.5×17.5cm（白纸黑油墨）

图 3-4-1 电汇凭证

××银行 信汇凭证 （回 单） 1

委托日期 年 月 日

汇款	全 称		收款	全 称	
	账 号			账 号	
	汇出地点	省 市／县		汇入地点	省 市／县
汇出行名称			汇入行名称		
金额	人民币（大写）				亿 千 百 十 万 千 百 十 元 角 分
汇出行签章			支付密码		
			附加信息及用途：		
				复核	记账

此联汇出行给汇款人回单

8.5×17.5cm（白纸黑油墨）

图 3-4-2 信汇凭证

（二）办理汇兑的程序

1. 签发汇兑凭证

签发汇兑凭证必须记载下列事项：①表明“信汇”或“电汇”的字样。②无条件支付的委托。③确定的金额。④收款人名称。⑤汇款人名称。⑥汇入地点、汇入行名称。⑦汇出地点、汇出行名称。⑧委托日期。⑨汇款人签章。

汇兑凭证上欠缺上列记载事项之一的，银行不予受理。汇兑凭证记载的汇款人、收款人在银行开立存款账户的，必须记载其账号。汇款人和收款人均为个人，需要在汇入银行支取现金的，应在信汇、电汇凭证的汇款金额大写栏，先填写"现金"字样，后填写汇款金额。

2. 银行受理

汇出银行受理汇款人签发的汇兑凭证，经审查无误后，应及时向汇入银行办理汇款，并向汇款人签发汇款回单。汇款回单只能作为汇出银行受理汇款的依据，不能作为该笔汇款已转入收款人账户的证明。

3. 汇入处理

汇入银行对开立存款账户的收款人，应将汇给其的款项直接转入收款人账户，并向其发出收账通知。收账通知是银行将款项确已收入收款人账户的凭据。

支取现金的，信汇、电汇凭证上必须有按规定填明的"现金"字样才能办理。未填明"现金"字样，需要支取现金的，由汇入银行按照国家现金管理规定审查支付。转账支付的，应由原收款人向银行填制支款凭证，并由本人交验其身份证件办理支付款项。该账户的款项只能转入单位或个体工商户的存款账户，严禁转入储蓄和信用卡账户。

（三）汇兑的撤销和退汇

1. 汇兑的撤销

汇款人对汇出银行尚未汇出的款项可以申请撤销。申请撤销时，应出具正式函件或本人身份证件及原信汇、电汇回单。汇出银行查明款项确未汇出的，收回原信汇、电汇回单，方可办理撤销。

2. 申请退汇

汇款人对汇出银行已经汇出的款项可以申请退汇。对在汇入银行开立存款账户的收款人，由汇款人与收款人自行联系退汇；对未在汇入银行开立存款账户的收款人，汇款人应出具正式函件或本人身份证件以及原信汇、电汇回单，由汇出银行通知汇入银行，经汇入银行核实汇款确未支付，并将款项汇回汇出银行，方可办理退汇。

汇入银行对于收款人拒绝接受的汇款，应即办理退汇。汇入银行对于向收款人发出取款通知，经过2个月无法交付的汇款，应主动办理退汇。

汇兑流转程序见图3-4-3。

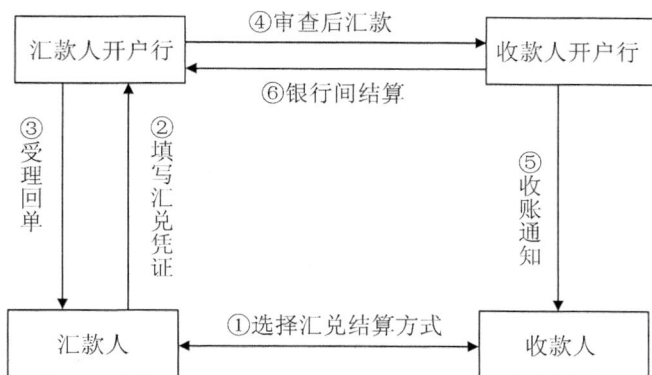

图 3-4-3 汇兑流转程序

资料来源：财政部会计资格评价中心编：《经济法基础》，经济科学出版社，2008 年 12 月第 1 版，第 339 页。

三、托收承付

（一）托收承付概述

托收承付是指根据购销合同由收款人发货后委托银行向异地付款人收取款项，由付款人向银行承认付款的结算方式。托收承付结算每笔的金额起点为 1 万元，新华书店系统每笔的金额起点为 1 千元（办理托收承付和后面要讲的办理委托收款的凭证相同，见图 3-4-4）。

图 3-4-4 办理托收承付和委托收款的凭证

使用托收承付结算方式的收款单位和付款单位，必须是国有企业、供销合作社以及经营管理较好并经开户银行审查同意的城乡集体所有制工业企业。结算的款项必须是商品交易，以及因商品交易而产生的劳务供应的款项，代销、寄销、赊销商品的款项，不得办理托收承付结算。收付双方使用托收承付结算必须签有符合《合同法》的购销合同，并在合同上订明使用异地托收承付结算方式。收款人办理托收，必须有商品确已发运的证件（包括铁路、航运、公路等运输部门签发的运单、运单副本和邮局包裹回执等）。

（二）托收承付的流程

1. 签发托收承付结算凭证

签发托收承付结算凭证必须记载下列事项：①表明"托收承付"字样。②确定的金额。③付款人名称和账号。④付款人开户银行名称。⑤收款人开户银行名称。⑥托收附寄单证张数或册数。⑦合同名称、号码。⑧委托日期。⑨收款人签章。凡托收承付凭证上欠缺上述事项之一的，银行不予受理。

2. 托收

托收是指销货单位（收款单位）委托开户银行收取结算款项的行为。在托收阶段，销货单位根据经济合同发货，取得发运证件后，填制托收承付结算凭证。托收承付结算凭证一式数联，连同发票、托运单和代垫运费等单据，一并送交开户银行办理托收手续。

3. 承付

承付是指购货单位（付款单位）在承付期内，向银行承认付款的行为。购货单位承付货款有验单承付和验货承付两种方式。无论采用验单承付或验货承付，购货单位都必须在承付期内承付，验单承付期为 3 天，从购货单位开户银行发出通知的次日算起（承付期内遇法定节假日顺延）。承付期内，如未向银行表示拒绝付款，银行即作为默认承付，于期满的次日由购货单位的账户将款项转出。验货付款的承付期为 10 天，从运输部门向付款人发出提货通知的次日算起，付款人收到提货通知后，应立即向银行交验提货通知。购货单位如果既没有将提货通知送交银行，又未将货物尚未到达的情况告知银行，银行即视作已经验货同意付款，并于 10 天期满的次日（遇法定节假日顺延）办理划拨。承付期满时，如购货单位资金不足，不足支付部分作为延期付款处理，并支付一定的赔偿金。延期支付金额连同赔偿金由银行按照规定的扣款顺序划转给销货单位。

（三）拒绝付款

如果购货单位经过验单或验货，发现销货单位托收款项计算有错误，或者商品品种、质量、规格、数量与合同规定不符时，购货单位在承付期内有权全部或部分拒付货款。拒付货款需要填写"拒付理由书"交银行办理，但拒付后的商品必须妥善代管，不能短少或损坏。

托收承付程序见图3-4-5。

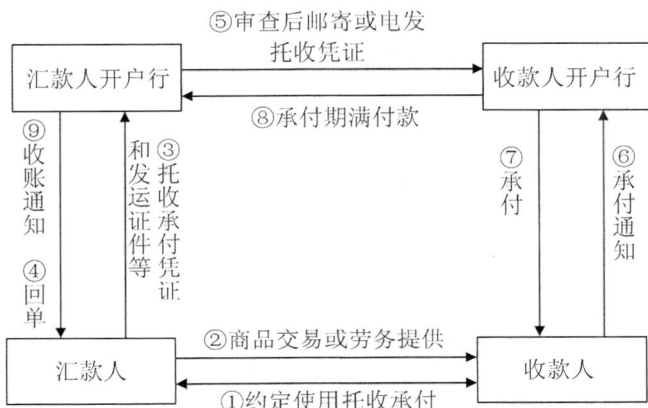

图3-4-5　托收承付程序

资料来源：财政部会计资格评价中心编：《经济法基础》，经济科学出版社，2008年12月第1版，第343页。

四、委托收款

（一）委托收款概述

委托收款是收款人委托银行向付款人收取款项的结算方式。单位和个人凭已承兑的商业汇票、债券、存单等付款人债务证明办理款项的结算，均可以使用委托收款的结算方式。委托收款在同城、异地都可使用。

（二）委托收款流程

（1）签发。签发委托收款凭证时必须记载下列事项：①表明"委托收款"的字样。②确定的金额。③付款人名称。④收款人名称。⑤委托收款凭据名称及附寄单证张数。⑥委托日期。⑦收款人签章。凡欠缺上列记载事项之一的，银行不予受理。

（2）委托。委托是指收款人向银行提交委托收款凭证和有关债务证明并办理委托收款手续的行为。

（3）付款。银行接到寄来的委托收款凭证及债务证明，审查无误后向收款人办理付款的行为。

以银行为付款人的，银行应在当日将款项主动支付给收款人；以单位为付款人的，银行应及时通知付款人，需要将有关债务证明交给付款人的应交给付款人并签收。付款人应于接到通知的当日书面通知银行付款。付款人未在接到通知日的次日起 3 日内通知银行付款的，视同付款人同意付款，银行应于付款人接到通知日的次日起第 4 日上午开始营业时，将款项划给收款人。银行在办理划款时，付款人存款账户不足支付的，应通过被委托银行向收款人发出未付款通知书。

（三）拒绝付款

付款人审查有关债务证明后，对收款人委托收取的款项需要拒绝付款的，可以办理拒绝付款。付款人不同，拒绝付款方式略有不同。以银行为付款人的，应自收到委托收款及债务证明的次日起 3 日内出具拒绝证明，连同有关债务证明、凭证寄给被委托银行，转交收款人；以单位为付款人的，应在付款人接到通知的次日起 3 日内出具拒绝证明，持有债务证明的，应将其送交开户银行。银行将拒绝证明、债务证明和有关凭证一并寄给被委托银行，转交收款人。

委托收款程序见图 3-4-6。

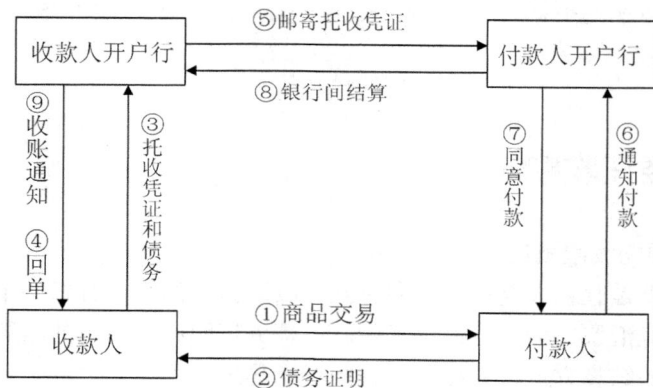

图 3-4-6　委托收款程序

资料来源：财政部会计资格评价中心编：《经济法基础》，经济科学出版社，2009 年 12 月第 1 版，第 300 页。

五、国内信用证

（一）信用证的概念

国内信用证（简称信用证），是指开证银行依照申请人（购货方）的申请向受益人（销货方）开出的有一定金额、在一定期限内凭信用证规定的单据支付款项的书面承诺。

我国信用证为不可撤销信用证、不可转让的跟单信用证。不可撤销信用证，是指信用证开具后在有效期内，非经信用证各有关当事人（即开证银行、开证申请人和受益人）的同意，开证银行不得修改或者撤销的信用证；不可转让的跟单信用证，是指受益人不能将信用证的权利转让给他人的信用证。

信用证结算方式只适用于国内企业之间商品交易产生的货款结算，并且只能用于转账结算，不得支取现金。

（二）信用证办理的基本程序

1. 开证

（1）开证申请。开证申请人使用信用证时，应委托其开户银行办理开证业务。开证申请人申请办理开证业务时，应当填具开证申请书、信用证申请人承诺书并提交有关购销合同。

（2）受理开证。开证行根据申请人提交的开证申请书、信用证申请人承诺书及购销合同决定是否受理开证业务。开证行在决定受理该项业务时，应向申请人收取不低于开证金额 20% 的保证金，并可根据申请人资信情况要求其提供抵押、质押或由其他金融机构出具保函。

2. 通知

通知行收到信用证，应认真审核。审核无误的，应填制信用证通知书，连同信用证交付受益人。

3. 议付

议付，是指信用证指定的议付行在单证相符条件下，扣除议付利息后向受益人给付对价的行为。议付行必须是开证行指定的受益人开户银行。

议付行审核受益人提示的单据后，同意议付的，办理议付。实付议付金额按议付金额扣除议付日至信用证付款到期日前 1 日的利息计算，议付利率比照贴现利率。拒绝议付的，应及时作出书面拒绝议付通知，注明拒绝议付理由，通知受益人。议付行可以根据受益人的要求不作议付，仅为其办理委托收款。

议付行议付后，应通过委托收款人将单据寄开证行索偿资金。议付行议付信用证后，对受益人具有追索权。到期不获付款的，议付行可从受益人账户收取议付金额。

4. 付款

受益人在交单期或信用证有效期内向开证行交单收款，应向开户银行填制委托收款凭证和信用证议付/委托收款申请书，并出具单据和信用证正本。开户银行收到凭证和单证审查齐全后，应及时为其向开证行办理交单和收款。开证行在收到议付行寄交的委托收款凭证、单据及寄单通知书或受益人开户行寄交的委托收款凭证、信用证正本单据及信用证议付/委托收款申请书的次日起5个营业日内，及时核对单据表面与信用证条款是否相符。无误后，对即期付款信用证，从申请人账户收取款项支付给受益人；对延期付款信用证，应向议付行或受益人发出到期付款确认书，并于到期日从申请人账户收取款项支付给议付行或受益人。

申请人交存的保证金和其存款余额不足支付的，开证行仍应在规定的付款时间内进行付款。对不足支付的部分作逾期贷款处理。

同步测试题：

一、单项选择题

1. 根据支付结算法律制度的规定，下列款项中，可以使用托收承付方式办理结算的是（　　）。

A. 供销社与国有企业之间的商品交易款项

B. 供销社为国有企业代销商品应支付的款项

C. 集体所有制企业向国有企业提供劳务应收取的款项

D. 集体所有制企业向国有企业赊销商品应收取的款项

2. 2009年3月1日，甲公司销售给乙公司一批化肥，双方协商采取托收承付、验货付款方式办理货款结算。3月4日，运输公司向乙公司发出提货单。乙公司在承付期内未向其开户银行表示拒绝付款。已知3月7日、8日、14日和15日为法定休假日。则乙公司开户银行向甲公司划拨货款的日期为（　　）。

A. 3月6日　　　　　　　　　　B. 3月9日

C. 3月13日　　　　　　　　　 D. 3月16日

3. 甲、乙均为国有企业，甲向乙购买一批货物，约定采用托收承付验货付款结算方式。2008年3月1日，乙办理完发货手续，发出货物；3月2日，乙到开户行办理托收手续；3月10日，铁路部门向甲发出提货通知；3月14日，甲向开户行表示承付，通知银行付款。则承付期的起算时间是（　　）。

A. 3月2日　　　　　　　　　　B. 3月3日

C. 3月11日　　　　　　　　　 D. 3月15日

4. 根据支付结算法律制度的规定，下列有关汇兑的表述中，正确的是（　　）。

A. 汇兑每笔金额起点是1万元

B. 汇款回单可以作为该笔汇款已转入收款人账户的证明

C. 汇入银行对于向收款人发出取款通知，经过1个月无法交付的汇款，应主动办理退汇

D. 汇兑是汇款人委托银行将其款项支付给收款人的结算方式

5. 关于国内信用证特征的表述中，不符合法律规定的是(　　)。

A. 国内信用证为不可撤销信用证

B. 受益人可以将国内信用证权利转让给他人

C. 国内信用证结算方式只适用于国内企业商品交易的货款结算

D. 国内信用证只能用于转账结算，不得支取现金

6. 下列关于国内信用证办理和使用要求的表述中，符合支付结算法律制度规定的是(　　)。

A. 信用证结算方式可以用于转账，也可以支取现金

B. 开证行应向申请人收取不低于开证金额30%的保证金

C. 信用证到期不获付款的，议付行可从受益人账户收取议付金额

D. 申请人交存的保证金和存款账户余额不足支付的，开证行有权拒绝付款

二、多项选择题

1. 根据《支付结算办法》的规定，下列支付结算的种类中，没有金额起点限制的有(　　)。

A. 委托收款　　　　　　　　　　B. 支票

C. 托收承付　　　　　　　　　　D. 汇兑

2. 单位人民币卡账户不合法的资金来源有(　　)。

A. 基本存款账户转账存入　　　　B. 现金存入

C. 销货收入的款项存入　　　　　D. 一般存款账户转账存入

3. 单位和个人均可使用的结算方式有(　　)。

A. 商业汇票　　　　　　　　　　B. 银行汇票

C. 汇兑　　　　　　　　　　　　D. 托收承付

4. 下列关于托收承付的说法中正确的有(　　)。

A. 托收承付有金额起点的限制

B. 个人可以使用托收承付结算方式

C. 验单承付期为3天

D. 使用托收承付结算必须签有购销合同，并在合同上订明使用异地托收承付结算方式

5. 下列款项可以使用托收承付的有(　　)。

A. 代销商品的款项　　　　　　　B. 寄销商品的款项

C. 赊销商品的款项　　　　　　　D. 商品交易的款项

6. 下列关于汇兑的说法中正确的有(　　)。

A. 单位和个人的各种款项的结算，均可使用汇兑结算方式。

B. 汇款回单是该笔汇款已转入收款人账户的证明。

C. 收账通知是银行将款项确已收入收款人账户的凭据

D. 汇入银行对于向收款人发出取款通知，经过 1 个月无法交付的汇款，应主动办理退汇

三、判断题

1. 个体工商户和个人不能通过托收承付结算方式进行结算。　　　　（　　）

2. 汇款回单是该笔汇款已转入收款人账户的法定证明。　　　　（　　）

3. 销户时，单位卡账户余额可以转入其基本存款账户，也可以提取现金。
　　　　　　　　　　　　　　　　　　　　　　　　　　　　（　　）

4. 个人卡账户可以转账结清，也可以提取现金。　　　　　　（　　）

5. 我国国内信用证开具后，在有效期内，非经信用证各有关当事人的同意，开证银行不得修改或者撤销。　　　　　　　　　　　　　　（　　）

6. 托收承付结算每笔的金额起点为 1 万元，新华书店系统每笔的金额起点为 1 千元。　　　　　　　　　　　　　　　　　　　　　　（　　）

7. 委托收款只能在同城使用。　　　　　　　　　　　　　　（　　）

第四章 税收法律制度

【学习目标】

　　通过本章学习，掌握税法的构成要素；掌握增值税、消费税、营业税、企业所得税、个人所得税的征税对象、征税范围、征税依据及应纳税额的计算；掌握纳税申报方式和税款征收的具体方式；熟悉增值税、消费税、营业税、企业所得税、个人所得税的税收减免，熟悉税收的概念分类；了解税收的分类、作用和特征；了解增值税、消费税、营业税、企业所得税、个人所得税的税率；了解税收征管相关的法律责任。

【案例导入】

　　2010年9月24日某县地方税务局接到群众举报：某个人独资企业，中途终止了与某公司签订的承包合同，并注销了其银行账号，准备于近日转外县经营。该局立即派人对该企业进行了调查，核准了群众举报的上述事实，于是，对该企业当月已实现的应纳税额8738.86元，检查人员作出责令其提前到9月25日前缴纳的决定。

　　请问：该县地方税务局提前征收税款的决定是否合法？

　　【解析】该县地方税务局提前征收税款的决定合法。《税收征管法》规定："税务机关有根据认为从事生产、经营的纳税人有逃避纳税义务行为的，可以在规定的纳税期之前，责令限期缴纳应纳税款。"本案中，该个人企业已终止了承包合同，注销了银行账号，并准备近日转移至外县，却未依法向税务机关办理相关手续，可以认定为有逃避纳税义务的企图，所以该税务局采取提前征收税款的决定是有法可依的，该企业应按该县地方税务局的决定提前缴纳应纳税款。

第一节 税收概述

一、税收的概念与分类

(一) 税收的概念与作用

1. 税收的概念

税收，是国家为了满足社会的需要公共，凭借国家的政治权力，按照法律规定的标准，强制地、无偿地取得财政收入的一种分配关系。

在我国，税收是国家财政收入的最主要来源，我国财政收入的 90% 左右都来自税收。

2. 税收的作用

(1) 税收是国家组织财政收入的主要形式。由于税收具有强制性、无偿性和固定性，能够保证将财政收入建立在及时、稳定、可靠的基础之上，保证财政收入的稳定。税收收入来源的广泛性，有利于国家从多方面筹集财政收入。

(2) 税收是国家调控经济运行的重要手段。在市场经济条件下，市场对资源配置起主导作用，但市场配置资源，有其局限性，可能出现市场失灵，所以有必要通过税收来保证公共产品的提供，以税收配合价格调节具有自然垄断性质的企业和行业的生产，使资源配置更加有效。通过税种的设置，以及加成征收或减免税等手段来影响社会成员的经济利益，改变社会财富分配状况，对资源配置和社会经济发展产生影响，调节社会生产、交换、分配和消费，从而达到调控经济运行的目的，促进社会经济健康发展。

(3) 税收具有维护国家政权的作用。没有税收，国家机器就不可能有效运转。同时，税收分配是凭借政治权力对物质利益进行调节，有利于达到巩固国家政权的目的。

(4) 税收是国际经济交往中维护国家权益的可靠保证。在国际经济交往中，任何国家对在本国境内从事生产经营的外国企业或个人都拥有税收管辖权，这是国家权益的具体体现。对进出口商品征收进出口关税，维护国家的经济独立和经济利益，保证国内生产、生活的需要。实行出口退税制度，增强出口产品在国际市场上的竞争力。对外国人和外国企业来源于我国的收入和所得征收所得税，维护国家主权和利益。

（二）税收的特征

1. 强制性

税收是国家以社会管理者身份，凭借政治权力以法律形式确定征纳双方的权利义务关系并保证税收收入的实现。

税收的强制性包含两层含义：一是税收分配关系是一种国家和社会成员必须遵守的权利义务关系，每一个社会成员有义务向国家缴纳一部分社会产品，分担一部分社会公共费用。二是税收的征收具有强制性。

2. 无偿性

税收的无偿性是指国家征税以后，税款即归国家所有，国家不向原纳税人支付任何报酬或代价，也不再直接偿还给原来的纳税人。

3. 固定性

税收的固定性是指国家通过法律形式，预先规定了征税对象、纳税人和征税标准等征纳行为规则，征纳双方都必须遵守，不能随意改变。

税收的固定性包含两层含义：一是税法具有相对稳定性，一经公布实施，征纳双方都要共同遵守。二是税收征收数量具有有限性。税款不能随意征收，征税对象和税款数额之间的数量关系是有一定限度的，税收只能按照事先规定的、国家与纳税人在经济上都能接受的标准有限度地征收。

（三）税收的分类

1. 按征税对象分类

按征税对象分类，分为流转税类、所得税类、财产税类、资源税类和行为税类五种类型。

（1）流转税类，是以货物和劳务的流转额为征税对象的一类税收。我国现行的增值税、消费税、营业税、关税等都属于流转税类。流转税以商品流转额或非商品流转额为计税依据。商品流转额，指商品交易的金额或数量；非商品流转额，指各种劳务收入或服务性业务收入的金额。流转税类税收在生产经营及销售环节征收，收入不受成本费用变化的影响，对价格变化较为敏感。

（2）所得税类，也称收益税类，是以纳税人的各种收益额为征税对象的一类税收。现阶段，我国所得税主要包括企业所得税、个人所得税等。所得税类体现了量能负担的原则，即所得多多征，所得少少征，无所得不征。所得税类税收的征税对象不是一般收入，而是总收入减除准予扣除项目后的余额，即应纳税所得额，征税数额受成本、费用、利润影响较大。对纳税人的应纳税所得额征税，便于调节国家、企业、个人三者之间的利益分配关系。

（3）财产税类，是以纳税人拥有的财产数量或财产价值为征税对象，税收负担与财产价值、数量关系密切，体现调节财富、合理分配等原则。我国现行的房产税、城市房地产税、车船税、车船使用牌照税、船舶吨税、城镇土地使用税等都属于财产税类。

（4）资源税类，是以自然资源和某些社会资源为征税对象，税负高低与资源级差收益水平关系密切，征税范围选择比较灵活。资源税属于此类。

（5）行为税类，也称特定行为目的税类，是国家为了实现某种特定目的，以纳税人的某些特定行为为征税对象，征税的选择性较为明显，税种较多，具有较强的时效性。印花税、车辆购置税、城市维护建设税、契税、耕地占用税等都属于行为税类。

2. 按征收管理的分工体系分类

按征收管理的分工体系分类，可分为工商税类、关税类。

（1）工商税类。由税务机关负责征收管理，它是以工业品、商业零售、交通运输、服务性业务的流转额为征税对象的各种税收的总称，是我国现行税制的主体部分，主要包括增值税、消费税、营业税、资源税、企业所得税、个人所得税、城市维护建设税、房产税、车船税、车船使用牌照税、土地增值税、城镇土地使用税、印花税、车辆购置税等。

（2）关税类。该类税收由海关负责征收管理，它是指对进出境的货物、物品征收的税收总称，主要包括进出口关税，由海关代征的进口环节增值税、消费税和船舶吨税。

3. 按税收征收权限和收入支配权限分类

按税收征收权限和收入支配权限分类，可分为中央税、地方税和中央地方共享税。

（1）中央税是指由中央政府征收和管理使用或者地方征收后全部划解中央由中央所有和支配的税收。关税，海关代征的进口环节消费税和增值税；消费税，铁道部门、各银行总行、各保险总公司集中缴纳的营业税和城市维护建设税等为中央税。

（2）地方税是由地方政府征收、管理和支配的一类税收。地方税包括下列税种：营业税（不含铁道部门、各银行总行、各保险总公司集中缴纳的营业税），地方企业所得税（不含上述地方银行和外资银行及非银行金融企业所得税），个人所得税，城镇土地使用税，固定资产投资方向调节税，城市维护建设税（不含铁道部门、各银行总行、各保险总公司集中交纳的部分），房产税，车船税，印花税，屠宰税，耕地占用税，契税，遗产或赠予税，土地增值税。

划归地方管理和支配的地方税份额比较小且税源分散，收入零星，但对于调动地方政府组织收入的积极性和保证地方政府因地制宜地解决地方特殊问题有一定的意义。

（3）中央地方共享税是指税收收入由中央和地方按比例分享的税收。如增值税、所得税、资源税、对证券交易印花税等。

4. 按计税标准的不同分类

按计税标准的不同分类，可分为从价税、从量税和复合税。

（1）从价税是指以征税对象的价值或价格为计税依据征收的一种税，一般采用比例税率和累进税率，如增值税、营业税、个人所得税等采取从价计征形式。

（2）从量税是指以征税对象的实物量作为计税依据征收的一种税，一般采用定额税率，资源税、耕地占用税、城镇土地使用税等均实行从量计征形式。

（3）复合税是指对征税对象采取从价和从量相结合的计税方法征收的一种税，如对卷烟、白酒征收的消费税。

【例4-1-1】按税收管理权限的不同，可将税种划分为（　　）。

A. 中央税　　　　　　　　　　B. 地方税

C. 中央和地方共享税　　　　　D. 所得税

【解析】ABC。

二、税法及构成要素

（一）税收与税法的关系

1. 税法的概念

税法是调整税收关系的法律规范的总称。税法是国家法律的重要组成部分，它以宪法为依据，调整国家与社会成员在征纳税上的权利与义务关系，维护社会经济秩序和税收秩序，是国家税务机关及一切纳税单位和个人依法征税的行为规则。

2. 税收与税法的关系

税收活动必须严格依税法的规定进行，税法是税收的法律依据和法律保障。而税法又必须以保障税收活动的有序进行为其存在的理由和依据。

税收作为一种经济活动，属于经济基础范畴。税法是一种法律制度，属于上层建筑范畴。

（二）税法的分类

1. 按税法的功能作用不同分类

按税法的功能作用不同分类，可将税法分为税收实体法和税收程序法。

（1）税收实体法是规定税收法律关系主体的实体权利、义务的法律规范的总称。税收实体法具体规定各税种的征收对象、征收范围、税目、税率、纳税地点等。税收实体法直接影响到国家与纳税人之间权利义务的分配，是税法的核心部分，没有税收实体法，税法体系就不能成立。《中华人民共和国企业所得税法》、《中华人民共和国个人所得税法》等属于税收实体法。

（2）税收程序法是税务管理方面的法律规范，具体规定税收征收管理、纳税程序、发票管理、税务争议处理等内容。如《中华人民共和国税收征收管理法》、《中华人民共和国海关法》、《进出口关税条例》就属于税收程序法。

2. 按主权国家行使税收管辖权的不同分类

按主权国家行使税收管辖权不同分类，可分为国内税法、国际税法、外国税法。

（1）国内税法一般是按照属人或属地原则，规定一个国家的内部税收制度。

（2）国际税法是指国家间形成的税收制度，主要包括双边或多边税收协定、条约和国际惯例等。

（3）外国税法是指外国各个国家制定的税收制度。

3. 按税法法律级次不同分类

按税法法律级次不同分类，分为税收法律、税收行政法规、税收规章和税收规范性文件。

《中华人民共和国税收征收管理法》为税收法律；《中华人民共和国消费税暂行条例》为税收行政法规；《中华人民共和国车船税暂行条例实施细则》为税收规章；《增值税专用发票使用规定》为税收规范性文件等。

（三）税法的构成要素

税法的构成要素是指各种单行税法具有的共同的基本要素的总称。税法要素既包括实体性的，也包括程序性的，它是所有完善的单行税法共同具备的，仅为某一税法单独具有的非普遍性内容，不构成税法要素，如扣缴义务人。税法的构成要素一般包括总则、纳税义务人、征税对象、税目、税率、纳税环节、纳税期限、纳税地点、减税免税、罚则、附则等项目。其中，纳税义务人、征税对象、税率是构成税法的三个最基本的要素。

下面介绍税收实体法的构成要素：

1. 征税人

征税人是指代表国家行使税收征管职权的各级税务机关和其他征收机关。因税种的不同，可能有不同的征税人。如增值税的征税人是税务机关，关税的征税人是海关。

2. 纳税义务人

纳税义务人又称纳税人，是指税法规定的直接负有纳税义务的自然人、法人或其他组织。纳税义务人是税收制度中区别不同税种的重要标志之一，因此，每个税种都应明确规定各自的纳税义务人。

3. 征税对象

征税对象也称课税对象，是指对什么征税，征税对象包括物或行为。征税对象是各个税种之间相互区别的根本标志，不同的征税对象构成不同的税种。根据征税对象的不同，可分为对流转额征税、对所得额征税、对财产征税、对资源征税、对特定行为征税等。

4. 税目

税目是征税对象的具体化，它反映了具体的征税范围。是税法中规定应当征税的具体物品、行业或项目，体现了征税的广度。税目是征税的具体根据，凡列入税目的即为应税项目，未列入税目的，则不属于应税项目。

制定税目的基本方法一般有两种，一是列举法，即按照每一种商品或经营项目分别设计的税目，如电视机、录像机等，一种商品就是一个税目；二是概括法，即按照商品类别或行业设计的税目，如文化用品类、电子产品类、日常用化工类等，一个类别的商品是一个税目。

5. 税率

税率是指应纳税额与征税对象的比例或征收额度，它是计算税额的尺度。

税率表现为税额占课税对象的比例，体现税收负担的深度。我国现行的税率主要有：

（1）比例税率。比例税率是指对同一征税对象不论数额大小，都按同一比例征税。目前，我国的增值税、营业税、城市维护建设税、企业所得税等采用的是比例税率。

（2）定额税率。定额税率是按课税对象的计量单位直接规定应纳税额的税率形式，而不采用百分比的形式，课税对象的计量单位主要有吨、升、平方米、千立方米、辆等。定额税率一般适用于从量定额计征的某些课税对象。目前采用定额税率的有资源税、车船税等。

（3）累进税率。累进税率是指按课税对象数额的大小规定不同的等级，随着课税数量增大而随之提高的税率。

累进税率又可分为：全额累进税率、超额累进税率、超率累进税率和超倍累进税率。

6. 计税依据

计税依据亦称"课税依据"、"课税基数"，是计算应纳税额的根据。即根据什么来计算纳税人应缴纳的税额。它是税制构成要素中的一项十分重要的内容。国家在设计税制时都规定了计税依据。计税依据与征税对象虽然同样反映征税客体，但征税对象规定对什么征税，计税依据则在确定征税对象之后解决如何计量的问题。

计税依据可以分为从价计征、从量计征、复合计征三种类型。

（1）从价计征。计税金额是从价计征应纳税额的计税依据，主要包括收入额、收益额、财产额、资金额等。其计算公式为：

计税金额＝征税对象的数量×计税价格

应纳税额＝计税金额×适用税率

从价计征把不同品种、规格、质量的商品或财产按统一的货币单位确定计税依据，有利于平衡税负、简化征收手续。

（2）从量计征。计税数量是从量计征应纳税额的计税依据，计税数量因征税对象不同，所包含的内容也不同，有重量、容量、面积等。其计算公式为：

应纳税额＝计税数量×单位适用税额

（3）复合计征。征税对象的价格和数量均为其计税依据。其计算公式为：

应纳税额＝计税数量×单位适用税额+计税金额×适用税率

7. 纳税环节

纳税环节是指税法规定的征税对象在从生产到消费的流转过程中应当缴纳税款的环节，如流转税在生产和流通环节纳税、所得税在分配环节纳税等。

8. 纳税期限

纳税期限是税法规定的纳税主体向税务机关缴纳税款的时间期限。纳税期限一般分为按次征收和按期征收两种。

（1）按期计算是指以发生纳税义务、扣缴义务的一定期间作为纳税计算期，如1日、3日、5日、10日、15日、1个月、1个季度、1年等，增值税、消费税、资源税、企业所得税等都有规定。

（2）按次计算是以纳税人从事生产经营活动的次数作为纳税计算期。

9. 纳税地点

纳税地点是指纳税人按照税法的规定向税务机关申报纳税的具体地点。纳税地点一般为纳税人的住所地、营业地、财产所在地、经济活动发生地、特定行为发生地。

10. 减免税

减免税是对某些纳税人或课税对象的鼓励或照顾措施。减免税规定是在一定时期内给予纳税人的一种税收优惠，是税收的统一性和灵活性相结合的具体体现。

（1）减税和免税。减税是指从应征税额中减征部分税款；免税是指对按规定应征收的税款全部免除。减税和免税分为两种情况，一种是税法直接规定的减免税优惠，另一种是依法给予的一定期限内的减免税优惠，期满后仍按规定纳税。

（2）起征点。起征点是指对征税对象达到一定数额才开始征税的界限。征税对象的数额没有达到规定数额的不征税，征税对象的数额达到规定数额的，就其全部数额征税，而不是只就超过部分征税。

（3）免征额。免征额是对征税对象总额中免予征税的数额。如《个人所得税法》规定，对工资、薪金所得以每月收入额减除费用3500元后的余额为应纳税所得额，此处的3500元就是工资薪金所得的免征额。

11. 法律责任

税收法律责任是税收法律关系的主体因违反税法所应当承担的法律后果。税法规定的法律责任形式主要有三种：①经济责任，包括补缴税款、加收滞纳金等。②行政责任，包括吊销税务登记证、罚款、税收保全及强制执行等。③刑事责任，对违反税法情节严重构成犯罪的行为，要依法承担刑事责任。

【例4-1-2】现行《个人所得税法》规定，对工资、薪金所得以每月收入额减除费用3500元后的余额为应纳税所得额，此处的3500元就是工资薪金所得的起征点（　　）。

【解析】错误。

同步测试题：

一、单项选择题

1. 国家征税的目的是为了满足（　　）。
   A. 企业需要　　　　　　　　　B. 社会公共需要
   C. 私人需要　　　　　　　　　D. 国家需要

2. 下列税种中，不属于中央税的是（　　）。
   A. 消费税　　　　　　　　　　B. 关税
   C. 企业所得税　　　　　　　　D. 车辆购置税

3. 对同一课税对象，无论其数额大小，都按照相同比例征税的税率是（　　）。
   A. 比例税率　　　　　　　　　B. 累进税率
   C. 定额税率　　　　　　　　　D. 幅度税率

4. 按课税对象的单位直接规定固定征税数额的税率是（　　）。
   A. 比例税率　　　　　　　　　B. 累进税率
   C. 定额税率　　　　　　　　　D. 幅度税率

二、多项选择题

1. 累进税率是根据征税对象数额的大小不同，规定不同等级的税率，它可分为( )。

  A. 全额累进税率   B. 超额累进税率

  C. 全率累进税率   D. 超率累进税率

2. 计税依据按照计量单位来划分，有( )和( )两种类型。

  A. 实物计征   B. 货币计征

  C. 从价计征   D. 从量计征

3. 下列项目中，属于流转税类的是( )。

  A. 消费税   B. 增值税

  C. 营业税   D. 印花税

4. 以下属于狭义税法的是( )。

  A. 《中华人民共和国税收征收管理法》

  B. 《中华人民共和国消费税暂行条例》

  C. 《中华人民共和国车船税暂行条例实施细则》

  D. 《中华人民共和国个人所得税法》

三、判断题

1. 税收活动必须严格依照税法的规定进行，税法是税收的法律依据。

                            ( )

2. 纳税人、征税对象、税率是构成税法的三个最基本的要素。 ( )

3. 税目是指对什么征税，是税收法律关系中权利和义务所共同指向的对象。

                            ( )

4. 《中华人民共和国个人所得税法》属于税收程序法。 ( )

5. 如果税法规定某一税种的起征点是1200元，超过起征点的，则只对超过部分征税。 ( )

第二节　主要税种

一、增值税

(一) 增值税的概念和分类

1. 增值税的概念

增值税是对在我国境内销售货物或者提供加工、修理修配劳务以及从事进口货物的增值额或商品的附加值为课税对象征收的一种流转税。

增值税征收，采用税款抵扣方法计算，简便易行，自从 1954 年法国首先征收增值税至今，目前已为大多数国家或地区所采用。

2. 增值税的分类

增值税按对外购固定资产处理方式的不同可划分为生产型增值税、收入型增值税和消费型增值税。

（1）生产型增值税。生产型增值税是指计算增值税时，不允许扣除任何外购固定资产的价款，作为课税基数的法定增值额除包括纳税人新创造的价值外，还包括当期计入成本的外购固定资产价款部分，即法定增值额相当于当期工资、利息、租金、利润等理论增值额和折旧额之和。从整个国民经济来看，这一课税基数大体相当于国民生产总值的统计口径，故称为生产型增值税。

（2）收入型增值税。收入型增值税是指计算增值税时，对外购固定资产价款只允许扣除当期计入产品价值的折旧费部分，作为课税基数的法定增值额相当于当期工资、利息、租金和利润等各增值项目之和。从整个国民经济来看，这一课税基数相当于国民收入部分，故称为收入型增值税。

（3）消费型增值税。消费型增值税是指在计算增值税时，允许将当期购入的固定资产价款一次全部扣除，作为课税基数的法定增值额相当于纳税人当期的全部销售额扣除外购的全部生产资料价款后的余额。从整个国民经济来看，这一课税基数仅限于消费资料价值的部分，故称为消费型增值税。

比较三种类型的增值税，消费型增值税企业的税负最轻，颇受企业的欢迎，而且操作简便，便于管理，世界上采用增值税税制的绝大多数国家，实行的都是消费型增值税。我国 1979 年开始试行的增值税，实行的是"生产型增值税"，2009 年 1 月 1 日起，我国全面实施增值税转型，即由生产型增值税转为消费型增值税。

（二）增值税纳税人

1. 小规模纳税人

小规模纳税人是指年应征增值税销售额（以下简称年应税消售额）在规定标准以下，并且会计核算不健全，不能按规定报送有关税务资料的增值税纳税人。会计核算不健全是指不能正确核算增值税的销项税额、进项税额和应纳税额。

小规模纳税人的认定标准为：

（1）从事货物生产或者提供应税劳务的纳税人，以及以从事货物生产或者提供应税劳务为主，并兼营货物批发或者零售的纳税人，年应税销售额在 50 万元以下（含本数，下同）的。

从事货物生产或者提供应税劳务为主，是指纳税人的年货物生产或者提供应税劳务的销售额占年应税销售额的比重在50%以上。

（2）以上规定以外的纳税人，年应税销售额在80万元以下的。

（3）年应税销售额超过小规模纳税人标准的其他个人按小规模纳税人纳税。

（4）非企业性单位、不经常发生应税行为的企业可选择按小规模纳税人纳税。

小规模纳税人销售货物或提供应税劳务，实行简易征收办法，按照销售额和规定的征收率计算应纳税额，征收率为3%，该税款不能抵扣。

2. 增值税一般纳税人

增值税一般纳税人是指年应税销售额超过小规模纳税人标准的企业和企业性单位。

下列纳税人不属于一般纳税人：

（1）年应税销售额未超过小规模纳税人标准的企业。

（2）除个体经营者以外的其他个人。

（3）非企业性单位。

（4）不经常发生增值税应税行为的企业。

年应税销售额未超过标准的小规模企业及个体经营者小规模纳税人会计核算健全，能够提供准确税务资料的，经主管税务机关批准，可以不视为小规模纳税人，依照有关规定计算应纳税额。

年应税销售额未超过标准的小规模企业，会计核算健全，能准确核算并提供销项税额、进项税额的，可申请办理一般纳税人认定手续。

年应税销售额未超过标准的企业和企业性单位，账簿健全，能准确核算并提供销项税额、进项税额，并能按规定报送有关税务资料的，经企业申请，税务部门可将其认定为一般纳税人。

经税务机关审核认定的一般纳税人，可按《增值税暂行条例》第四条的规定计算应纳税额，并使用增值税专用发票。对符合一般纳税人条件但不申请办理一般纳税人认定手续的纳税人，应按销售额依照增值税税率计算应纳税额，不得抵扣进项税额，也不得使用增值税专用发票。

【例4-2-1】按照现行规定，下列纳税人符合一般纳税人年应税销售额认定标准的是（　　）。

A. 年应税销售额120万元的从事货物生产的纳税人

B. 年应税销售额60万元的从事货物零售的纳税人

C. 年应税销售额50万元的从事货物生产的纳税人

D. 年应税销售额40万元从事货物生产的纳税人

【解析】A。年应税销售额 120 万元（超过 80 万元）的从事货物生产的纳税人符合一般纳税人年应税销售额认定标准。

（三）增值税的征税范围

增值税的征税范围包括在中国境内销售货物，提供加工、修理修配劳务和进口货物。

1. 销售货物

销售货物是指有偿转让货物的所有权。货物是指有形动产，包括电力、热力、气体在内。有偿是指从购买方取得货币、货物或者其他经济利益。

2. 提供加工、修理修配劳务

提供加工、修理修配劳务（以下简称应税劳务）是指有偿提供加工、修理修配劳务。单位或个体工商户聘用的员工为本单位或雇主提供加工、修理修配劳务不包括在内。

3. 进口货物

进口货物是指申报进入中国海关境内的货物。只要是报关进口的应税货物，除享受免税政策以外，均属于增值税的征税范围。

4. 视同销售货物行为

单位或者个体工商户的下列行为，视同销售货物：

（1）将货物交付其他单位或者个人代销。

（2）销售代销货物。

（3）设有两个以上机构并实行统一核算的纳税人，将货物从一个机构移送至其他机构用于销售，但相关机构设在同一县（市）的除外。

（4）将自产、委托加工的货物用于非增值税应税项目。

非增值税应税项目是指提供非增值税应税劳务（加工、修理修配以外的劳务）、转让无形资产、销售不动产和不动产在建工程。纳税人新建、改建、扩建、修缮、装饰不动产，均属于不动产在建工程。

（5）将自产、委托加工的货物用于集体福利或个人消费。

（6）将自产、委托加工或购进的货物作为投资。

（7）将自产、委托加工或购进的货物分配给股东或者投资者。

（8）将自产、委托加工或购进的货物无偿赠送他人。

5. 混合销售行为

混合销售是指在同一销售行为中，同时涉及增值税（货物销售）和营业税（非增值税应税劳务），但纳税人并非同时缴纳增值税和营业税，而是根据纳税人的主营业务，或者一并征收增值税，或者一并征收营业税。

销售自产货物并同时提供建筑业劳务的，应当分别核算货物的销售额和非增值税应税劳务的营业额，货物的销售额缴纳增值税，建筑业劳务的营业额缴纳营业税；未分别核算的，由主管税务机关核定其货物的销售额，核定后，还是分别缴纳增值税和营业税。

6. 兼营

纳税人兼营非增值税应税项目的，应分别核算货物或者应税劳务的销售额和非增值税应税项目的营业额；未分别核算的，由主管税务机关核定货物或者应税劳务的销售额。

（四）增值税税率和征收率

增值税税率和征收率如表4-2-1所示。

表4-2-1 增值税税率和征收率

项　目	税率	说　　明
基本税率	17%	纳税人销售或者进口货物以及提供加工、修理修配劳务的。
低税率	13%	纳税人销售或者进口下列货物，按低税率计征增值税： （1）粮食、食用植物油。 （2）自来水、暖气、冷气、热水、煤气、石油液化气、天然气、沼气、居民用煤炭制品。 （3）图书、报纸、杂志。 （4）饲料、化肥、农药、农机（不包括农机零部件）、农膜。 （5）国务院规定的其他货物。
零税率	0	纳税人出口货物，一般适用零税率。对于国务院另有规定的少数出口货物，包括纳税人出口的原油，援外出口货物、糖；国家禁止出口的货物（包括天然牛黄、麝香、铜及铜基合金、白金等），均不适用零税率。
征收率	3%	小规模纳税人。

（五）增值税应纳税额的计算

应纳税额 = 当期销项税额 − 当期进项税额

　　　　 = 当期销售额×适用税率 − 当期进项税额

1. 销项税额

销项税额是指纳税人销售货物或者提供应税劳务，按照销售额和规定的税率计算并向购买方收取的增值税税额。

销项税额 = 销售额×适用税率

2. 增值税销售额

增值税销售额是指纳税人销售货物或者提供应税劳务，从购买方或接受应税劳务方收取的全部价款和一切价外费用，不包括向购买方收取的销项税额。如果销售货物是消费税应税产品或进口产品，则全部价款中包括消费税或关税。

一般纳税人（包括纳税人自己或代其他部门）向购买方收取的价外费用和逾期包装物押金，应视为含税收入，在征税时换算成不含税收入再并入销售额。计算公式为：

不含税销售额＝含税消售额÷（1+增值税税率）

纳税人销售货物或提供劳务的价格明显偏低并无正当理由的，或者视同销售行为而无销售额的，由主管税务机关按照下列方法核定销售额：按纳税人最近时期同类货物的平均销售价格确定；按其他纳税人最近时期同类货物的平均销售价格确定；按组成计税价格确定。

组成计税价格＝成本×（1+成本利润率）

征收增值税的货物，同时又征收消费税的，其组成计税价格中应包含消费税税额。计算公式为：

组成计税价格＝成本×（1+成本利润率）+消费税税额

或：组成计税价格＝成本×（1+成本利润率）÷（1−消费税税率）

3. 进项税额的计算

进项税额是纳税人购进货物或应税劳务，所支付或所负担的增值税额。

（1）准予抵扣的进项税额。①从销售方取得的增值税专用发票上注明的增值税税额。②从海关取得的海关进口增值税专用缴款书上注明的增值税税额。③购进农产品，除取得增值税专用发票或者海关进口增值税专用缴款书外，按照农产品收购发票或者销售发票上注明的农产品买价和13%的扣除率计算的进项税额。计算公式为：

进项税额＝买价×扣除率

④购进或者销售货物以及在生产经营过程中支付运输费用的，按照运输费用结算单据上注明的运输费用金额和7%的扣除率计算的进项税额。

进项税额＝运输费用金额×扣除率

准予计算进项税额抵扣的货物运输金额是指运输费用结算单据上注明的运输费用、建设基金，但不包括随同运费支付的装卸费、保险费等其他杂费。

（2）不得抵扣的进项税额。①用于非增值税应税项目、免征增值税项目、集体福利或者个人消费的购进货物或者应税劳务。②非正常损失的购进货物及相关的应税劳务。③非正常损失的在产品、产成品所耗用的购进货物或者应税劳务。非正常损失是指因管理不善造成被盗、丢失、霉烂变质的损失。④国务院财政、税务主管部门规定的纳税人自用消费品。纳税人自用的应征消费税的摩托车、汽车、游艇，其进项税额不得从销项税额中抵扣。⑤前四项规定的货物的运输费用和销售免税货物的运输费用。⑥小规模纳税人不得抵扣进项税额。⑦进口货物，在海关计算缴纳进口环节增值税税额时，不得抵扣发生在中国境外的各种税金。⑧因进货退出或折让收回的进项税额，应从发生进货退出或折让当期的进项税额中扣减。⑨按简易办法征收增值税的，不得抵扣进项税额。

4. 进口货物应纳税额的计算

进口货物的纳税人，无论是一般纳税人还是小规模纳税人，均应按照组成计税价格和规定的税率计算应纳税额，不得抵扣进项税额。其计算公式为：

应纳税额＝（关税完税价格＋关税额＋消费税额）×税率

5. 小规模纳税人增值税应纳税额的计算

小规模纳税人销售货物或者提供应税劳务，实行按照销售额和征收率计算应纳税额的简易办法，并不得抵扣进项税额。小规模纳税人的增值税征收率为3%。

应纳税额＝不含税销售额×征收率

不含税销售额＝含税销售额÷（1＋征收率）

【例4-2-2】某食品加工企业为增值税小规模纳税人，适用增值税征收率为3%。2月份取得销售收入16960元；直接从农户购入农产品价值6400元，支付运输费600元，当月支付人员工资3460元，该企业当月应缴纳的增值税税额为（　　）元。

A. 240   B. 298

C. 435   D. 494

【解析】D。题中的销售收入是含税的，应缴纳的增值税＝16960÷（1＋3%）×3%＝494（元）

（六）增值税征收管理

1. 纳税义务发生的时间

（1）纳税人销售货物或者应税劳务，其纳税义务发生时间为收讫销售款项或者取得索取销售款项凭据的当天；先开具发票的，为开具发票的当天。具体分为：①采取直接收款方式销售货物，不论货物是否发出，均为收到销售款或者取得索取销售款凭据的当天。②采取托收承付和委托银行收款方式销售货物，为发出货物并办妥托收手续的当天。③采取赊销和分期收款方式销售货物，为书面合同约定的收款日期的当天，无书面合同的或者书面合同没有约定收款日期的，为货物发出的当天。④采取预收货款方式销售货物，为货物发出的当天，但生产销售生产工期超过 12 个月的大型机械设备、船舶、飞机等货物，为收到预收款或者书面合同约定的收款日期的当天。⑤委托其他纳税人代销货物，为收到代销单位的代销清单或者收到全部或者部分货款的当天。未收到代销清单及货款的，为发出代销货物满 180 天的当天。⑥销售应税劳务，为提供劳务同时收讫销售款或者取得索取销售款的凭据的当天。⑦纳税人发生视同销售货物行为，为货物移送的当天。

（2）纳税人进口货物，其纳税义务的发生时间为报关进口的当天。

（3）增值税扣缴义务发生时间为纳税人增值税纳税义务发生的当天。

2. 纳税期限

增值税的纳税期限分别为 1 日、3 日、5 日、10 日、15 日、1 个月或者 1 个季度，具体的纳税期限，由主管税务机关根据纳税人应纳税额的大小分别核定。纳税人以 1 个月或者 1 个季度为一个纳税期的，自期满之日起 15 日内申报纳税；以 1 日、3 日、5 日、10 日或者 15 日为一个纳税期的，自期满之日起 5 日内预缴税款，于次月 1 日起 15 日内申报纳税并结清上月应纳税款。

纳税人进口货物，应当自海关填发税款缴纳书之日起 15 日内缴纳税款。

3. 纳税地点

固定业户应当向其机构所在地的主管税务机构申报纳税。固定业户到外县（市）销售货物或者应税劳务，应当向其机构所在地主管税务机关申请开具《外出经营活动税收管理证明》，并向其机构所在地的主管税务机关申报纳税。未开具该证明的，应当向销售地或者劳务发生地的主管税务机关申报纳税。

非固定业户销售货物或者应税劳务，应当向销售地或劳务发生地的主管税务机关申报纳税。

进口货物向报关地海关申报纳税。

【例4-2-3】根据增值税法律制度的规定，纳税人采取托收承付和委托银行收款方式销售货物的，其纳税义务的发生时间为（　　）。

A. 货物发出的当天　　　　　　B. 合同约定的收款日期的当天
C. 收到销货款的当天　　　　　D. 发出货物并办妥托收手续的当天

【解析】D。根据《增值税暂行条例》的规定，采取托收承付和委托收款方式销售货物，纳税义务的发生时间为发出货物并办妥托收手续的当天。

（七）营业税改增值税的主要内容

1. 纳税人

在中华人民共和国境内提供交通运输业和部分现代服务业服务（以下简称应税服务）的单位和个人为增值税纳税人。纳税人提供应税服务，不再缴纳营业税。

纳税人按照应税服务年销售额大小的不同，划分为一般纳税人和小规模纳税人。

应税服务的年应征增值税销售额（以下称"应税服务年销售额"）超过500万元（含本数）的纳税人为一般纳税人。年应纳增值税销售额500万元以下，并且会计核算不健全，不能按规定报送有关税务资料的增值税纳税人，为小规模纳税人。

2. 征税范围

（1）交通运输业。交通运输业包括陆路运输服务、水路运输服务、航空运输服务和管道运输服务，但暂不包括铁路运输。

（2）部分现代服务业。部分现代服务业包括研发和技术服务、信息技术服务、文化创意服务、物流辅助服务、有形动产租赁服务（不包括不动产租赁服务）、鉴证咨询服务。研发和技术服务，包括研发服务、技术转让服务、技术咨询服务、合同能源管理服务、工程勘察勘探服务。信息技术服务，包括软件服务、电路设计及测试服务、信息系统服务和业务流程管理服务。文化创意服务，包括设计服务、商标著作权转让服务、知识产权服务、广告服务和会议展览服务。物流辅助服务，包括航空服务、港口码头服务、货运客运场站服务、打捞救助服务、货物运输代理服务、代理报关服务、仓储服务和装卸搬运服务。有形动产租赁，包括有形动产融资租赁和有形动产经营性租赁。鉴证咨询服务，包括认证服务、鉴证服务和咨询服务，其中，鉴证服务，包括会计、税务、资产评估、律师、房地产土地评估、工程造价的鉴证。

3. 税率

（1）提供有形动产租赁服务，税率为17%。

（2）提供交通运输业服务，税率为11%。

（3）提供现代服务业服务（有形动产租赁服务除外），税率为6%。

（4）小规模纳税人提供应税服务，征收率为3%。

4. 应纳税额的计算

（1）一般纳税人应纳税额的计算。其计算公式为：

应纳税额＝当期销项税额－当期进项税额

销项税额＝销售额×税率

销售额不包括销项税额，纳税人采用销售额和销项税额合并定价方法的，按照下列公式计算销售额：

销售额＝含税销售额÷（1＋税率）

当期销项税额小于当期进项税额不足抵扣时，其不足部分可以结转下期继续抵扣。

（2）小规模纳税人应纳税额的计算。其计算公式为：

应纳税额＝销售额×征收率

销售额不包括销项税额，纳税人采用销售额和销项税额合并定价方法的，按照下列公式计算销售额：

销售额＝含税销售额÷（1+征收率）

5. 税收优惠

下列项目免征增值税：

（1）个人转让著作权。

（2）残疾人个人提供应税服务。

（3）航空公司提供飞机播洒农药服务。

（4）纳税人提供技术转让、技术开发和与之相关的技术咨询、技术服务。

（5）符合条件的节能服务公司实施合同能源管理项目中提供的应税服务。

（6）财政部和国家税务总局规定的其他免税项目。

二、消费税

（一）消费税的概念与计税方法

1. 消费税的概念

消费税是对从事生产、委托加工和进口应税消费品的单位和个人，就其应税消费品征收的一种流转税。消费税分为一般消费税和特别消费税，前者对所有消费品普遍征税，后者只对特定消费品征税。

2. 消费税的计税

根据《消费税暂行条例》规定，消费税计税方法主要有：从价定率、从量定额、从价定率和从量定额相结合的复合计税三种。

（二）消费税纳税人

凡在中国境内从事生产、委托加工及进口应税消费品的单位和个人，都是消费税纳税人。

（三）消费税税目与税率

1. 消费税税目

根据《消费税暂行条例》规定，我国消费税税目共有 14 个：烟（包括卷烟、雪茄烟、烟丝等子目）、酒及酒精（包括粮食白酒、薯类白酒、黄酒、其他酒和酒精等子目）、化妆品、贵重首饰及珠宝玉石、鞭炮焰火、摩托车、小汽车（包括乘用车、中轻型商客车等子目）、汽车轮胎、高尔夫球及球具、高档手表、游艇、实木地板、木制一次性筷子、成品油（包括汽油、柴油、石脑油、溶剂油、滑油、燃料油、航空煤油等子目）。

2. 消费税税率

消费税采用比例税率和定额税率两种形式，根据不同的税目或子目确定相应的税率或单位税额。

纳税人兼营不同税率的应税消费品，应当分别核算不同税率应税消费品的销售额、销售数量。未分别核算销售额、销售数量，或者将不同税率的应税消费品组成成套消费品销售的，从高适用税率。

（四）消费税应纳税额的计算

1. 销售额的确认

实行从价定率计算应纳税额的情况下，计算公式为：

应纳税额＝销售额×税率

销售额，即应税销售额，是纳税人销售应税消费品向购买方收取的全部价款和价外费用，但不包括向购货方收取的增值税税款。计算公式为：

销售额＝应税消费品的不含税销售额+不含税价外收费

如果销售额中包含增值税则应将含税销售额换算为不含税销售额，换算公式为：

应税消费品的销售额＝含增值税的销售额÷（1+增值税税率或征收率）

2. 销售量的确认

实行从量定额征税的应税消费品，其计税依据是销售应税消费品的实际销售数量。实行从量定额计税的计算公式为：

应纳税额＝销售数量×单位税额

3. 从价从量复合计征

从价从量复合计征是从量定额和从价定率相结合的一种计税方法，其消费税应纳税额等于从价定率计算的应纳税额和从量定额计算的应纳税额之和，卷烟、粮食白酒、薯类白酒采用从量定额与从价定率相结合复合计税。复合计征计算公式为：

应纳税额＝销售数量×单位税额+销售额（或组成计税价格）×税率

4. 应税消费品已纳税款的扣除

如果某些应税消费品是用外购已缴纳消费税的应税消费品连续生产出来的，在对这些连续生产出来的应税消费品计征消费税时，应按生产领用数量计算准予扣除外购的应税消费品已纳的消费税税款。

当期准予扣除的应税消费品已纳税款＝当期生产领用数量×单价×应税消费品的适用税率

（五）消费税的征收管理

1. 纳税义务的发生时间

（1）纳税人销售的应税消费品，其纳税义务的发生时间分别规定为：①采用赊销和分期收款结算方式的，其纳税义务发生的时间为销售合同规定的收款日期的当天。②采用预收货款结算方式的，其纳税义务发生的时间为发出应税消费品的当天。③采用托收承付和委托银行收款方式销售的应税消费品，其纳税义务的发生时间为发出应税消费品并办妥托收手续的当天。④采用其他结算方式的，其纳税义务发生的时间为收讫销售款或者取得索取销售款的凭据的当天。

（2）纳税人自产自用的应税消费品，其纳税义务发生的时间为移送使用的当天。

（3）纳税人委托加工的应税消费品，其纳税义务发生的时间为纳税人提货的当天。

（4）纳税人进口的应税消费品，其纳税义务发生的时间为报关进口的当天。

2. 纳税期限

消费税的纳税期限分别为 1 日、3 日、5 日、10 日、15 日或者 1 个月。纳税人的具体纳税期限，由主管税务机关根据纳税人应纳税额的大小分别核定，不能按照固定期限纳税的，可以按次纳税。

纳税人以 1 个月为一期纳税的，自期满之日起 15 日内申报纳税，以 1 日、3 日、5 日、10 日、15 日为一期纳税的，自期满之日起 5 日内预缴税款，于次月 1 日起 15 日内申报纳税并结清上月应纳税款。

进口货物自海关填发税收专用缴款书之日起 15 日内缴纳。

3. 纳税地点

纳税人销售的应税消费品以及自产自用的应税消费品，应当向纳税人核算地主管税务机关申报纳税；委托个人加工的应税消费品，由委托方向其机构所在地或者居住地主管税务机关申报纳税；进口的应税消费品，由进口人或其代理人向报关地海关申报纳税。

三、营业税

（一）营业税的概念

营业税是以在中国境内提供应税劳务、转让无形资产或销售不动产所取得的营业额为课税对象的一种流转税。营业税一般以营业收入额为计税依据，实行比例税率，计征简便。

营业税是对在我国境内提供应税劳务、转让无形资产或销售不动产的单位和个人，就其所取得的营业额征收的一种税。

营业税与其他流转税税种不同，它不按商品或征税项目的种类、品种设置税目、税率，而是从应税劳务的综合性经营特点出发，按照不同经营行业设计不同的税目、税率，即行业相同，税目、税率相同；行业不同，税目、税率不同。

（二）营业税的纳税人

在中国境内提供应税劳务、转让无形资产或者销售不动产的单位和个人，为营业税纳税人。此处的"应税劳务"，是指交通运输业、建筑业、金融保险业、邮电通信业、文化体育业、娱乐业、服务业范围的劳务。加工和修理修配劳务属于增值税征收范围，不属于营业税的应税劳务。单位或雇主聘用的员工为本单位或雇主提供的劳务，不属于营业税的应税劳务。营业税改征增值税的按相应规定执行。

（三）营业税的税目、税率

营业税按照行业和经济业务的类别不同，分别采用不同的比例税率。营业税税目税率如表4-2-2所示。

表4-2-2　营业税税目税率

项　　目	税　　率
交通运输业、建筑业、邮电通信业、文化体育业	3%
金融保险业、服务业、转让无形资产、销售不动产	5%
娱乐业	5%～20%

纳税人经营娱乐业具体适用的税率，由省、自治区、直辖市人民政府在《营业税暂行条例实施细则》规定的幅度内决定。

【例4-2-4】根据营业税法律制度的规定，下列各项中，不属于营业税征收范围的是（　　）。

A. 体育业   B. 财产保险业

C. 旅游业   D. 修理修配业

【解析】D。根据规定，生产销售货物、加工和修理修配劳务属于增值税的征税范围。选项D属于增值税的征税范围；选项A、B、C均属于营业税征税范围，其中选项A属于"文化体育业"；选项B属于"金融保险业"；选项C属于"服务业"。

（四）营业税应纳税额

营业税的计税依据是营业额。营业额是纳税人提供应税劳务、转让无形资产或者销售不动产向对方收取的全部价款和价外费用。价外费用包括向对方收取的手续费、基金、集资费、代收款项、代垫款项以及其他各种性质的价外收费。

凡是价外费用，无论作何会计核算，均应并入营业额，计算应纳税额。

营业税应纳税额的计算公式为：

应纳税额=营业额×税率

（五）营业税的征收管理

1. 纳税义务的发生时间

营业税的纳税义务发生时间，为业务发生并收讫款项或者取得索取款项凭据的当天。对某些具体情况规定如下：

（1）转让土地使用权或者销售不动产，采用预收款方式的，其纳税义务发生时间为收到预收款的当天。

（2）单位或者个人自己新建建筑物后销售，其自建行为的纳税义务发生时间，为其销售自建建筑物并收讫营业额或者取得索取营业额凭据的当天。

（3）纳税人将不动产无偿赠与他人，其纳税义务发生时间为不动产所有权转移的当天。

2. 营业税的纳税期限

营业税的纳税期限分别为 5 日、10 日、15 日、1 个月或者 1 个季度。

银行、财务公司、信托投资公司、信用社、外国企业常驻代表机构的纳税期限为 1 个季度，自纳税期满之日起 15 日内申报纳税。

保险业的纳税期限为 1 个月。

3. 营业税的纳税地点

（1）纳税人提供应税劳务，应当向应税劳务发生地的主管税务机关申报纳税。

（2）纳税人转让土地使用权，应当向其土地所在地的主管税务机关申报纳税。

（3）纳税人出租土地使用权、不动产的营业税纳税地点为土地、不动产所在地。

（4）纳税人销售不动产，应当向不动产所在地主管税务机关申报纳税。

四、企业所得税

（一）企业所得税的概念

企业所得税，是对企业和其他组织的生产经营所得和其他所得征收的一种税。2007年3月16日第十届全国人民代表大会第五次全体会议通过的、于2008年1月1日起实施的《中华人民共和国企业所得税法》，规定了统一的内、外资企业税制，统一的税率，统一的税前扣除办法和标准，统一的税收优惠政策，为内外资企业创造了公平的竞争环境。

《企业所得税法》将企业划分为居民企业和非居民企业。居民企业是指依法在中国境内成立，或者依照外国（地区）法律成立但实际管理机构在中国境内的企业。非居民企业是指依外国（地区）法律成立且实际管理机构不在中国境内，但在中国境内设立机构、场所的，或者在中国境内未设立机构、场所，但有来源于中国境内所得的企业。

中华人民共和国境内的企业和其他取得收入的组织，均为企业所得税纳税义务人。

（二）企业所得税征税对象

企业所得税的征税对象是指企业的生产经营所得、其他所得和清算所得。

居民企业应就来源于中国境内、境外的所得作为征税对象。所得，包括销售货物所得、提供劳务所得、转让财产所得、股息红利所得等权益性投资所得，以及利息所得、租金所得、特许权使用费所得、接受捐赠所得和其他所得。

非居民企业的征税对象是在中国境内设立机构、场所的，应当就其所设机构、场所取得的来源于中国境内的所得，以及发生在中国境外但与其所设机构、场所有实际联系的所得缴纳企业所得税。非居民企业在中国境内未设立机构、场所的，或者虽设立机构、场所但取得的所得与其所设机构、场所没有实际联系的，应当就其来源于中国境内的所得缴纳企业所得税。

个人独资企业、合伙企业不缴纳企业所得税。

（三）企业所得税税率

1. 基本税率为25%

适用于居民企业和在中国境内设有机构、场所且所得与机构、场所有关联的非居民企业。

2. 优惠税率

税法规定，对符合条件的小型微利企业，减按20%的税率征收企业所得税；对国家需要重点扶持的高新技术企业，减按15%的税率征收企业所得税。

符合条件的小型微利企业，是指从事国家非限制和禁止行业，并符合下列条件的企业：

（1）工业企业，年度应纳税所得额不超过30万元，从业人数不超过100人，资产总额不超过3000万元。

（2）其他企业，年度应纳税所得额不超过 30 万元，从业人数不超过 80 人，资产总额不超过 1000 万元。

（四）企业所得税应纳税所得额

应纳税所得额是企业所得税的计税依据。应纳税所得额为企业每一个纳税年度的收入总额减去不征税收入、免税收入、各项扣除，以及允许弥补以前年度亏损后的余额，计算公式为：

应纳税所得额 = 收入总额 – 不征税收入 – 免税收入 – 各项扣除 – 以前年度亏损

企业应纳税所得额的计算，应当以权责发生制为原则。

1. 收入总额

收入总额是表现为货币形式和非货币形式各种收入，具体包括以下几种：①销售货物收入。②提供劳务收入。③转让财产收入。④股息、红利等权益性投资收益。⑤利息收入。⑥租金收入。⑦特许权使用费收入。⑧接受捐赠收入。⑨其他收入。

2. 不征税收入

不征税收入，是指从性质和根源上不属于企业营利性活动带来的经济利益、不负有纳税义务并不作为应纳税所得额组成部分的收入。不征税收入包括：

（1）财政拨款。

（2）依法收取并纳入财政管理的行政事业性收费、政府性基金。

（3）国务院规定的其他不征税收入。

3. 免税收入

免税收入包括：

（1）国债利息收入。

（2）符合条件的居民企业之间的股息、红利等权益性投资收益。

（3）在中国境内设立机构、场所的非居民企业从居民企业取得与该机构、场所有实际联系的股息、红利等权益性投资收益。

（4）符合条件的非营利组织的收入。

4. 准予扣除项目

企业实际发生的与取得收入有关的、合理的支出，包括成本、费用、税金、损失和其他支出等，准予在计算应纳税所得额时扣除。

（1）成本。纳税人销售商品、提供劳务、转让固定资产、无形资产所发生的各项直接费用和间接费用。纳税人的各种存货应以取得时的实际成本计价。纳税人外购存货的实际成本包括购货价格、购货费用和税金。

（2）费用。纳税人每一纳税年度发生的可扣除的销售费用、管理费用和财务费用，已计入成本的费用除外。

（3）税金。包括纳税人缴纳的消费税、营业税、资源税、关税和城市维护建设税、教育费附加等。房产税、车船税、土地使用税、印花税等已计入管理费用扣除后，不再作为销售税金单独扣除。企业缴纳的增值税属于价外税，因此不得扣除。

（4）损失。纳税人在一个纳税年度内生产经营过程中发生的固定资产、流动资产的盘亏、毁损、报废净损失、坏账损失，以及因遭受自然灾害等造成的非正常损失，经税务机关审查批准后，准予在缴纳企业所得税前扣除。凡未经税务机关批准的财产损失，一律不得自行税前扣除。

（5）其他支出。税法规定的可以在计算应纳税所得额时准予扣除的其他支出。

5. 不得扣除项目

下列项目不得扣除：

（1）向投资者支付的股息、红利等权益性投资收益款项。

（2）企业所得税税款。

（3）税收滞纳金。

（4）罚金、罚款和被没收财物的损失。纳税人因违反法律、行政法规而交付的罚款、罚金，以及被没收财物的损失，不得扣除。但纳税人逾期归还银行贷款，银行按规定加收的罚息，不属于行政性罚款，允许在税前扣除。

（5）公益、救济性捐赠以外的捐赠支出。纳税人的非公益、救济性捐赠不得扣除。超过国家规定标准的公益、救济性捐赠，不得扣除。

（6）赞助支出。

（7）未经核定的准备金支出。

（8）与取得收入无关的其他支出。企业之间支付的管理费、企业内营业机构之间支付的租金和特许权使用费，以及非银行企业内营业机构之间支付的利息，不得扣除。

（9）企业之间支付的某些费用。企业之间支付的管理费、企业内营业机构之间支付的租金和特许权使用费，以及非银行企业内营业机构之间支付的利息，不得扣除。与企业取得收入无关的各项支出，不得扣除。

6. 职工福利费、工会经费和职工教育经费支出的税前扣除

（1）企业发生的职工福利费支出，不超过工资薪金总额14%的部分，准予扣除。

（2）企业拨缴的工会经费，不超过工资薪金总额2%的部分，准予扣除。

（3）除国务院财政、税务主管部门另有规定外，企业发生的职工教育经费支出，不超过工资薪金总额 2.5% 的部分，准予扣除；超过部分，准予在以后纳税年度结转扣除。

【例 4-2-5】下列各项中，不得在企业所得税税前扣除的有（　　　）。

A. 税收滞纳金　　　　　　　　　B. 被没收财物的损失

C. 向投资者支付的股息　　　　　D. 缴纳的教育费附加

【解析】ABC。

7. 广告费和业务宣传费的税前扣除

企业发生的符合条件的广告费和业务宣传费支出，除国务院、税务主管部门另有规定外，不超过当年销售（营业）收入 15% 的部分准予扣除；超过部分，准予在以后纳税年度结转扣除。

8. 业务招待费的税前扣除

企业发生的与经营活动有关的业务招待费支出，按照发生额的 60% 扣除，但最高不得超过当年销售（营业）收入的 5‰。

9. 公益性捐赠的税前扣除

企业发生的公益性捐赠支出，不超过年度利润总额 12% 的部分，准予扣除。

年度利润总额，是指企业依照国家统一会计制度的规定计算的年度会计利润。

公益性捐赠，是指企业通过公益性社会团体或者县级以上人民政府及其部门，用于《公益事业捐赠法》规定的公益事业的捐赠。

10. 亏损弥补

纳税人发生年度亏损的，可以用下一纳税年度的所得弥补；下一纳税年度的所得不足弥补的，可以逐年延续弥补，但是延续弥补期最长不得超过 5 年。

税法所指亏损的概念，不是企业财务报表中反映的亏损额，而是企业财务报表中的亏损额经税务机关按税法规定核实调整后的金额。

（五）企业所得税的征收管理

1. 纳税地点

居民企业以企业登记注册地为纳税地点，税收法律、法规另有规定者除外；登记注册地在境外的，以实际管理机构所在地为纳税地点。

居民企业在中国境内设立不具有法人资格的营业机构的，应当汇总计算并缴纳企业所得税。

非居民企业在中国境内设立机构、场所的，应当就其所设机构、场所取得的来源于中国境内的所得，以及发生在中国境外但与其所设机构、场所有实际联系的所得，以机构、场所所在地为纳税地点。非居民企业在中国境内未设立机构、场所的，或者虽设立机构、场所，但取得的所得与其所设机构、场所没有实际联系的所得，以扣缴义务人所在地为纳税地点。

2. 纳税期限

企业所得税按年计征，分月或者分季预缴，年终汇算清缴，多退少补。企业所得税的纳税年度，自公历 1 月 1 日起至 12 月 31 日止。企业在一个纳税年度的中间开业，或者由于合并、关闭等原因终止经营活动，使该纳税年度实际经营期不足 12 个月的，应当以其实际经营期为一个纳税年度。

3. 纳税申报

按月或按季预缴的，应当自月份或者季度终了之日起 15 日内，向税务机关报送预缴企业所得税纳税申报表，预缴税款。

五、个人所得税

现行个人所得税的基本规范由《中华人民共和国个人所得税法》和《中华人民共和国个人所得税法实施条例》组成。

《中华人民共和国个人所得税法》于 2011 年 6 月 30 日修订，《中华人民共和国个人所得税法实施条例》于 2011 年 7 月 19 日修订。

（一）个人所得税的概念

个人所得税，是指对个人取得的各项应税所得征收的一种税。它是政府调节个人收入的一种手段。个人所得税的征税对象包括个人和具有自然人性质的企业。

（二）个人所得税的纳税义务人

个人所得税纳税义务人，以住所和居住时间为标准分为居民纳税人和非居民纳税人。

居民纳税人是指在中国境内有住所，或者无住所而在中国境内居住满 1 年的个人。居民纳税人负有无限纳税义务，其应纳税所得，无论来源于中国境内还是中国境外，都应当缴纳个人所得税。

非居民纳税人，是指在中国境内无住所又不居住，或者在境内居住不满 1 年的个人。非居民纳税人承担有限纳税义务，只就其来源于中国境内的所得，向中国缴纳个人所得税。

在中国境内有住所的个人，是指因户籍、家庭、经济利益关系而在中国境内习惯性居住的个人。

在境内居住满 1 年，是指在一个纳税年度中在中国境内居住 365 日。临时离境的，不扣减日数。临时离境，是指在一个纳税年度中一次不超过 30 日或者多次累计不超过 90 日的离境。

【例 4-2-6】根据个人所得税法律的规定，在中国境内无住所但取得所得的下列外籍个人中，属于居民纳税人的是(　　)。

A. M 国甲，在华工作 6 个月

B. N 国乙，2009 年 1 月 10 日入境，2009 年 10 月 10 日离境

C. X 国丙，2008 年 10 月 1 日入境，2009 年 12 月 31 日离境，其间临时离境 28 天

D. Y 国丁，2009 年 3 月 1 日入境，2010 年 3 月 1 日离境，其间临时离境 100 天

【解析】C。本题考核个人所得税的纳税人。在中国境内有住所或者无住所，而在境内居住满 1 年的个人，属于我国的居民纳税人；在一个纳税年度内在中国境内居住满 365 日，即以居住满 1 年为时间标准，达到这个标准的个人即为居民纳税人。在居住期间内临时离境的，即在一个纳税年度中一次离境不超过 30 日或者多次离境累计不超过 90 日的，不扣减日数，连续计算。选项 A、B、D 均不符合居住满一年的规定，所以不属于居民纳税人。

(三) 个人所得税的应税项目和税率

1. 个人所得税的应税项目

现行个人所得税共有 11 个应税项目：

(1) 工资、薪金所得。

(2) 个体工商户的生产、经营所得。

(3) 对企事业单位的承包经营、承租经营所得。

(4) 劳务报酬所得。

(5) 稿酬所得。

(6) 特许权使用费所得。

(7) 利息、股息、红利所得。

(8) 财产租赁所得。

(9) 财产转让所得 (财产转让所得是指个人转让有价证券、股票、建筑物、土地使用权、机器设备、车船以及其他财产取得的所得)。

(10) 偶然所得 (偶然所得是指个人得奖、中奖、中彩以及其他偶然性质的所得)。

(11) 经国务院财政部门确定征税的其他所得。

2. 个人所得税的税率

(1) 工资、薪金所得，适用 3% ~45% 的七级超额累进税率，如表 4-2-3 所示。

表 4-2-3 工资薪金所得税率

级数	全月应纳税所得额	税率（%）	速算扣除数
1	不超过 1500 元的	3	0
2	超过 1500 元至 4500 元的部分	10	105
3	超过 4500 元至 9000 元的部分	20	555
4	超过 9000 元至 35000 元的部分	25	1005
5	超过 35000 元至 55000 元的部分	30	2755
6	超过 55000 元至 80000 元的部分	35	5505
7	超过 80000 元的部分	45	13505

注：本表所称全月应纳税所得额是以每月收入额减除费用 3500 元后的余额或者减除附加减除费用后的余额。

（2）个体工商户的生产、经营所得和对企事业单位的承包经营、承租经营所得，适用 5% ~ 35% 的超额累进税率。如表 4-2-4 所示。

表 4-2-4 个体工商户的生产、经营所得和对企事业单位的
承包经营、承租经营所得税率

级数	全年应纳税所得额	税率（%）	速算扣除数
1	不超过 15000 元的	5	0
2	超过 15000 元至 30000 元的部分	10	750
3	超过 30000 元至 60000 元的部分	20	3750
4	超过 60000 元至 100000 元的部分	30	9750
5	超过 100000 元的部分	35	14750

全年应纳税所得额是以每一纳税年度的收入总额，减除成本、费用以及损失后的余额。

个人独资企业和合伙企业的生产经营所得，也适用 5% ~ 35% 的五级超额累进税率。

（3）稿酬所得适用比例税率，税率为 20%，并按应纳税额减征 30%，故其实际税率为 14%。

（4）劳务报酬所得适用比例税率，税率为 20%。

适用比例税率，税率为 20%。对劳务报酬所得一次收入畸高的，可以实

行加成征收，具体办法由国务院规定。

个人取得劳务报酬收入的应纳税所得额一次超过 20000~50000 元的部分，按照税法规定计算应纳税额后，再按照应纳税额加征 5 成；超过 50000 元的部分，加征 10 成。如表 4-2-5 所示。

表 4-2-5　劳务报酬所得税率

级数	每次应纳税所得额	税率（%）	速算扣除数（元）
1	不超过 20000 元的	20	0
2	超过 20000~50000 元的部分	30	2000
3	超过 50000 元的部分	40	7000

每次应税所得额，是指每次收入额减费用 800 元（每次收入额不超过 4000 元时）或者减除 20% 的费用（每次收入额超过 4000 元时）后的余额。

（5）特许权使用费所得，利息、股息、红利所得，财产转让所得，偶然所得和其他所得，适用比例税率，税率为 20%。

自 2008 年 10 月 9 日起，暂免征收储蓄存款利息所得的个人所得税。自 2008 年 3 月 1 日起，对个人出租住房取得的所得暂减按 10% 的税率征收个人所得税。

（四）个人所得税应纳税所得额及应纳税额

以某项应税项目的收入额减去税法规定的费用减除标准后的余额，为该项目应纳税所得额。

（1）工资、薪金所得，以每月收入额扣除费用 3500 元后的余额，为应纳税所得额。

在中国境内的外商投资企业和外国企业中工作取得工资、薪金所得的外籍人员，应聘在中国境内的企业、事业单位、社会团体、国家机关工作的外籍专家，和在境外任职、受雇取得工资、薪金的在中国境内有住所的个人，以每月收入额扣除费用 4800 元后的余额，为应纳税所得额。

应纳税额 = 应纳税所得额 × 适用税率 - 速算扣除数

　　　　 =（每月收入额 - 3500 元或 4800 元）× 适用税率 - 速算扣除数

（2）个体工商户的生产、经营所得，以每一纳税年度的收入总额减除成本、费用及损失后的余额为应纳税所得额。

应纳税额 = 应纳税所得额 × 适用税率 - 速算扣除数

　　　　 =（全年收入总额 - 成本、费用以及损失等）× 适用税率 - 速算扣除数

（3）对企事业单位的承包经营、承租经营所得，以每一纳税年度的收入

总额，减除必要的费用后的余额，为应纳税所得额。减除必要费用，是指按月减除 3500 元。

$$应纳税额 = 应纳税所得额 × 适用税率 - 速算扣除数$$
$$= (纳税年度收入总额 - 必要费用) × 适用税率 - 速算扣除数$$

（4）劳务报酬所得应纳税所得额的计算公式：

①每次收入不足 4000 元的：

$$应纳税额 = (每次收入 - 800) × 20\%$$

②每次收入超过 4000 元的：

$$应纳税额 = 每次收入额 × (1 - 20\%) × 20\%$$

③每次应纳税所得额超过 20000 元的：

$$应纳税额 = 每次收入额 × (1 - 20\%) × 适用税率 - 速算扣除数$$

（5）稿酬所得应纳税额的计算公式为：

①每次收入不足 4000 元的：

$$应纳税额 = (每次收入额 - 800 元) × 20\% × (1 - 30\%)$$

②每次收入 4000 元以上的：

$$应纳税额 = 每次收入额 × (1 - 20\%) × 20\% × (1 - 30\%)$$

（6）财产转让所得应纳税额的计算公式为：

$$应纳税额 = 应纳税所得额 × 适用税率$$
$$= (收入总额 - 财产原值 - 合理税费) × 20\%$$

（7）利息、股息、红利所得应纳税额的计算公式为：

$$应纳税额 = 应纳税所得额 × 适用税率 = 每次收入额 × 20\%$$

【例 4-2-7】郑某 2011 年 3 月在某公司举行的有奖销售活动中获得奖金 12000 元，领奖时发生交通费 600 元、食宿费 400 元（均由郑某承担）。在颁奖现场郑某直接向某大学图书馆捐款 3000 元。已知偶然所得适用的个人所得税税率为 20%。郑某中奖收入应缴纳的个人所得税为( )元。

A. 0   B. 1600

C. 1800   D. 2400

【解析】D。本题考核个人所得税应纳税额的计算。偶然所得按收入全额计征个人所得税，不扣除任何费用；非公益性的直接捐赠税前不得扣除。应纳税额 = 12000 × 20% = 2400（元）。

（五）个人所得税的征收管理

个人所得税的纳税办法，有自行申报纳税和代扣代缴两种。

1. 自行申报

下列人员为自行申报纳税的纳税义务人：

（1）自 2006 年 1 月 1 日起，年所得 12 万元以上的。

（2）从中国境内两处或者两处以上取得工资、薪金所得的。

（3）从中国境外取得所得的。

（4）取得应纳税所得，没有扣缴义务人的。

（5）国务院规定的其他情形。

2. 代扣代缴

凡支付个人应纳税所得的企业、事业单位、社会团体、军队、驻华机构（不含依法享有外交特权和豁免的驻华使领馆、联合国及其国际组织驻华机构）个体户等单位或者个人，为个人所得税的扣缴义务人。代扣代缴的范围包括：

（1）工资、薪金所得。

（2）对企事业单位的承包经营、承租经营所得。

（3）劳务报酬所得。

（4）稿酬所得。

（5）特许权使用费所得。

（6）利息、股息、红利所得。

（7）财产租赁所得。

（8）财产转让所得。

（9）偶然所得。

（10）经国务院财政部门确定征税的其他所得。

同步测试题：

一、单项选择题

1. 从 2009 年 1 月 1 日起，我国全面实行（　　　）。

A. 消费型增值税　　　　　　　　B. 收入型增值税

C. 周转型增值税　　　　　　　　D. 生产型增值税

2. 某增值税一般纳税人购进货物的进项税额为 1200 元，购进机器设备的进项税额为 300 元。已知该企业适用的增值税率为 17%，则该企业当月可抵扣的进项税额为（　　　）元。

A. 1200　　　　　　　　　　　　B. 1500

C. 300　　　　　　　　　　　　　D. 900

3. 某钢厂为增值税一般纳税人，销售钢材一批，不含增值税的价格为 20000 元，适用的增值税税率为 17%，则其增值税销项税额为（　　　）元。

A. 1700　　　　　　　　　　　　B. 3400

C. 163000　　　　　　　　　　　D. 23400

4. 甲烟草公司提供烟叶委托乙公司加工一批烟丝。甲公司将已收回烟丝中的一部分用于生产卷烟，另一部分烟丝卖给丙公司。在这项委托加工烟丝业务中，消费税的纳税义务人是(　　)。

A. 甲公司　　　　　　　　　　B. 乙公司
C. 丙公司　　　　　　　　　　D. 甲公司和丙公司

5. 根据消费税法律制度的规定，下列消费品中，不属于消费税征税范围的是(　　)。

A. 汽车轮胎　　　　　　　　　B. 网球及球具
C. 烟丝　　　　　　　　　　　D. 实木地板

6. 我国消费税对不同应税消费品采用了不同的税率形式。下列应税消费品中，适用复合计税方法计征消费税的是(　　)。

A. 粮食白酒　　　　　　　　　B. 酒精
C. 成品油　　　　　　　　　　D. 摩托车

7. 根据营业税法律制度的规定，下列各项中，不属于营业税征税范围的是(　　)。

A. 建筑安装业　　　　　　　　B. 交通运输业
C. 邮电通信业　　　　　　　　D. 加工、修理修配业

8. 根据《企业所得税法》的规定，在计算企业所得税应纳税所得额时，不计入收入总额的是(　　)。

A. 出租固定资产取得的租金收入　B. 财政拨款
C. 转让固定资产取得的收入　　　D. 固定资产盘盈收入

9. 企业缴纳的下列税金中，不得在计算企业应纳税所得额时扣除的是(　　)。

A. 增值税　　　　　　　　　　B. 消费税
C. 营业税　　　　　　　　　　D. 房产税

10. 稿酬所得，每次收入不超过4000元的，减除费用(　　)元，其余额为应纳税所得额。

A. 1200　　　　　　　　　　　B. 1600
C. 800　　　　　　　　　　　D. 400

二、多项选择题

1. 下列各项中，不得领购使用增值税专用发票的有(　　)。

A. 增值税小规模纳税人　　　　B. 有法定情形的一般增值税纳税人
C. 增值税一般纳税人　　　　　D. 只纳营业税的纳税人

2. 根据消费税法律制度的规定，下列各项中，属于消费税征税范围的消费品有(　　)。

A. 高档手表　　　　　　　　　B. 木制一次性筷子

C. 实木地板　　　　　　　　　D. 高档西服

3. 根据《消费税暂行条例》的规定，下列消费品中，采用从量定额办法征收消费税的有(　　)。

A. 粮食白酒　　　　　　　　　B. 黄酒

C. 薯类白酒　　　　　　　　　D. 啤酒

4. 企业实际发生的与取得收入有关的、合理的支出，准予在计算应纳税所得额时扣除。其中包括(　　)。

A. 企业的税金　　　　　　　　B. 企业的损失

C. 赞助支出　　　　　　　　　D. 企业生产的成本、费用

5. 根据企业所得税法的规定，下列各项中属于免税收入的有(　　)。

A. 财政拨款

B. 依法收取并纳入财政管理的行政事业性收费、政府性基金

C. 国债利息收入

D. 符合条件的居民企业之间的股息、红利等权益性投资收益

三、判断题

1. 甲企业属于从事货物生产的增值税纳税人，该企业年应税销售额在80万元以下，该企业应认定为小规模纳税人。　　　　　　　　　　　(　　)

2. 增值税一般纳税人在不能开具专用发票的情况下也可以使用普通发票。
　　　　　　　　　　　　　　　　　　　　　　　　　　　　　(　　)

3. 对从事生产、委托加工、进口和出口应税消费品的单位和个人，都应当征收消费税。　　　　　　　　　　　　　　　　　　　　　　　(　　)

4. 委托个人加工的应税消费品，由受托方向其机构所在地或者居住地主管税务机关申报纳税。　　　　　　　　　　　　　　　　　　　　(　　)

5. 纳税人将不动产或者土地使用权无偿赠送其他单位或个人的，其营业税纳税义务发生时间为不动产所有权、土地使用权转移的当天。　　　(　　)

6. 单位和个人提供应税劳务、转让无形资产和销售不动产时，因受让方违约而从受让方取得的赔偿金收入，不应并入营业额中征收营业税。(　　)

7. 购买国家重点建设债券取得的利息收入可以不用缴纳企业所得税。
　　　　　　　　　　　　　　　　　　　　　　　　　　　　　(　　)

8. 企业所得税实行按年计征，分季预缴，年终汇算清缴，多退少补的办法。
　　　　　　　　　　　　　　　　　　　　　　　　　　　　　(　　)

9.《个人所得税法》中规定的居民纳税人，是指在中国境内有住所，或者无住所而在中国境内居住满1年的个人。　　　　　　　　　　　　(　　)

第三节 税收征收管理法律制度

税收征收管理是税务机关代表国家行使征税权，对日常税收活动进行有计划地组织、指挥、控制和监督的活动，是对纳税人履行纳税义务采用的一种管理、征收和检查行为，是实现税收职能的必要手段。税收征管包括税务登记、发票管理、纳税申报、税款征收、税务检查和法律责任等环节。

《中华人民共和国税收征收管理法》（以下简称《税收征管法》）是税收征收管理的基本规范，该法于 1992 年 9 月 4 日七届全国人民代表大会常务委员会第二十七次会议通过，1995 年 2 月 28 日和 2001 年 4 月 28 日两次修改，新修订的《税收征管法》于 2001 年 5 月 1 日起施行。

一、税务登记

税务登记又称纳税登记，是税务机关对纳税人的生产经营活动进行登记并据此对纳税人实施税务管理的一系列法律制度的总称。税务登记是税收管理工作的首要环节和基础工作，是征纳双方法律关系成立的依据和证明，也是纳税人必须依法履行的义务。建立税务登记制度，便于税务机关切实掌握和控制税源以及对纳税人履行纳税义务的情况进行监督和管理。

根据《税务登记管理办法》的规定，凡有法律、法规规定的应税收入、应税财产或应税行为的各类纳税人，均应当办理税务登记；扣缴义务人应当在发生扣缴义务时，到税务机关申报登记，领取扣缴税款凭证。

税务登记包括：开业登记，变更登记，停业、复业登记，注销登记，外出经营报验登记，税务登记证管理、扣缴税款登记等。

（一）开业登记

开业登记也称设立登记，是从事生产经营的纳税人，经国家工商行政管理部门批准开业后首次办理的纳税登记。

1. 需要办理开业税务登记的对象

需要办理开业税务登记的对象是领取营业执照从事生产、经营的纳税人；不从事生产、经营，但依照法律、法规的规定负有纳税义务的单位和个人（临时取得应税收入或发生应税行为以及只缴纳个人所得税、车船税的除外）。

【例 4-3-1】下列应当办理税务登记的是（   ）。

A. 只缴纳个人所得税　　　　　　　B. 只缴纳车船税

C. 无固定资产场所的流动性农村小商贩　　D. 个体工商户

【解析】D。

2. 开业税务登记的要求

（1）办理开业税务登记的时间要求：纳税人经工商行政管理部门或有关机关批准开业后，应自领取营业执照之日起或自有关部门批准之日 30 日内，持有关证件向生产、经营地或者纳税义务发生地的主管税务机关申报办理开业税务登记。

从事生产、经营的纳税人外出经营，自其在同一县（市）实际经营或提供劳务之日起，在连续的 12 个月内累计超过 180 天的，应当自期满之日起 30 日内，向生产、经营所在地税务机关申报办理税务登记。

（2）提出办理税务登记的书面报告。纳税人申请税务登记应先到主管税务机关或指定的税务登记点，填报《申请税务登记报告书》。

（3）提供必须的证件或资料。纳税人办理税务登记时必须携带下列证件或资料：

营业执照或其他核准执业证件及工商登记表；有关部门批准设立的文件；有关合同、章程、协议书；法定代表人和董事会成员名单；法定代表人或者负责人身份证件；组织机构统一代码证书；住所或经营场所证明；委托—代理协议书复印件；享受税收优惠政策的企业，应提供的相应证明、资料。

企业在外地的分支机构或者从事生产、经营的场所，在办理税务登记时，还应当提供由总机构所在地税务机关出具的在外地设立分支机构的证明。

（4）如实填写税务登记表。税务登记表的主要内容包括：单位名称、法定代表人或者业主姓名及其居民身份证、护照或者其他合法证件的号码；住所、经营地点；经济性质；企业形式、核算方式；生产经营范围、经营方式；注册资金（资本）、投资总额、开户银行及账号；生产经营期限、从业人数、营业执照号码；财务负责人、办税人员；其他有关事项。

企业在外地设立的分支机构或者从事生产、经营的场所，还应当登记总机构名称、地址、法定代表人、主要业务范围、财务负责人。

3. 税务登记表的审批与核发

对纳税人填报的税务登记表及附送资料、证件审核无误的，应在 30 日内予以登记，核发税务登记证及副本，并分税种填制税种登记表，确定纳税人所适用的税种、税目、税率、报缴税款的期限、征收方式和缴库方式等，逐户建档。

对不符合规定的不予登记，应当在 15 日内退回纳税人要求补正。

4. 税务登记证件的管理规定

纳税人的税务登记证件和扣缴义务人领取的代扣代缴、代收代缴税款凭证，只限于本人使用，不得转借、涂改、毁损、买卖或者伪造。

纳税人办理下列事项时，必须持税务登记证件：开立银行账户；申请减税、免税、退税；申请办理延期申报、延期缴纳税款；领购发票；申请开具外出经营活动税收管理证明；办理停业、歇业；其他有关税务事项。

税务登记证件不得转借、涂改、毁损、买卖或者伪造。

纳税人遗失税务登记证件的，应当在15日内书面报告主管税务机关，并登报声明作废，并凭报刊上刊登的遗失声明向主管税务机关申请补办税务登记证件。

（二）变更登记

纳税人在办理税务登记后，原登记的内容发生变化时应向税务机关申报办理变更税务登记。变更税务登记的事由有：

（1）改变名称。

（2）改变法定代表人。

（3）改变经济性质或经济类型。

（4）改变住所和经营地点（不涉及主管税务机关变动。如涉及主管税务机关变动，则办理注销登记）。

（5）改变生产经营或经营方式。

（6）增减注册资金（资本）。

（7）改变隶属关系。

（8）改变生产经营期限。

（9）改变或增减银行账号。

（10）改变生产经营权属以及改变其他税务登记内容的。

纳税人税务登记内容发生变化的，应自工商行政管理机关或者其他机关办理变更登记之日起30日内，持有关证件向原税务登记机关申报办理变更税务登记。

（三）停业、复业登记

停业、复业登记是纳税人暂停和恢复生产经营活动而办理的纳税登记。

实行定期定额征收方式的纳税人在营业执照核准的经营期限内需要停业的，应当向税务机关提出停业登记，说明停业的理由、时间、停业前的纳税情况和发票的领用、保存情况，如实填写申请停业登记表。

纳税人应当于恢复生产、经营之前，向税务机关提出复业登记申请，经确认后办理复业登记。

纳税人停业期满不能及时恢复生产、经营的，应当在停业期满前向税务机关提出延长停业登记。纳税人停业期满未按期复业又不申请延长停业的，税务机关应当视为已恢复营业，实施正常的税收征收管理。

（四）注销登记

纳税人发生解散、破产、撤销以及依法终止履行纳税义务的其他情形时，应当向原税务登记机关申请办理注销税务登记。

纳税人因生产、经营场所变动并涉及改变主管税务登记机关，需要注销税务登记的，应当先向原税务登记机关申报办理注销税务登记，再向迁达地主管税务登记机关申报办理税务登记。如遇纳税人已经或正在享受税收优惠待遇的，迁出地税务登记机关应当在《纳税人迁移通知书》上注明。

纳税人被工商行政管理机关吊销营业执照的，应当自营业执照被吊销之日起15日内，向原税务登记机关申报办理注销税务登记。

（五）外出经营报验登记

从事生产、经营的纳税人到外县（市）进行生产经营的，应当向主管税务机关申请开具《外出经营活动税收管理证明》。主管税务机关对纳税人的申请进行审核后，按照一地（县、市）一证的原则，核发《外出经营活动税收管理证明》。

纳税人应当在到达经营地进行生产、经营前向经营地税务机关申请报验登记。外出经营活动结束，纳税人应当向经营地税务机关填报《外出经营活动情况申报表》，并按规定结清税款、缴销未使用完的发票。

（六）纳税人税种登记

纳税人在办理开业或变更税务登记的同时，应当申请税种登记，并填报《纳税人税种登记表》、提供有关资料；税务机关根据纳税人的生产经营范围及税法的有关规定，对纳税人的纳税事项和应税项目进行核定，即核定税种，认定并录入纳税人所适用的税种、税目、税率、报缴税款期限、征收方式和缴库方式等。

税务机关应当依据《纳税人税种登记表》所填写的项目，自受理之日起3日内进行税种登记。

（七）扣缴义务人扣缴税款登记

扣缴义务人应当自扣缴义务发生之日起30日内，向所在地的主管税务机关申报办理扣缴税款登记，领取扣缴税款登记证件；税务机关对已办理税务登记的扣缴义务人，可以只在其税务登记证件上登记扣缴税款事项，不再发给扣缴税款登记证件。

扣缴义务人包括代扣代缴税款义务人和代收代缴税款义务人。

二、发票的开具与管理

发票是指在购销商品、提供或者接受服务以及从事其他经营活动中，开具、收取的收付款的书面证明。它是确定经营收支行为发生的法定凭证，是会计核算的原始依据，也是税务稽查的重要证据。

（一）发票的种类

1. 增值税专用发票

增值税专用发票是指专门用于结算销售货物和提供加工、修理修配劳务以及进口货物使用的一种发票。增值税专用发票只限于增值税一般纳税人领购使用，增值税小规模纳税人和非增值税纳税人不得领购使用。增值税小规模纳税人需要开具增值税专用发票时，可向主管税务机关申请代开。

增值税专用发票由基本联次或者基本联次附加其他联次构成，基本联次为三联：第一联记账联、第二联抵扣联、第三联发票联。发票联，作为购买方核算采购成本和增值税进项税额的记账凭证；抵扣联，作为购买方报送主管税务机关认证和留存备查的凭证；记账联，作为销售方核算销售收入和增值税销项税额的记账凭证。其他联次用途，由一般纳税人自行确定。

2. 普通发票

普通发票主要是由营业税纳税人和增值税小规模纳税人使用，增值税一般纳税人在不能开具增值税专用发票的情况下也可使用普通发票。普通发票由行业发票和专用发票组成，前者适用于某个行业的经营业务，如商业零售统一发票、商业批发统一发票、工业企业产品销售统一发票等；后者仅适用于某一经营项目，如广告费用结算发票、商品房销售发票等。

普通发票的基本联次为三联，第一联为存根联，开票方留存备查；第二联为发票联，收执方作为付款或收款原始凭证，填开后的发票联要加盖财务章或发票专用章；第三联为记账联，开票方作为记账原始凭证。

3. 专业发票

专业发票是指国有金融、保险企业的存贷、汇兑、转账凭证，保险凭证；国有邮政、电信企业的邮票、邮单、话务、电报收据；国有铁路、国有航空企业和交通部门、国有公路、水上运输企业的客票、货票等。

专业发票分为三类：①手写发票，又称手工票，是指用手工书写形式填开的发票。②电脑发票，又称机打发票，是指利用计算机填开并使用其附设的打印机打印出票面内容的发票。这类发票包括普通计算机用及防伪专用计算机用（如防伪税控机）的发票。③定额发票，是指发票票面印有固定的金额（定额）的发票。这类发票主要是防止开具发票时大头小尾以及方便一些特殊行业或有特殊需要的企业使用。

（二）发票的开具要求

（1）单位和个人应在发生经营业务、确认营业收入时，才能开具发票，未发生经营业务一律不准开具发票。

（2）开具发票时应按号码顺序填开，填写项目齐全、内容真实、字迹清楚、全部联次一次性复写或打印，内容完全一致，并在发票联和抵扣联加盖单位财务印章或者发票专用章。

（3）填写发票应当使用中文。民族自治区地区可以同时使用当地通用的一种民族文字；外商投资企业和外资企业可以同时使用一种外国文字。

（4）使用电子计算机开具发票，必须报主管税务机关批准，并使用税务机关统一监制的机打发票。

（5）开具发票时限、地点应符合规定。

（6）任何单位和个人不得转借、转让、代开发票；不得拆本使用发票；不得自行扩大专业发票使用范围。禁止倒买倒卖发票等违法行为。

（7）已开具的发票存根联和发票登记簿应当保存 5 年。

三、纳税申报

纳税申报是指纳税人、扣缴义务人按照法律、行政法规的规定，在申报期限内就纳税事项向税务机关书面申报的一种法定手续。

凡是有纳税义务的纳税人都必须在法律、行政法规规定或者税务机关依照法律、行政法规的规定确定的期限内办理纳税申报。

纳税人办理纳税申报时，应当如实填写纳税申报表，并报送有关证件、资料。享受减、免税待遇的，在减、免税期间也应办理纳税申报。纳税申报的方式主要有以下几种：

（一）直接申报

直接申报也称上门申报，即纳税人自行到税务机关办理纳税申报，是一种传统申报方式。根据申报的地点不同，直接申报又可分为直接到办税服务厅申报、到巡回征收点申报和到代征点申报三种。

（二）邮寄申报

邮寄申报是指经税务机关批准的纳税人使用统一规定的纳税申报特快专递专用信封，通过邮政部门办理交寄手续的一种申报方式。纳税人采取邮寄方式办理纳税申报的，应当使用统一的纳税申报专递专用信封，并以邮政部门收据作为申报凭据。邮寄申报以寄出地邮戳日期为实际申报日期。

（三）数据电文申报

数据电文是指经税务机关批准的纳税人经由电子手段、光学手段或者类似手段生成、储存或传递的信息。这些手段目前包括电话语音、电子数据交换、电子邮件、电报、电传和网络传输等。网上申报是数据电文申报方式的一种形式。纳税人、扣缴义务人采用数据电文方式申报的，税务机关计算机网络系统收到该数据电文的时间视为申报日期。

纳税人采用电子方式办理纳税申报的，应当按照税务机关规定的期限和要求保存有关资料，并定期书面报送主管税务机关。税务机关收到的纳税人数据电文与报送的书面资料不一致时，以书面数据为准。

（四）简易申报

简易申报是指实行定期定额缴纳税款的纳税人在法律、行政法规规定的期限内或者税务机关依据法规的规定确定的期限内缴纳税款的，税务机关可以视同申报。实行简易方式进行纳税申报不仅方便纳税人，而且能够节省很多的人力、物力，减少税收成本。

（五）其他方式

其他方式是指纳税人、扣缴义务人采用直接申报、邮寄申报、数据电文申报以外的方法向税务机关办理纳税申报或者报送代扣代缴、代收代缴报告表。如纳税人、扣缴义务人委托他人代理向税务机关办理纳税申报或者报送代扣代缴、代收代缴报告表等。

四、税款征收

税款征收是税务机关依照税收法律、法规的规定，将纳税义务人依法应缴纳的税款组织征收入库的一系列活动的总称。税款征收是税收征收管理工作的中心环节，是全部税收征收管理工作的目的和归宿，是实现税收职能的最关键环节，在整个税收征收管理工作中占有及其重要的地位。

根据《税收征管法》及其实施细则规定，我国的税款征收主要有以下几种方式：

（一）查账征收

查账征收是指由纳税人依据账簿记载，先自行计算缴纳，事后经税务机关查账核实，如有不符合税法规定的，则多退少补的一种税款征收方式。这种征收方式较为规范，适用于经营规模较大、财务会计制度健全、能够如实核算和提供生产经营情况，并能正确计算税款，如实履行纳税义务的单位和个人。税务机关根据纳税人报送的纳税申请表、财务会计报表以及其他相关资料，计算纳税人应纳税款、开具税收缴款书或完税凭证，由纳税人自行到银行划解税款。

（二）查定征收

查定征收是指由税务机关根据纳税人的生产设备等在正常情况下的生产、销售情况，对其生产的应税产品查定产量和销售额，然后依照税法规定的税率征收的一种税款征收方式。

这种征收方式适用于会计账册不健全、生产不稳定，但能控制其材料、产量或进销货物的从事产品生产的纳税人，如小型厂矿和作坊等。

如果纳税人的实际应税产品数量超过查定数量时，由纳税人报请补征；如果纳税人的实际应税产品数量未达到查定产量时，可由纳税人报请重新核定。

（三）查验征收

查验征收是由税务机关对纳税申报人的应税产品进行查验后征税，并贴上完税证、查验证或盖查验戳，并据以征税的一种税款征收方式。这种方式一般适用于财务制度不健全、经营品种比较单一、零星分散，经营地点、时间和商品来源不固定的纳税人。如城乡集贸市场的临时经营和机场、码头等场外经销商品的税款征收。

进行查验征收时，要做好查验登记，将查验商品的数量、价格、销售量、所征税款等逐一登记至登记簿上，以掌握税源，严格加强管理。

（四）定期定额征收

定期定额征收，简称"双定"征收，是指税务机关依照有关法律、法规的规定，按照一定的程序，核定纳税人在一定经营时期内的应纳税经营额及收益额，并以此为计税依据，确定其应纳税额的一种税款征收方式。这种方式适用于规模较小、账证不健全或者达不到有关的设置账簿标准、不能提供完整的纳税资料因而难以实行查账征收的小型个体工商业户。

实行定期定额征收的，一般由纳税人自行申报经营额，然后由税务机关核定其营业额或所得额，再按照适用税率计算应纳税额。如果纳税人在定期内生产经营情况发生较大变化，应税收入超过或低于其原定数额的20%时，应及时向税务机关申报调整。

（五）代扣代缴

代扣代缴是指按照税法规定，负有扣缴税款义务的法定义务人，在向纳税人支付款项时，从所支付的款项中直接扣收税款。如个人所得税，以所得人为纳税义务人，其扣缴义务人为支付个人所得的单位。这种征收方式手续简单，有利于加强税源控制，减少税款流失，降低税收成本。

（六）代收代缴

代收代缴是指负有收缴税款的法定义务人，即与纳税人有经济业务往来的单位和个人在向纳税人收取款项时，依照税法的规定收取税款，并向税务机关解缴。这种方式一般适用于税收网络覆盖不到或税源很难控制的领域，如受托加工应缴纳消费税的消费品，由受托方代收代缴消费税。

代扣代缴与代收代缴的区别是：代扣是向纳税人支付款项时同时扣收税款，而代收是向纳税人收取款项时同时收取税款。

（七）委托代征

委托代征是指受托单位按照税务机关核发的代征证书的要求，以税务机关的名义向纳税人征收一些零散税款的一种税款征收方式。各地对零散、不易控管的税源，大多是委托街道办事处、居委会、乡政府、村委会及交通管理部门等代征税款。委托代征有利于控制税源，方便征纳双方，降低征收成本。

（八）其他方式

其他方式是指以除上列税款征收方式以外的方式进行纳税申报。如税务机关对未设置会计账簿、擅自销毁账簿、拒不提供纳税资料的纳税人采取核定征收的方式等。

五、税务代理

（一）税务代理的概念

税务代理，是指税务代理人在税法规定的代理范围内，接受纳税人、扣缴义务人的委托，为其代办各项税务行为。税务代理是一种社会中介服务。

从事税务代理的专门人员称为税务师，税务师必须加入税务代理机构才能从事税务代理业务，一个税务师只能加入一个税务代理机构。

（二）税务代理的特点

1. 中介性

税务代理业是一个独立的社会中介服务行业，税务代理机构与税务机关不存在任何隶属关系。

2. 法定性

税务代理机构的设立、业务范围等由国家法律规定，税务代理活动必须按国家有关法律的规定进行，并受国家法律保护。

3. 自愿性

委托代理是一种合同行为，委托税务代理人代办税务事宜是纳税人、扣缴义务人双方自愿采取的一种办税方式，任何税务代理人、任何国家机关都不能强制纳税人、扣缴义务人进行税务代理，是否委托税务代理是纳税人、扣缴义务人的权利。

4. 公正性

客观、公正是委托代理存在的保证。税务代理作为一种社会中介服务必须站在公正、客观的立场上，严格依照国家税收法律、行政法规的规定以及税务机关依照税务法律、法规的规定作出的决定，按照委托人的合法意愿，代为纳税人、扣缴义务人办理税务事宜，既不能损害纳税人、扣缴义务人的合法权益，也不能损害国家的利益。

（三）税务代理的法定业务范围

《税务代理试行办法》规定，税务代理人可以接受纳税人、扣缴义务人的委托从事下列范围内的业务代理：办理税务登记、变更税务登记和注销税务登记；办理发票领购手续；办理纳税申报和扣缴税款报告；办理缴纳税款和申请退税；制作涉税文书；审查纳税情况；建账建制，办理账务；开展税务咨询、受聘税务顾问；申请税务行政复议或税务行政诉讼等；国家税务总局规定的其他业务。

税务代理人不能代理应由税务机关行使的行政职权，税务机关按照法律、行政法规规定委托其代理的除外。

六、税收检查及法律责任

（一）税收检查

税收检查是税务机关依照税收法律、行政法规的规定，对纳税人、扣缴义务人履行纳税义务或者扣缴义务及其他有关税务事项进行检查、监督活动。

税务机关依法对纳税人进行税务检查时，发现纳税人有转移、隐匿其应纳税的商品、货物、其他财产或者应纳税收入的迹象，意图逃避纳税义务的，经县级以上税务局（分局）局长批准可以采取税收保全措施或者强制执行措施。

1. 税收保全措施

税收保全措施是指税务机关在规定的纳税期之前，对有逃避纳税义务行为的纳税人，限制其处理可用做缴纳税款的存款、商品、货物等财产的一种行政强制措施，目的是防止纳税人逃避纳税义务，以保证税款及时、足额入库。

税务机关有根据认为从事生产、经营的纳税人有逃避纳税义务行为的，可以在规定的纳税期之前，责令限期缴纳税款；在限期内发现纳税人有明显的转移、隐匿其应纳税的商品、货物以及其他财产迹象的，税务机关应责令其提供纳税担保。纳税人不能提供纳税担保的，经县以上税务局（分局）局长批准，税务机关可以书面通知纳税人开户银行或者其他金融机构冻结纳税人的相当于应纳税款金额的存款，扣押、查封纳税人的价值相当于应纳税款的商品、货物或者其他财产，通知出境管理机关阻止其出境。

个人及其所抚养的家属维持生活必需的住房和用品，不在税收保全措施的范围之内。

税收保全措施仅适用于从事生产、经营的纳税人，不适用于扣缴义务人和纳税担保人。

2. 税收强制执行

税收强制执行是税务机关对未按规定期限履行纳税义务的纳税人、扣缴义务人、纳税担保人等税收管理相对人，为迫使其履行法定义务而依法采取的一种行政强制措施。

从事生产、经营的纳税人、扣缴义务人未按照规定的期限缴纳或者解缴税款，纳税担保人未按照规定的期限缴纳所担保的税款，税务机关责令限期缴纳而逾期仍未缴纳的，经县以上税务局（分局）局长批准，税务机关可以书面通知其开户银行或者其他金融机构从其存款中扣缴税款，扣缴、查封、依法拍卖或者变卖其价值相当于应纳税款的商品、货物或者其他财产，以拍卖或者变卖所得抵缴税款。

税务机关采取强制执行措施时，对纳税人、扣缴义务人、纳税担保人未缴纳的滞纳金同时强制执行。

个人及其所抚养家属维持生活所必需的住房和用品，不在强制执行措施的范围内。

【例4-3-2】下列可以对其采取税收保全措施的纳税人是（　　　）。

A. 扣缴义务人　　　　　　　　B. 从事生产经营的纳税人

C. 纳税担保人　　　　　　　　D. 非从事生产经营的纳税人

【解析】B。

（二）法律责任

法律责任，是指违反法律规定的行为应当承担的法律后果。由于违法行为的性质和危害程度不同，违法者所承担的法律责任也不同。法律责任包括民事责任、行政责任和刑事责任三大类，其中行政责任又可以分为行政处分和行政处罚。税务违法行为的法律责任，包括行政责任和刑事责任两大类。

1. 税务违法行政处罚

税务违法行政处罚，是指国家行政机关即税务机关依法对违反税务法律规范，尚未构成犯罪的公民、法人或其他组织所给予的行政法律制裁。其法律依据是《行政处罚法》和《税收征收管理法》，其特点与行政处罚一样。税务违法行政处罚的种类主要有：

(1) 责令限期改正。适用于情节轻微或尚未构成实际危害后果的税收违法行为。

(2) 罚款。纳税人有下列行为之一的，由税务机关责令限期改正，可以处 2000 元以下的罚款；情节严重的，处 2000 元以上 1 万元以下的罚款：未按照规定的期限申报办理税务登记、变更或者注销登记的；未按照规定设置、保管账簿或者保管记账凭证和有关资料的；未按照规定将财务会计制度或者财务会计处理办法和会计核算软件报送税务机关备查的；未按规定将其全部银行账号向税务机关报告的；未按照规定安装使用税控装置，或者损毁或者擅自改动税控装置的。

纳税人不办理税务登记的，由税务机关责令限期改正；逾期不改正的，经税务机关提请，由工商行政管理机关吊销其营业执照；纳税人未按照规定使用税务登记证件，或者转借、涂改、毁、买卖、伪造税务登记证件的，处 2000 元以上 1 万元以下的罚款；情节严重的，处 1 万元以上 5 万元以下的罚款。

扣缴义务人未按照规定设置、保管代扣代缴、代收代缴税款账簿或者保管代扣代缴、代收代缴税款记账凭证及有关资料的，由税务机关责令限期改正，可以处 2000 元以下的罚款；情节严重的，处 2000 元以上 5000 元以下的罚款。

纳税人未按照规定的期限办理纳税申报和报送纳税资料的，或者扣缴义务人未按照规定的期限向税务机关报送代扣代缴、代收缴税款报告表和有关资料的，由税务机关责令限期改正，可以处 2000 元以下的罚款；情节严重的，可以处 2000 元以上 1 万元以下的罚款。

(3) 没收财产。行政管理机关对管理相对人一方的财产权予以剥夺。

(4) 收缴未用发票和暂停供应发票。从事生产、经营的纳税人、扣缴义务人有本法规定的税收违法行为，不接受税务机关处理的，税务机关可以收缴其未使用的发票或者停止向其出售发票。

(5) 停止出口退税权。纳税人以假报出口或者其他欺骗手段，骗取国家出口退税的，税务机关可以在规定期间内停止为其办理出口退税。

2. 税务违法刑事处罚

刑事处罚，是指犯罪行为应当承担的法律责任。我国《刑法》规定的刑罚分为主刑和附加刑。主刑分为管制、拘役、有期徒刑、无期徒刑和死刑。附加刑分为罚金、剥夺政治权利、没收财产。对犯罪的外国人，可单独或附加使用驱逐出境。

《税收征收管理法》规定，下列行为情节严重，构成犯罪的，应当追究刑事责任：

(1) 纳税人伪造、变造、隐匿、擅自销毁账簿、记账凭证，或者在账簿上多列支出或者不列、少列收入，或者经税务机关通知申报而拒不申报或者进行虚假的纳税申报，不缴或者少缴应纳税款的。

（2）纳税人欠缴应纳税款，采取转移或者隐匿财产的手段，妨碍税务机关追缴欠缴的税款的。

（3）以假报出口或者其他欺骗手段，骗取国家出口退税款的。

（4）以暴力、威胁方法拒不缴纳税款的。

（5）非法印制发票的。

（6）未经税务机关依法委托征收税款，致使他人合法权益受到严重损失的。

（7）税务人员徇私舞弊，对依法应当移交司法机关追究刑事责任的不移交。

（8）税务人员与纳税人、扣缴义务人勾结，唆使或者协助纳税人、扣缴义务人偷逃税款行为的。

（9）税务人员徇私舞弊或者玩忽职守，不征或者少征应征税款，致使国家税收遭受重大损失的。

（10）税务人员对控告、检举税收违法违纪行为的纳税人、扣缴义务人以及其他检举人进行打击报复的。

3. 税务行政复议

行政复议，是指行政管理相对人认为行政机关的行政行为侵犯其合法权益，按照法定的程序和条件向做出该行政行为的上一级行政机关或法定机关提出申诉，由受理申请的行政机关对该行政行为进行复查并做出复议决定的活动。

纳税人、扣缴义务人、纳税担保人同税务机关在纳税上发生争议时，必须先依照税务机关的纳税决定缴纳或者解缴税款及滞纳金或者提供相应的担保，然后才可以依法申请行政复议。当事人对行政复议决定不服的，可以依法向人民法院起诉。当事人对税务机关的处罚决定、强制执行措施或者税收保全措施不服的，可以依法申请行政复议，也可以依法向人民法院起诉。

当事人对税务机关的处罚决定逾期不申请行政复议，也不向人民法院起诉，又不履行的，作出处罚决定的税务机关可以采取强制执行措施，或者申请人民法院强制执行。

纳税人、代扣代缴人、纳税担保人对国家税务总局做出的具体行政行为不服的，向国家税务总局申请行政复议。对行政复议决定不服，申请人可以向人民法院提起行政诉讼；也可以向国务院申请裁决，国务院的裁决为终局裁决。对省级地方税务局做出的具体行政行为不服的，向国家税务总局或省级人民政府申请复议。对省级以下各级地方税务局做出的税务具体行政行为不服的，向上一级机关申请复议。

【例4-3-3】当事人对税务机关的处罚决定逾期不申请行政复议，也不向人民法院起诉，又不履行的，做出处罚决定的税务机关可以采取强制执行措施，或者申请人民法院强制执行。(　　)

【解析】正确。

同步测试题：

一、单项选择题

1. 根据《税收征管法》规定，对经营规模较小、产品零星、税源分散、会计账册不健全、财务管理和会计核算水平较低的纳税人，税务机关可以采取的税款征收方式是(　　)。

A. 定期定额征收　　　　　　B. 查验征收

C. 查账征收　　　　　　　　D. 查定征收

2. 纳税人到外县（市）从事生产经营活动的，应当向(　　)税务机关报验登记。

A. 营业地　　　　　　　　　B. 所在地

C. 主管地　　　　　　　　　D. 注册地

3. 对临时从事经营的纳税人，(　　)。

A. 税务机关应责令其办理工商注册登记

B. 由工商行政管理机构征收应缴的税费

C. 由税务机关核定其应纳税额，责令缴纳

D. 税务机关在其办理工商登记后进行税款的征收

4. 受托单位按照税务机关核发的代征证书的要求，以税务机关的名义向纳税人征收零散税款的税款征收方式是(　　)。

A. 定期定额征收　　　　　　B. 委托代征

C. 代扣代缴　　　　　　　　D. 代收代缴

5. 对会计制度健全，会计核算准确真实、纳税意识较强，并设有专门办税人员的纳税人，税务机关应当采取的税款征收方式为(　　)。

A. 查账征收　　　　　　　　B. 查定征收

C. 查验征收　　　　　　　　D. 定期定额征收

6. 消费税的征收方式是(　　)。

A. 代收代缴　　　　　　　　B. 代扣代缴

C. 委托代征　　　　　　　　D. 自报核缴

7. 税务机关对纳税申报人的应税产品进行查验后征税，并贴上完税证、查验证或盖查验戳，并据以征税的税款征收方式是(　　)。

A. 查账征收　　　　　　　　　　　　B. 查定征收

C. 查验征收　　　　　　　　　　　　D. 定期定额征收

8. 我国税务机关根据纳税人的生产经营状况对小型无账证的个体工商户可以采取(　　)征收税款。

A. 查定征收方式　　　　　　　　　　B. 查验征收方式

C. 委托代征方式　　　　　　　　　　D. 定期定额征收方式

9. 下列不属于变更税务登记的事项是(　　)。

A. 纳税人因经营地的迁移而要改变原主管税务机关

B. 改变法定代表人

C. 增减注册资金

D. 改变开户银行账号

10. 邮寄申报纳税的申报日期是(　　)。

A. 填表日期　　　　　　　　　　　　B. 寄出地邮戳日期

C. 收邮地邮戳日期　　　　　　　　　D. 税务机关收到日期

11. 下列各项中属于税收强制执行措施的是(　　)。

A. 冻结纳税人存款　　　　　　　　　B. 扣押纳税人的财产

C. 从存款中扣缴税款　　　　　　　　D. 查封纳税人的财产

二、多项选择题

1. 根据《税收征管法》的规定，需要办理开业税务登记的纳税人有(　　)。

A. 领取营业执照从事生产经营活动的纳税人

B. 不从事生产经营活动，法律、法规规定负有纳税义务的单位和个人

C. 只缴纳个人所得税的自然人

D. 企业在外地设立的分支机构

2. 下列应当办理税务登记的是(　　)。

A. 国家机关

B. 个体工商户

C. 企业在外地设立的分支机构

D. 税法规定应纳税但暂时享受免税待遇的单位和个人

3. 根据规定，纳税申报的方式有(　　)。

A. 口头申报　　　　　　　　　　　　B. 邮寄申报

C. 数据电文申报　　　　　　　　　　D. 直接申报

4. 纳税申报的方式中，网上申报不属于(　　)。

A. 上门申报　　　　　　　　　　　　B. 邮寄申报

C. 直接申报　　　　　　　　　　　　D. 数据电文申报

5. 纳税人办理下列事项时，必须持税务登记证件(　　)。

A. 开立银行账户　　　　　　　　B. 申请减税、免税、退税

C. 领购发票　　　　　　　　　　D. 办理工商登记

6. 纳税人办理税务登记后，如发生下列情形之一，应当持有关证件向原税务登记机关申报办理变更税务登记(　　)。

A. 改变名称　　　　　　　　　　B. 改变法定代表人

C. 改变住所　　　　　　　　　　D. 增减注册资金（资本）

7. 下列属于普通发票的有(　　)。

A. 增值税专用发票　　　　　　　B. 商业零售统一发票

C. 商品房销售发票　　　　　　　D. 邮票

8. 普通发票一般包括的三个联次是(　　)。

A. 发票联　　　　　　　　　　　B. 存根联

C. 记账联　　　　　　　　　　　D. 抵扣联

9. 纳税人需要申请办理注销税务登记的情况有(　　)。

A. 解散　　　　　　　　　　　　B. 破产

C. 撤销　　　　　　　　　　　　D. 暂停营业

10. 纳税人采取邮寄方式申报纳税的，应当(　　)。

A. 使用统一的纳税申报专用信封

B. 以邮政部门收据作为申报凭据

C. 以寄出的邮戳日期为实际申报日期

D. 以税务机关收到邮件的日期为实际申报日期

三、判断题

1. 所有的有纳税义务的单位或个人都必须办理税务登记。　　　(　　)

2. 查定征收是指税务机关对不能完整、准确提供纳税资料的纳税人采用特定方式确定其应纳税收入或应纳税额，纳税人据以缴纳税款的一种税款征收方式。　　　(　　)

3. 享受减免税的纳税人，在享受减免税期间可以不办理纳税申报。
　　　　　　　　　　　　　　　　　　　　　　　　　　　　(　　)

4. 纳税人因经营地点变动，涉及改变税务登记机关的，应办理注销税务登记。
　　　　　　　　　　　　　　　　　　　　　　　　　　　　(　　)

5. 纳税人申请开具外出经营活动税收管理证明时，必须持有税务登记证件。
　　　　　　　　　　　　　　　　　　　　　　　　　　　　(　　)

6. 纳税人、扣缴义务人、纳税担保人同税务机关在纳税上发生争议时，可以暂停缴纳或者解缴税款及滞纳金，并可以依法申请行政复议。　(　　)

第五章 财政法律制度

【案例导入】①

　　某省举办大型扶贫物资采购，总金额 500 万元。因为时间紧急，若采用公开招标的方式无法满足采购需求，因此采购中心接到任务后，考虑到该批货物规格、标准统一，且货源充足，经中心领导研究，决定采用询价采购的方式，并迅速成立了项目小组。经过采购中心经办同志的努力，在核实了项目需求后，以最快的速度发出了询价单，询价单中明确规定了最低价成交。5 天后，采购大会如约举行，除了有关部门领导到场外，纪检、监察以及采购办均派人参加了大会，并进行全程监督。在采购过程中，根据会场领导要求，采购中心组织的专家组先与每位供应商进行了谈判，同时还要求他们对自己在询价单上的报价做出了相应的调整。报价结束后，根据各供应商二次报价的情况及各单位的资质情况，专家组进行了综合评分，并根据得分的高低向领导小组推举本次采购各个分包的项目中标候选人，圆满完成了采购任务。

　　请问：该采购中心的采购做法是否规范、合法？

　　【解析】根据政府采购法规定，公开招标应作为政府采购的主要采

---

　　① 百度文库：http：//wenku.baidu.com/view/56ee536da98271fe910ef9ef.html.

购方式。因特殊情况需要采用其他采购方式的，应当在采购活动开始前获得设区的市、自治州以上人民政府采购监督管理部门的批准。本案例由于时间问题，且"该批货物规格、标准统一，且货源充足"，因此选择询价方式是正确的。

政府采购法规定，在询价中询价小组应要求被询价的供应商一次报出不得更改的价格，同时应根据符合采购需求、质量和服务相等且报价最低的原则确定成交供应商，并将结果通知所有被询价的未成交供应商。本案例不仅让供应商"二次报价"，且违背"低价成交"的原则，通过综合评分的方式最后确定成交供应商。此做法更像是竞争性谈判采购，说明了采购中心在操作行为上的不规范与不合法。

第一节　预算法律制度

一、预算法律制度的构成

预算法律制度是指由国家有关机关经过法定程序制定的，用以调整国家预算关系的法律、行政法规和相关的规章制度。我国预算法律制度主要由《预算法》、《预算法实施条例》及有关国家预算管理的其他法规制度构成。

（一）《预算法》

《中华人民共和国预算法》（简称《预算法》）于 1994 年 3 月 2 日由第八届全国人民代表大会第二次会议通过，自 1995 年 1 月 1 日起施行。该法是我国第一部财政基本法律，是我国国家预算管理工作的根本性法律，是制定其他预算法规的基本依据。

（二）《预算法实施条例》

《中华人民共和国预算法实施条例》（简称《预算法实施条例》）由国务院于 1995 年 11 月 22 日颁布，并自颁布之日起施行。该条例的制定依据是《预算法》，它是《预算法》有关规定的具体和细化。

二、国家预算

（一）国家预算的概念

国家预算，是经法定程序批准的国家年度财政收支计划，是国家进行财政分配的依据和宏观调控的重要手段。

我国国家预算是具有法律效力的基本财政计划，是国家为了实现政治经济任务，有计划地集中和分配财政收入的重要工具，是国家经济政策的反映。我国的预算收入采取税收等形式，是社会主义经济的内部积累；我国的预算支出，主要用于经济建设和国防、文化、教育、科学、卫生、社会福利等各项事业。

（二）国家预算的作用

国家预算是国家财政分配和宏观调控的主要手段，它具有分配、调控和监督职能。国家预算的作用主要包括以下三方面：

1. 财力保证作用

国家预算是保障国家机器运转的物质条件，是政府实施各项社会经济政策的有效保证。

2. 调节制约作用

国家预算是国家财政实行宏观控制的主要依据和主要手段。国家预算的收支规模可调节社会总供给和总需求的平衡，预算支出的结构可调节国民经济结构。国家预算的编制和执行情况对国民经济和社会发展起着直接的制约作用。

3. 反映监督作用

国家预算是国民经济的综合反映，预算收入反映国民经济发展规模和经济效益水平，预算支出反映各项建设事业发展的基本情况。通过国家预算的编制和执行，便于监督和掌握国民经济的运行状况、发展趋势及出现的问题，从而采取相应的对策措施，促进国民经济稳定协调地发展。

（三）国家预算的级次划分

我国的国家预算级次是根据国家政权结构、行政区划以及行政管理体制的要求确定的。我国实行一级政府一级预算，因而我国的国家预算共有五级，具体为：

（1）中央预算。

（2）省级（省、自治区、直辖市）预算。

（3）地市级（设区的市、自治州）预算。

（4）县市级（县、自治县、不设区的市、市辖区）预算。

（5）乡镇级（乡、民族乡、镇）预算。

预算法规定，不具备设立预算条件的乡、民族乡、镇，经省、自治区、直辖市人民政府确定，可以暂不设立预算。

（四）国家预算的构成

我国的国家预算，可以分为中央预算、地方预算、各级总预算和部门预算、单位预算。各级预算都要实行收支平衡的原则。

国家预算根据政府级次的不同分为中央预算和地方预算。

1. 中央预算

中央预算是中央政府的财政收支计划，由中央各部门（含直属单位）的预算组成，包括地方向中央上解的收入数额和中央返还地方或者补助地方的数额。此处的"中央各部门"是指与财政部直接发生预算缴款、拨款关系的国家机关、军队、政党组织和社会团体；此处的"直属单位"是指与财政部直接发生预算缴款、拨款关系的企业、事业单位。

2. 地方预算

地方预算是地方政府的财政收支计划，是国家预算的有机组成部分，由各省、自治区、直辖市的总预算组成。

地方各级政府预算由本级各部门（含直属单位）的预算组成，包括下级政府上解上级政府的收入数额，上级政府返还或者补助下级政府的数额。此处的"本级各部门"是指与本级政府财政部门直接发生预算缴款、拨款关系的地方国家机关、政党组织和社会团体；此处的"直属单位"是指与本级政府财政部门直接发生预算缴款、拨款关系的企业和事业单位。

国家预算根据预算对象的不同可分为总预算和部门单位预算。

3. 总预算

总预算由本级政府预算和汇总的下级政府预算组成，具体包括两部分：各级政府所属职能部门的单位预算总和即本级预算；本级政府隶属的下一级政府的总预算。下一级只有本级预算的，下一级总预算即指下一级的本级预算。

4. 部门单位预算

部门单位预算是部门、单位的收支预算。

各部门预算由本部门所属各单位的预算组成。部门预算是一项综合预算，既包括行政单位预算，也包括其下属的事业单位预算；既包括一般预算收支计划，也包括政府基金预算收支计划；既包括正常经费预算，也包括专项支出预算；既包括财政预算内拨款收支计划，也包括财政预算外核拨收支计划和部门其他收支计划。反映各部门内各类预算单位所有收入和支出。

单位预算是指列入部门预算的国家机关、社会团体和其他单位的收支预算。

部门单位预算是总预算的基础，由各预算部门和单位编制。

三、预算管理的职权

明确划分国家各级权力机关、各级政府、各级财政部门以及各部门、各单位在预算活动中的职权，是依法管理预算的前提条件，是保证各级预算的编制、审批、执行、调整和决算等环节的法制化、规范化的必要措施。

(一) 各级人民代表大会的职权

根据《预算法》的规定，各级人民代表大会的预算职权如下：

1. 全国人民代表大会的职权

根据《预算法》第十二条规定，全国人民代表大会审查中央和地方预算草案及中央和地方预算执行情况的报告；批准中央预算和中央预算执行情况的报告；改变或者撤销全国人民代表大会常务委员会关于预算、决算的不适当的决议。

全国人民代表大会常务委员会监督中央和地方预算的执行；审查和批准中央预算的调整方案；审查和批准中央决算；撤销国务院制定的同宪法、法律相抵触的关于预算、决算的行政法规、决定和命令；撤销省、自治区、直辖市人民代表大会及其常务委员会制定的同宪法、法律和行政法规相抵触的关于预算、决算的地方性法规和决议。

2. 县级以上地方各级人民代表大会的职权

根据《预算法》第十三条的规定，县级以上地方各级人民代表大会审查本级总预算草案及本级总预算执行情况的报告；批准本级预算和本级预算执行情况的报告；改变或者撤销本级人民代表大会常务委员会关于预算、决算的不适当的决议；撤销本级政府关于预算、决算的不适当的决定和命令。

县级以上地方各级人民代表大会常务委员会监督本级总预算的执行；审查和批准本级预算的调整方案；审查和批准本级政府决算（以下简称本级决算）；撤销本级政府和下一级人民代表大会及其常务委员会关于预算、决算的不适当的决定、命令和决议。

3. 乡、民族乡、镇的人民代表大会的职权

根据《预算法》第十三条的规定，设立预算的乡、民族乡、镇的人民代表大会审查和批准本级预算和本级预算执行情况的报告；监督本级预算的执行；审查和批准本级预算的调整方案；审查和批准本级决算；撤销本级政府关于预算、决算的不适当的决定和命令。

(二) 各级财政部门的职权

国务院财政部门具体编制中央预算、决算草案；具体组织中央和地方预算

的执行；提出中央预算预备费动用方案；具体编制中央预算的调整方案；定期向国务院报告中央和地方预算的执行情况。

地方各级政府财政部门具体编制本级预算、决算草案；具体组织本级总预算的执行；提出本级预算预备费动用方案；具体编制本级预算的调整方案；定期向本级政府和上一级政府财政部门报告本级总预算的执行情况。

（三）各部门、各单位的职权

1. 各部门的职权

根据《预算法》的规定，与财政部门直接发生预算缴款、拨款关系的国家机关、军队、政党组织和社会团体等各部门的预算职权包括：编制本部门预算、决算草案；组织和监督本部门预算的执行；定期向本级政府财政部门报告预算的执行情况。

2. 各单位的职权

根据《预算法》的规定，与财政部直接发生预算缴款、拨款关系的企业和事业单位等各单位的预算职权主要包括：编制本单位预算、决算草案；按照国家规定上缴预算收入，安排预算支出，并接受国家有关部门的监督。

四、预算收入与预算支出

国家预算由预算收入和预算支出组成。

（一）预算收入

预算收入分为中央预算收入、地方预算收入、中央和地方预算共享收入。

中央预算收入是指按照分税制财政管理体制，纳入中央预算、地方不参与分享的收入，包括中央本级收入和地方按照规定向中央上解的收入。

地方预算收入是指按照分税制财政管理体制，纳入地方预算、中央不参与分享的收入，包括地方本级收入和中央按照规定返还或者补助地方的收入。

中央和地方预算共享收入是指按照分税制财政管理体制，中央预算和地方预算对同一税种的收入，按照一定划分标准或者比例分享的收入。

预算收入包括以下几个方面：

（1）税收收入，税收是国家财政收入的主要来源。

（2）依照规定应当上缴的国有资产收益，即各部门和各单位占有、使用和依法处分境内外国有资产产生的收益，按照国家有关规定应当上缴预算的部分。

（3）专项收入，是指根据特定需要由国务院批准或者经国务院授权由财政部批准，设置、征集和纳入预算管理、有专项用途的收入。

（4）其他收入，包括各种罚没收入、公产收入及杂项收入等。

（二）预算支出

1. 按照内容划分

按照内容划分预算支出包括以下几个方面：

（1）经济建设支出。包括用于经济建设的基本建设投资支出，支持企业的挖潜改造支出，拨付的企业流动资金支出，拨付的生产性贷款贴息支出，专项建设基金支出，支持农业生产支出以及其他经济建设支出。

（2）教育、科学、文化、卫生、体育等事业发展支出。具体包括公益性基本建设支出、设备购置支出、人员费用支出、业务费用支出以及其他事业发展支出。

（3）国家管理费用支出。

（4）国防支出。

（5）各项补贴支出。

（6）其他支出。

2. 按照支出的级次划分

按照支出的级次划分预算支出分为中央预算支出和地方预算支出。

（1）中央预算支出是指按照分税制财政管理体制，由中央财政承担并列入中央预算的支出，包括中央本级支出和中央返还或者补助地方的支出。

（2）地方预算支出是指按照分税制财政管理体制，由地方财政承担并列入地方预算的支出，包括地方本级支出和地方按照规定上解中央的支出。

中央预算与地方预算有关收入和支出项目的划分、地方向中央上解收入、中央对地方返还或者给予补助的具体办法，由国务院规定，报全国人民代表大会常务委员会备案。上级政府不得在预算之外调用下级政府预算的资金，下级政府不得挤占或者截留属于上级政府预算的资金。

五、预算组织程序

（一）预算的编制

1. 预算年度

我国国家预算年度采取公历年制，预算年度自公历 1 月 1 日起至 12 月 31 日止。各预算活动的主体必须按照法律规定的时间及时编制预算，以保证国家财政税收活动的正常依法进行。

2. 预算草案的编制依据

预算草案是各级政府、各部门、各单位编制的未经法定程序审查和批准的预算收支计划。编制预算草案的具体事项由财政部门负责部署。

中央预算和地方各级政府预算，应当参考上一年预算执行情况和本年度收支预测情况进行编制。

（1）各级政府编制年度预算草案的依据包括：

①法律、法规。

②国民经济和社会发展计划、财政中长期计划以及有关的财政经济政策。

③本级政府的预算管理职权和财政管理体制确定的预算收支范围。

④上一年度预算执行情况和本年度预算收支变化因素。

⑤上级政府对编制本年度预算草案的指示和要求。

（2）各部门、各单位编制年度预算草案的依据包括：

①法律、法规。

②本级政府的指示和要求以及本级政府财政部门的部署。

③本部门、本单位的职责、任务和事业发展计划。

④本部门、本单位的定员定额标准。

⑤本部门、本单位上一年度预算执行情况和本年度预算收入。

3. 预算草案的编制内容

（1）中央预算的编制内容包括：

①本级预算收入和支出。

②上一年度结余用于本年度安排的支出。

③返还或者补助地方的支出。

④地方上解的收入。

（2）地方各级政府预算的编制内容包括：

①本级预算收入和支出。

②上一年度结余用于本年度安排的支出。

③上级返还或者补助的收入。

④返还或者补助下级的支出。

⑤上解上级的支出。

⑥下级上解的收入。

（二）预算的审批

审查和批准财政预算，监督预算的执行，是宪法和法律赋予各级人大及其常务委员会的重要职权。我国《宪法》规定了人民代表大会的预算审批权。预算草案编制完成后，应当提交国家权力机关审批通过，方可生效，成为正式的国家预算并具有法律约束力，非经法定程序，不得改变。

预算的审批程序为：

1. 初审

国务院于每年 11 月 10 日前向省、自治区、直辖市政府和中央各部门下达编制下一年度的预算草案的指示，提出编制预算草案的原则和要求。

省、自治区、直辖市政府应当按照国务院规定的时间，将本级预算草案报国务院审核汇总。国务院财政部门每年应当在全国人民代表大会举行的 1 个月前，将中央预算草案的主要内容提交全国人民代表大会财政经济委员会进行初步审查。

省、自治区、直辖市、设区的市、自治州政府财政部门应当在同级人民代表大会会议举行的 1 个月前，将本级预算草案的主要内容提交本级人民代表大会有关的专门委员会，或者根据本级人民代表大会常务委员会主任会议的决定提交本级人民代表大会常务委员会有关工作委员会进行初步审查。

县、自治县、不设区的市、市辖区政府财政部门应当在本级人民代表大会举行的 1 个月前，将本级预算草案的主要内容提交同级人民代表大会常务委员会进行初步审查。

2. 审查批准

（1）中央预算由全国人民代表大会审查和批准。中央预算草案经全国人民代表大会批准后，为当年中央预算。财政部应当自全国人民代表大会批准中央预算之日起 30 日内，批复中央各部门预算。中央各部门应当自财政部批复本部门预算之日起 15 日内，批复所属各单位预算。

（2）地方各级政府预算由本级人民代表大会审查和批准。地方各级政府预算草案经同级人民代表大会批准后，为当年本级政府预算。县级以上地方各级政府财政部门应当自本级人民代表大会批准本级政府预算之日起 30 日内，批复本级各部门预算。地方各部门应当自本级财政部门批复本部门预算之日起 15 日内，批复所属各单位预算。

（3）乡、民族乡、镇政府应当及时将经本级人民代表大会批准的本级预算报上一级政府备案。县级以上地方各级政府应当及时将经本级人民代表大会批准的本级预算及下一级政府报送备案的预算汇总，报上一级政府备案。

县级以上地方各级政府将下一级政府依照前款规定报送备案的预算汇总后，报本级人民代表大会常务委员会备案。国务院将省、自治区、直辖市政府依照前款规定报送备案的预算汇总后，报全国人民代表大会常务委员会备案。

（4）国务院和县级以上地方各级政府对下一级政府依法报送备案的预算，认为有同法律、行政法规相抵触或者有其他不适当之处，需要撤销批准预算的决议的，应当提请本级人民代表大会常务委员会审议决定。

（三）预算的执行

预算执行是指经法定程序批准的预算进入具体实施阶段，各级政府、各部门、各预算单位在组织实施本级权力机关批准的本级预算中筹措预算收入、拨付预算支出等的活动。

我国预算执行阶段是当年1月1日至12月31日。

我国预算执行的主体包括各级政府、各级政府财政部门、预算收入征收部门、国家金库、各有关部门和有关单位。不同主体享有不同的权力，担负不同的职责。

各级预算由本级政府组织执行，具体工作由本级政府财政部门负责。

财政、税务、海关等预算收入征收部门，必须依法及时、足额征收应征的预算收入。有预算收入上缴任务的部门和单位，必须依照法律、行政法规和国务院财政部门的规定，将应当上缴的预算资金及时、足额上缴国库。

各级政府财政部门必须依照法律、行政法规和国务院财政部门的规定，及时、足额地拨付预算支出资金，加强对预算支出的管理和监督。各级政府、各部门、各单位的支出必须按照预算执行。

（四）预算的调整

预算调整是指经全国人民代表大会批准的中央预算和经地方各级人民代表大会批准的本级预算，在执行中因特殊情况需要增加支出或者减少收入，使原批准的收支平衡的预算的总支出超过总收入，或者使原批准的预算中举借债务的数额增加的部分变更。在预算的执行中，因上级政府返还或者给予补助而引起的预算收支变化，不属于预算的调整。

预算调整必须严格依照法定程序进行，任何政府或者部门不得擅自变动预算。各级政府对于必须进行的预算调整，应当编制预算调整方案。中央预算的调整方案必须提请全国人民代表大会常务委员会审查和批准。县级以上地方各级政府预算的调整方案必须提请本级人民代表大会常务委员会审查和批准。乡、民族乡、镇政府预算的调整方案必须提请本级人民代表大会审查和批准。未经批准，不得调整预算。未经批准调整的预算，各级政府不得作出任何使原批准的收支平衡的预算的总支出超过总收入或者使原批准的预算中举借债务的数额增加的决定。

预算调整的注意事项：

（1）预算调整方案由政府财政部门负责具体编制。预算调整方案应当列明调整的原因、项目、数额、措施及有关说明，经本级政府审定后，提请本级人民代表大会常务委员会审查和批准。

（2）接受上级返还或者补助的地方政府，应当按照上级政府规定的用途使用款项，不得擅自改变用途。

（3）政府有关部门以本级预算安排的资金拨付给下级政府有关部门的专

款，必须经本级政府财政部门同意并办理预算划转手续。

（4）各部门、各单位的预算支出，必须按照本级政府财政部门批复的预算科目和数额执行，不得挪用；确需作出调整的，必须经本级政府财政部门同意。

（5）年度预算确定后，企业、事业单位改变隶属关系，引起预算级次和关系变化的，应当在改变财务关系的同时，相应办理预算划转。

六、决算

决算是对年度预算收支执行结果的会计报告，是预算执行的总结，是国家管理预算活动的最后一道程序。它包括决算报告和文字说明两个部分。

（一）决算草案的编制

决算草案由各级政府、各部门、各单位在每一预算年度终了后按国务院规定的时间编制，具体事项由国务院财政部门部署。

编制决算草案，必须符合法律、行政法规，做到收支数额准确、内容完整、报送及时。

各部门对所属各单位的决算草案，应当审核并汇总编制本部门的决算草案，在规定的期限内报本级政府财政部门审核。

各级政府财政部门对本级各部门决算草案审核后发现有不符合法律、行政法规规定的，有权予以纠正。

（二）决算草案的审查批准

国务院财政部门编制中央决算草案，报国务院审定后，由国务院提请全国人民代表大会常务委员会审查和批准。

县级以上地方各级政府财政部门编制本级决算草案，报本级政府审定后，由本级政府提请本级人民代表大会常务委员会审查和批准。

乡、民族乡、镇政府编制本级决算草案，提请本级人民代表大会审查和批准。

各级政府决算批准后，财政部门应当向本级各部门批复决算。

县级以上地方各级政府应当自本级人民代表大会常务委员会批准本级政府决算之日起30日内，将本级政府决算及下一级政府上报备案的决算汇总，报上一级政府备案。

国务院和县级以上地方各级政府对下一级政府依照规定报送备案的决算，认为有同法律、行政法规相抵触或者有其他不适当之处，需要撤销批准该项决算的决议的，应当提请本级人民代表大会常务委员会审议决定；经审议决定撤销的，该下级人民代表大会常务委员会应当责成本级政府依照本法规定重新编制决算草案，提请本级人民代表大会常务委员会审查和批准。

七、预决算的监督

预决算监督，是指对各级政府预算的编制、预算执行、预算调整以及决算等活动的合法性和有效性实施的监督。它是财政监督的一个重要组成部分，是预算管理的重要内容。

按监督时间前后划分，分为事前监督、日常监督和事后监督。按监督的内容划分，分为对预算编制的监督、对预算执行的监督、对预算调整的监督和对决算的监督等。

按监督主体划分，包括各级国家权力机关即各级人民代表大会及其常务委员会对预算、决算进行的监督，各级政府对下一级政府预算执行的监督，各级政府财政部门对本级各部门、各单位和下一级财政部门预算执行的监督检查，以及各级政府审计部门对预算执行情况和决算实行的审计监督。

（一）各级国家权力机关的监督

我国《预算法》规定，县级以上各级政府应当接受本级人民代表大会及其常务委员会对预算执行情况和决算的监督，乡级人民政府应当接受本级人民代表大会对预算执行情况和决算的监督；按照本级人民代表大会或其常务委员会的要求，报告预算执行情况；认真研究处理本级人民代表大会代表或者常务委员会组成人员有关改进预算管理的建议、批评和意见，并及时答复。

（二）各级政府的监督

各级政府应当加强对下级政府预算执行的监督，对下级政府在预算执行中违反法律、行政法规和国家方针政策的行为，依法予以制止和纠正；对本级预算执行中出现的问题，及时采取处理措施。

下级政府应当接受上级政府对预算执行的监督；根据上级政府的要求，及时提供资料，如实反映情况，不得隐瞒、虚报；严格执行上级政府作出的有关决定，并将执行结果及时上报。

各部门及其所属各单位应当接受本级财政部门有关预算再监督检查；按照本级财政部门的要求，如实提供有关预算资料；执行本级财政部门提出的检查意见。

（三）各级政府财政部门的监督

各级政府财政部门负责监督检查本级各部门及其所属各单位预算的执行；并对本级政府和上一级政府财政部门报告预算执行情况。

(四) 各级政府审计部门的监督

各级审计机关应当依照《中华人民共和国审计法》以及相关法律、行政法规的规定，对本级预算执行情况，对本级各部门及下级政府预算的执行情况和决算进行审计监督。

同步测试题：

一、单项选择题

1. 我国国家预算的级次是(   )。

A. 二级
B. 三级
C. 四级
D. 五级

2. 下列各项预算收入中，(   )是国家预算资金的重要来源。

A. 税收收入
B. 依照规定应当上缴的国有资产收益
C. 专项收入
D. 其他纳入预算管理的收入

3. 按照预算收入的来源不同，预算收入不包括(   )。

A. 税收收入
B. 捐赠收入
C. 专项收入
D. 国有资产收益收入

4. 国家预算由(   )、各级总预算和部门、单位预算组成。

A. 中央预算、省级预算
B. 中央预算、地方预算
C. 集中预算、分散预算
D. 上级预算、下级预算

5. 下列各项中，属于部门预算的有(   )。

A. 湖北省总预算
B. 教育部预算
C. 武汉大学预算
D. 武汉市洪山区本级政府预算

6. 根据我国《预算法》的规定，(   )负责审查和批准中央预算。

A. 全国人民代表大会
B. 全国人民代表大会常务委员会
C. 国务院
D. 财政部

7. 地方各级政府预算由(   )审查和批准。

A. 上级人民政府
B. 本级人民政府
C. 本级人民代表大会
D. 本级人民代表大会常务委员会

8. 县级以上地方各级政府对下一级政府依《预算法》有关规定报送备案的预算，认为有同法律、行政法规相抵触或者有其他不适当之处，需要撤销批准预算决议的，应当提请(   )审议决定。

A. 上一级人民政府
B. 上一级人民代表大会
C. 本级人民代表大会
D. 本级人民代表大会常务委员会

二、多项选择题

1. 下列属于政府公共预算支出的有（　　　）。
   A. 经济建设支出　　　　　　　　B. 国防支出
   C. 社会福利事业费支出　　　　　D. 各种补贴支出

2. 下列属于国家预算构成的有（　　　）。
   A. 中央预算　　　　　　　　　　B. 地方预算
   C. 总预算　　　　　　　　　　　D. 部门单位预算

3. 根据预算对象不同，国家预算可以分为（　　　）。
   A. 中央预算　　　　　　　　　　B. 地方预算
   C. 总预算　　　　　　　　　　　D. 部门单位预算

4. 下列（　　　）属于全国人民代表大会的预算管理职权。
   A. 审查中央和地方预算草案及中央和地方预算执行情况的报告
   B. 组织中央和地方预算执行
   C. 批准中央预算和中央预算执行情况的报告
   D. 改变或者撤销全国人民代表大会常务委员会关于预算、决算的不适当的决议

5. 下列（　　　）属于全国人民代表大会常务委员会的预算管理职权。
   A. 审查和批准中央预算的调整方案
   B. 审查和批准中央预算
   C. 撤销国务院制定的同宪法、法律相抵触的关于预算、决算的行政法规定、决定和命令
   D. 撤销省、自治区、直辖市人民代表大会及其常务委员会制定的同宪法、法律和行政法规相抵触的关于预算、决算的地方性法规和决议

6. 各级政府编制年度预算草案的依据包括（　　　）。
   A. 法律、法规
   B. 上一年度预算执行情况和本年度预算收支变化因素
   C. 本部门、本单位的定员定额标准
   D. 国民经济和社会发展计划以及有关的财政经济政策

7. 预算监督主体有（　　　）。
   A. 各级国家权力机关即各级人民代表大会及其常务委员会
   B. 各级人民政府
   C. 各级人民政府的财政部门
   D. 各级政府审计部门

8. 预决算监督按内容划分包括（　　　）。

A. 对预算编制的监督　　　　　B. 对预算执行的监督
C. 对预算调整的监督　　　　　D. 对决算的监督

三、判断题

1. 国务院和县级以上地方各级政府对下一级政府依照规定报送备案的决算，认为有同法律、行政法规相抵触或者有其他不适当之处，有权撤销批准该项决算的决议。　　　　　　　　　　　　　　　　　　　　　　（　　　）

2. 各级预算由本级政府组织执行，具体工作由本级政府财政部门负责。
　　　　　　　　　　　　　　　　　　　　　　　　　　　　　　　（　　　）

3. 国家预算由预算收入和预算支出组成。　　　　　　　　　　　（　　　）

4. 国家预算实行一级政府一级预算。　　　　　　　　　　　　　（　　　）

5. 我国的国家预算，可以分为中央预算、地方预算、各级总预算，不包括部门单位预算。　　　　　　　　　　　　　　　　　　　　　　　　（　　　）

6. 乡级政府的总预算就是乡级政府的本级预算。　　　　　　　（　　　）

7. 教育、科学、文化、卫生、体育等事业发展支出是预算支出的主要部分。
　　　　　　　　　　　　　　　　　　　　　　　　　　　　　　　（　　　）

8. 决算实质上是对年度预算执行结果的总结，是国家管理预算活动的最后一道程序。　　　　　　　　　　　　　　　　　　　　　　　　　　（　　　）

第二节　政府采购法律制度

一、政府采购的概念

政府采购是指各级国家机关、事业单位和团体组织，使用财政性资金采购依法制定的集中采购目录以内的或者采购限额标准以上的货物、工程和服务的行为。

（一）政府采购的主体范围

政府采购的主体，即采购人，是指使用财政性资金采购依法制定的集中采购目录以内的或者限额标准以上的货物、工程和服务的国家机关、事业单位和团体组织。此处的"国家机关"是指各级国家权力机关、行政机关、司法机关、党务机关等；此处的"事业单位"是指依法设立的科教文卫体医等公共事业单位；此处的"社会团体"是指依法设立的由财政供养的从事公共社会活动的团体组织等。

国有企业不属于政府采购的主体范围。

（二）政府采购的资金范围

政府采购资金为财政性资金，包括预算内资金、预算外资金及与财政资金相配套的单位自筹资金的总和。

（三）政府集中采购目录和政府采购限额标准

政府采购实行集中采购和分散采购相结合。

集中采购的范围由省级以上人民政府公布集中采购目录确定。属于中央预算的政府采购项目，其集中采购目录由国务院确定并公布；属于地方预算的政府采购项目，其集中采购目录由省、自治区、直辖市人民政府或者其授权的机构确定并公布。纳入集中采购目录的政府采购项目，应当实行集中采购。

政府采购限额标准，属于中央预算的政府采购项目，由国务院确定并公布；属于地方预算的政府采购项目，由省、自治区、直辖市人民政府或者其授权的机构确定并公布。

（四）政府采购的对象范围

政府采购的对象包括货物、工程和服务。货物指各种形态和种类的物品，包括原材料、燃料、设备、产品等。工程指建设工程，包括建筑物和构筑物的新建、改建、扩建、装修、拆除、修缮等。服务指除货物和工程以外的其他政府采购对象。

政府采购应当采购本国货物、工程和服务。但有下列情形之一的除外：

（1）需要采购的货物、工程或者服务在中国境内无法获取或者无法以合理的商业条件获取的。

（2）在中国境外使用进行采购的。

（3）其他法律、行政法规另有规定的。

二、政府采购法律制度的构成

我国的政府采购法律制度包括政府采购法、政府采购部门规章、政府采购地方性法规和政府规章。

（一）政府采购法

《中华人民共和国政府采购法》于2002年6月29日颁布，自2003年1月1日起施行，该法是规范我国政府采购活动的根本性大法，也是制定其他政府采购法规制度的基本依据。

（二）政府采购部门规章

目前国务院尚未制定有关政府采购方面的行政法规，但国务院各部门，颁布了一系列有关政府采购的部门规章，主要包括《政府采购货物和服务招标投标管理办法》、《政府采购信息公告管理办法》、《政府采购供应商投诉处理办法》等。

（三）政府采购地方性法规和政府规章

政府采购地方性法规和政府规章是指地方各级人民政府财政部门及其他有关部门根据《中华人民共和国政府采购法》和本地的实际情况，在同级人民政府的授权下制定的规范本级政府及其所属部门单位采购行为的各种法规和规章，这些法规和规章以《政府采购法》为依据，同时结合各个地区的实际情况，有较强的针对性和可操作性。

三、政府采购的原则

《政府采购法》第三条规定："政府采购应当遵循公开透明原则、公平竞争原则、公正原则和诚实信用原则。"

（一）公开透明原则

公开透明原则要求政府采购的信息和行为不仅要全面公开，而且要完全透明，要做到政府采购的法规和规章制度公开，招标信息及中标或成交结果公开，开标活动公开，投诉处理结果或司法裁减决定等都要公开，使政府采购活动在完全透明的状态下运作，全面、广泛地接受监督。公开透明原则应该贯穿于政府采购的全过程。

（二）公平竞争原则

公平竞争原则包含竞争性原则和公平性原则，该原则要求政府采购活动在确保公平的前提下充分引入竞争机制，公平竞争原则可以进一步划分为竞争性原则和公平性原则。

（1）竞争性原则，就是通过引入竞争机制，最大限度地利用供应商之间的激烈竞争，促使政府采购形成对买方有利的竞争局面，从而使政府采购主体采购到质优价廉的商品和服务，以实现政府采购的目标。政府采购竞争的主要方式是招标投标。

（2）政府采购的公平性原则主要有两个方面的内容：一是机会均等，即政府采购应允许所有有兴趣参加投标的供应商参与竞争，政府采购主体不能无故将希望参加政府采购的供应商排斥在外；二是待遇平等，即政府采购应对所有的参加者一视同仁，给予其同等的待遇。

公平是实现采购目标的重要保证，竞争只有在公平的基础上才能发挥其最大的作用。

（三）公正原则

公正原则主要指采购人、采购代理机构相对于作为投标人、潜在投标人的多个供应商而言，政府采购主管部门相对于作为被监督人的多个当事人而言，应站在中立、公允、超然的立场上，对于每位相对人都要一碗水端平、不偏不倚、平等对待、一视同仁、不厚此薄彼，不因其身份不同而施行差别对待。

（四）诚实信用原则

市场经济是法制经济也是信用经济，诚实信用是市场经济的内在要求，当事人只有诚实信用形成良好的社会风气，才能保障市场经济的有序运行。

诚实信用原则要求政府采购当事人在政府采购活动中，本着诚实、守信的态度履行各自的权利和义务，一方面，采购主体在项目发标、信息公布、评标审标过程中要真实，不得有所隐瞒；另一方面，供应商在提供货物或服务时达到投标时作出的承诺。

四、政府采购的功能

政府采购具有以下功能：

（一）节约财政支出，提高资金使用效益

实行统一集中的政府采购使采购规模得到扩大，有助于形成政府采购买方市场。与此同时，政府采购充分引入竞争机制并建立对供应商的激励约束机制，这些都使得政府采购主体能够以较低廉的价格购买到高质量的货物、工程和服务，从而起到节约财政支出、提高采购资金使用效益的作用。

（二）强化宏观调控

市场经济的健康发展有赖于政府的宏观调控。政府采购制度，属于市场间接调控，国家可以通过政府采购活动，实行政府的调控目标。比如，由于政府采购数量大、品种多，足以左右市场供求关系。政府根据宏观经济冷热程度及其发展态势，适时、适量地安排政府采购行为，通过调整采购品种、数量和频率等足以影响国民经济产业结构和产品结构；政府也可以通过对采购地区的选择平衡地区间的经济发展。

（三）活跃市场经济

政府采购必须遵循公开、公平、公正的原则，在竞标过程中执行严密、透明的"优胜劣汰"机制，所有这些都会调动供应商参与政府采购的积极性，并能够促使供应商不断提高产品质量、降低生产成本或改善售后服务，以使自己能够赢得政府订单。供应商竞争能力的提高又能够带动整个国内市场经济的繁荣。从国际竞争的角度看，政府采购有助于供应商迈出国门、走向国际市

场，提高我国产品在国际市场上的竞争力，并早日进入国际政府采购市场。

（四）推进反腐倡廉

政府采购作为一项制度安排可以从两个方面推进政府的反腐倡廉工作。首先，政府采购中的采购人、采购代理机构和供应商三者之间在各自内在利益驱动下所形成的相互监督机制，可以促进反腐倡廉；其次，实行政府采购制度的同时也建立了一套外在的监督机制，如法律监督、政府采购主管部门的监督、各级纪检、监察、审计等部门的监督等，这些监督都最大限度地增加了政府采购的透明度、尽可能地避免腐败现象的发生。

（五）保护民族产业

政府采购是世界各国为保护民族产业所普遍采用的有效手段。根据我国《政府采购法》的规定，除极少数法定情形外，政府采购应当采购本国货物、工程和服务。这一规定就体现了国货优先原则，即政府采购保护民族产业的功能。

五、政府采购的执行模式

《政府采购法》规定，政府采购实行集中采购和分散采购相结合。采购人采购纳入集中采购目录的政府采购项目，应当实行集中采购。

（一）集中采购

集中采购是指由专门的政府采购机构负责本级政府的全部采购任务。纳入集中采购目录的是属于通用性的采购项目，或者是一些社会关注程度较高、影响较大的特点商品、大型工程和重要服务类项目。

集中采购根据集中程度的不同，又分为政府集中采购和部门集中采购两种。政府集中采购是指采购单位委托政府集中采购机构即政府采购中心组织实施的，纳入集中采购目录的是属于通用性的采购项目；部门集中采购是指由采购单位主管部门统一负责组织实施的，纳入集中采购目录的是属于本部门或者本系统有专业技术要求的项目采购活动。

集中采购有利于取得规模效益，降低采购成本，保证采购质量，贯彻政府采购有关政策取向，便于实施统一的管理和监督。不足之处是难以适应紧急情况采购，难以满足用户多样性需求、采购程序复杂、采购周期较长等。

（二）分散采购

分散采购是指由各预算单位使用财政性资金自行开展采购活动。

采购未纳入集中采购目录的政府采购项目，可以自行采购，也可以委托集中采购机构在委托范围内代理采购。列入分散采购的项目往往是一些在限额标准以上的、专业化程度较高或单位有特定需求的项目，一般不具有通用性的特征。

分散采购有利于满足采购及时性和多样性的需求，手续简单。不足之处是难以享受规模效益、加大了采购成本、不便于监督管理等。

六、政府采购当事人

政府采购当事人是指在政府采购活动中享有权利和承担义务的各类主体，包括采购人、供应商和采购代理机构等。

（一）采购人

采购人是政府采购中货物、工程和服务的直接需求者，是依法进行政府采购的国家机关、事业单位和团体组织。

1. 采购人的权利

采购人的权利主要包括：

（1）自行选择采购代理机构的权利。

（2）要求采购代理机构遵守委托协议约定的权利。

（3）审查政府采购供应商的资格的权利。

（4）依法确定中标供应商的权利。

（5）签订采购合同并参与对供应商履约验收的权利。

（6）特殊情况下提出特殊要求的权利。

（7）其他合法权利。

2. 采购人的义务

采购人的义务主要包括：

（1）遵守政府采购的各项法律、法规和规章制度。

（2）接受和配合政府采购监督管理部门的监督检查，同时还要接受和配合审计机关的审计监督以及监察机关的监察。

（3）尊重供应商的正当合法权益。

（4）遵守采购代理机构的工作秩序。

（5）在规定时间内与中标供应商签订政府采购合同。

（6）在指定媒体及时向社会发布政府采购信息、招标结果。

（7）依法答复供应商的询问和质疑。

（8）妥善保存反映每项采购活动的采购文件。

（9）其他法定义务。

（二）供应商

供应商是指向采购人提供货物、工程或者服务的法人、其他组织或者自然人。

1．供应商参加政府采购活动的条件

（1）具有独立承担民事责任的能力。

（2）具有良好的商业信誉和健全的财务会计制度。

（3）具有履行合同所必需的设备和专业技术能力。

（4）有依法缴纳税收和社会保障资金的良好记录。

（5）参加政府采购活动前三年内，在经营活动中没有重大违法记录。

（6）法律、行政法规规定的其他条件。

2．供应商的权利

供应商的权利主要包括：

（1）平等地取得政府采购供应商资格的权利。

（2）平等地获得政府采购信息的权利。

（3）自主、平等地参加政府采购竞争的权利。

（4）就政府采购活动事项提出询问、质疑和投诉的权利。

（5）自主、平等地签订政府采购合同的权利。

（6）要求采购人或采购代理机构保守其商业秘密的权利。

（7）监督政府采购依法公开、公正进行的权利。

（8）其他合法权利。

3．供应商的义务

供应商的义务主要包括：

（1）遵守政府采购的各项法律、法规和规章制度。

（2）按规定接受供应商资格审查，并在资格审查中客观真实地反映自身情况。

（3）在政府采购活动中，满足采购人或采购代理机构的正当要求。

（4）投标中标后，按规定程序签订政府采购合同并严格履行合同义务。

（5）其他法定义务。

（三）采购代理机构

采购代理机构是指具备一定条件，经政府有关部门批准依法拥有政府采购代理资格的社会中介机构。

采购代理机构具体分为一般采购代理机构和集中采购机构。一般采购代理机构的资格由国务院有关部门或省级人民政府有关部门认定，主要负责分散采购的代理业务。集中采购机构是进行政府集中采购的法定代理机构，是非营利事业法人，根据采购人的委托办理采购事宜。

采购代理机构的责任和义务主要有：

（1）依法开展代理采购活动并提供良好服务。

（2）依法发布采购信息。

（3）依法接受监督管理。

（4）不得向采购人行贿或者采取其他不正当手段牟取非法利益。

（5）其他法定义务和责任。

七、政府采购方式

政府采购可以采用公开招标、邀请招标、竞争性谈判、单一来源、询价以及国务院政府采购监督管理部门认定的其他采购方式。公开招标应作为政府采购的主要采购方式。

1. 公开招标

公开招标是指采购人或其委托的采购代理机构以招标公告的方式邀请不特定的供应商参加投标竞争，从中择优选择供应商的采购方式。公开招标，符合条件的所有供应商都可以参加竞标，具有透明、公开、高效、广泛竞争等优点。

采购人采购货物或者服务应当采用公开招标方式的，其具体数额标准，属于中央预算的政府采购项目，由国务院规定；属于地方预算的政府采购项目，由省、自治区、直辖市人民政府规定；因特殊情况需要采用公开招标以外的采购方式的，应当在采购活动开始前获得设区的市、自治州以上人民政府采购监督管理部门的批准。

采购人不得将应当以公开招标方式采购的货物或者服务化整为零或者以其他任何方式规避公开招标采购。

2. 邀请招标

邀请招标是一种限制性招标方式，是指采购人或其委托的政府采购代理机构以投标邀请书的方式邀请三家或三家以上特定的供应商参与投标的采购方式。

符合下列情形之一的货物或者服务，可以依照法律采用邀请招标方式采购：

（1）具有特殊性，只能从有限范围的供应商处采购的。

（2）采用公开招标方式的费用占政府采购项目总价值的比例过大的。

货物或者服务项目采取邀请招标方式采购的，采购人应该从符合资格条件的供应商中随机选择三家以上的供应商，并向其发出投标邀请书。

在招标采购中，出现下列情形之一的，应予废标：符合专业条件的供应商或者对招标文件作实质响应的供应商不足三家的；出现影响采购公正的违法、违规行为的；投标人的报价均超过了采购预算，采购人不能支付的；因重大变故，采购任务取消的。废标后，采购人应当将废标理由通知所有投标人，除采购任务取消情形外，应当重新组织招标；需要采取其他方式采购的，应当在采购活动开始前获得设区的市、自治州以上人民政府采购监督管理部门或者政府有关部门批准。

3. 竞争性谈判

竞争性谈判是指采购人或其委托的政府采购代理机构通过与多家供应商就采购事宜进行谈判，经分析比较后从中确定中标供应商的采购方式。

符合下列情形之一的货物或者服务，可以依照法律采用竞争性谈判方式采购：

（1）招标后没有供应商投标或者没有合格标的或者重新招标未能成立的。

（2）技术复杂或者性质特殊，不能确定详细规格或者具体要求的。

（3）采用招标所需时间不能满足用户紧急需要的。

（4）不能事先计算出价格总额的。

采用竞争性谈判方式采购的程序是：

（1）成立谈判小组。谈判小组由采购人代表和有关专家组成，谈判小组人数应是三人以上的单数，其中专家人数不得少于2/3。

（2）制定谈判文件。谈判文件应当明确谈判程序、谈判内容、合同草案的条款以及评定成交的标准等事项。

（3）确定邀请参加谈判的供应商名单。谈判小组从符合相应资格条件的供应商名单中确定不少于三家的供应商参加谈判，并向其提供谈判文件。

（4）谈判。谈判小组所有成员集中与单一供应商分别进行谈判。谈判中，任何一方不得透露与谈判有关的其他供应商的技术资料、价格和其他信息。谈判文件有实质性变动的，谈判小组应当以书面形式通知所有参加谈判的供应商。

（5）确定成交供应商。谈判结束后，谈判小组应当要求所有参加谈判的供应商在规定时间内进行最后报价，采购人从谈判小组提出的成交候选人中根据符合采购需求、质量和服务相等且报价最低的原则确定成交供应商，并将结果通知所有参加谈判的未成交的供应商。

4. 单一来源

单一来源也称直接采购，是指达到了限额标准和公开招标数额标准，但拟采购的货物和服务来源单一，如属专利、首创、合同追加等原因，只能从唯一的供应商处取得采购货物或服务的情况下，直接向该供应商协商采购的采购方式。该采购方式最主要的特点是没有竞争性。

符合下列情形之一的货物或者服务，可以依法采用单一来源方式采购：

（1）只能从唯一供应商处采购的。

（2）发生了不可预见的紧急情况不能从其他供应商处采购的。

（3）必须保证原有采购项目一致性或者服务配套的要求，需要继续从原供应商处添购，且添购资金总额不超过原合同多购金额10%。

5. 询价

询价是指采购人向三家以上潜在的供应商发出询价单，对各供应商一次性报出的价格进行分析比较，按照符合采购需求、质量和服务相等且报价最低的原则确定中标供应商的采购方式。该种采购方式适用于货物规格、标准单一、现货货源充足而且价格变动幅度比较小的采购项目。

询价采购方式的程序是：

（1）成立询价小组。询价小组由采购人代表和有关专家组成，询价小组人数应是三人以上的单数，其中专家人数不得少于2/3。询价小组应当对采购项目的价格构成和评定成交的标准等事项作出规定。

（2）确定被询价的供应商名单。询价小组根据采购需求，从符合条件的供应商中确定不少于三家的供应商，并向其发出询价通知书让其报价。

（3）询价。询价小组要求被询价的供应商一次报出不得更改的价格。

（4）确定成交供应商。采购人根据符合采购需求、质量和服务相等且报价最低的原则确定成交供应商，并将结果通知所有被询价的未成交的供应商。

八、政府采购的监督检查

政府采购的监督检查包括以下几个方面：

（一）政府采购监督管理部门的监督

其监督检查的主要内容有：

（1）有关政府采购的法律、行政法规和规章的执行情况。

（2）采购范围、采购方式和采购程序的执行情况。

（3）政府采购人员的职业素质和专业技能。

为防止政府采购监督管理部门利用其职权获取不正当利益，政府采购法规定：政府采购监督管理部门不得设置集中采购机构，不得参与政府采购项目的采购活动。采购代理机构与行政机关不得存在隶属关系或者其他利益关系。政府采购监督管理部门应当对政府采购项目采购活动进行检查，政府采购当事人应当如实反映情况，提供有关材料。

（二）集中采购机构的内部监督

集中采购机构应当建立健全内部监督管理制度。采购活动的决策和执行程序应当明确，并相互监督、相互制约。采购经办人员与负责采购合同审核、验收人员的职责权限应当明确，并相互分离。

集中采购机构的采购人员应当具有相关职业素质和专业技能，符合政府采购监督管理部门规定的专业岗位任职要求。集中采购机构对其工作人员应当加强教育和培训；对采购人员的专业水平、工作实绩和职业道德状况定期进行考核。采购人员经考核不合格的，不得继续任职。

（三）采购人的内部监督

政府采购项目的采购标准应当公开。采用政府采购法规定的采购方式的，采购人在采购活动完成后，应当将采购结果予以公布。

采购人选择采购方式和采购程序应当符合法定要求，必须按照政府采购法规定的采购方式和采购程序进行采购。任何单位和个人不得违反规定，要求采购人或者采购工作人员向其指定的供应商进行采购。

（四）政府其他有关部门的监督

审计机关应当对政府采购进行审计监督。政府采购监督管理部门、政府采购各当事人有关政府采购活动，应当接受审计机关的审计监督。

监察机关应当加强对参与政府采购活动的国家机关、国家公务员和国家行政机关任命的其他人员实施监察。

依照法律、行政法规的规定对政府采购负有行政监督职责的政府有关部门，应当按照其职责分工，加强对政府采购活动的监督。

（五）政府采购活动的社会监督

任何单位和个人对政府采购活动中的违法行为，均有权向有关部门控告和检举。

同步测试题：

一、单项选择题

1. 政府采购法律制度中效力量高的法律文件是（　　　）。

A. 《政府采购法》

B. 《广东省政府采购办法》

C. 《政府采购货物和服务招标投标管理办法》

D. 《政府采购信息公告管理办法》

2. 下列采购活动中，适用《政府采购法》调整的是（　　　）。

A. 某事业单位使用财政性资金采购办公用品

B. 某国有企业采购原材料

C. 某国有独资公司采购办公用品

D. 某个人独资企业采购办公用品

3. 根据政府采购法律制度的规定，下列有关集中采购和分散采购的表述中，不正确的是（　　）。

A. 集中采购必须委托集中采购机构代理采购

B. 只有未纳入集中采购目录的政府采购项目可以自行采购

C. 集中采购有利于满足采购及时性和多样性需求

D. 集中采购有利于取得规模效益，降低采购成本

4. 中央预算的政府采购项目，其集中采购目录由（　　）确定并公布。

A. 财政部　　　　　　　　　　　B. 国务院

C. 全国人民代表大会　　　　　　D. 全国人民代表大会常务委员会

5. 政府采购当事人的范围不包括（　　）。

A. 采购人　　　　　　　　　　　B. 供应商

C. 政府采购监督管理机构　　　　D. 采购代理机构

6. 下列各项中，不属于政府采购人的权利的是（　　）。

A. 要求采购代理机构遵守委托协议约定

B. 有权按照国家有关规定收取中介服务费

C. 依法确定中标供应商

D. 对特殊项目实施部门集中采购

7. 根据《政府采购法》的规定，对于具有特殊性，只能从有限范围的供应商处采购的货物，其适用的政府采购方式是（　　）。

A. 公开招标方式　　　　　　　　B. 邀请招标方式

C. 竞争性谈判方式　　　　　　　D. 单一来源方式

8. 根据《政府采购法》的规定，政府采购的主要方式是（　　）。

A. 公开招标方式　　　　　　　　B. 邀请招标方式

C. 竞争性谈判方式　　　　　　　D. 单一来源方

9. 根据政府采购法律制度的规定，对于技术复杂或者性质特殊，不能确定详细规格或者具体要求的货物，其适用的政府采购方式是（　　）。

A. 公开招标方式　　　　　　　　B. 邀请招标方式

C. 竞争性谈判方式　　　　　　　D. 单一来源方式

二、多项选择题

1. 政府采购的原则有（　　）。

A. 公开透明原则　　　　　　　　B. 公平竞争原则

C. 诚实信用原则　　　　　　　　D. 公正原则

2. 我国政府采购实行（　　）相结合的执行模式。

A. 公开招标　　　　　　　　　　B. 邀请招标

C. 集中采购　　　　　　　　　　　　D. 分散采购

3. 根据政府采购法律制度的规定，下列有关采购代理机构的表述中，正确的有(　　)。

A. 一般采购代理机构主要负责分散采购的代理业务

B. 集中采购代理机构是进行政府集中采购的法定代理机构

C. 政府采购代理机构应当依法发布采购信息

D. 采购代理机构本质上是一种国家机构

4. 下列选项中，可以作为政府采购当事人中的采购人的是 (　　)。

A. 中华人民共和国教育部　　　　　B. 人民教育出版社

C. 中国铁路总公司　　　　　　　　D. 某个体工商户

5. 符合 (　　) 情形之一的货物或服务，可以采用单一来源方式采购。

A. 只能从唯一供应商处采购的

B. 发生了不可预见的紧急情况不能从其他供应商处采购的

C. 必须保证原有采购项目一致性或者服务配套的要求，需要继续从原供应商处添购，且添购资金总额不超过原合同采购金额10%的

D. 某供应商在政府采购活动中，一直质优价廉，讲究信誉的

6. 根据政府采购法律制度的规定，下列情形中，采购人可以采用竞争性谈判方式采购的有 (　　)。

A. 采用招标方式所需时间不能满足用户紧急需要的

B. 不能事先计算出价格总额的

C. 采用公开招标方式的费用占政府采购项目总价值的比例过大的

D. 技术复杂或者性质特殊，不能确定详细规格或者具体要求的

三、判断题

1. 国有企业的采购，不属于政府采购范围。　　　　　　　　　　　　(　　)

2. 属于地方预算的政府采购项目，其集中采购目录和政府采购限额标准由地方各级人民政府或者其授权机构确定并公布。　　　　　　　　(　　)

3. 政府集中采购目录和采购限额标准由县级以上人民政府确定并公布。
　　　　　　　　　　　　　　　　　　　　　　　　　　　　　　(　　)

4. 政府采购信息应当在本级财政部门指定的政府采购信息发布媒体上向社会公布。　　　　　　　　　　　　　　　　　　　　　　　　(　　)

5. 根据政府采购法律制度的规定，集中采购必须委托集中采购机构代理采购。
　　　　　　　　　　　　　　　　　　　　　　　　　　　　　　(　　)

第三节　国库集中收付制度

我国国库集中收付制度包括财政部、中国人民银行联合印发的《财政国库管理制度改革试点方案》和《中央单位财政国库管理制度改革试点资金支付管理办法》等。

为提高财政资金收付管理的规范性、安全性、有效性和透明度，改革以往财政性资金主要通过征收机关和预算单位设立多重账户分散缴库和拨付的方式，我国自 2001 年开始实施国库集中收付制度改革。

一、国库集中收付制度

国库集中收付，是指以国库单一账户体系为基础，将所有财政性资金都纳入国库单一账户体系管理，收入直接缴入国库和财政专户，支出通过国库单一账户体系支付到商品和劳务供应者或用款单位的一项国库管理制度。

国库集中收付，也称国库单一账户制度，包括国库集中支付制度和收入收缴管理制度，是指将所有财政性资金都纳入国库单一账户体系管理，财政收入通过国库单一账户体系，直接缴入国库；财政支出通过国库单一账户体系，以财政直接支付和财政授权支付的方式，将资金支付到商品和劳务供应者或用款单位（预算单位使用资金但见不到资金）；未支用的资金均保留在国库单一账户，由财政部门代表政府管理运作。

二、国库单一账户体系

（一）国库单一账户体系的概念

国库单一账户体系是以财政国库存款账户为核心的各类财政性资金账户的集合，所有财政性资金的收入、支付、存储及资金清算活动均在该账户体系运行。

（二）国库单一账户体系的构成

国库单一账户体系由下列银行账户构成：

（1）财政部门在中国人民银行开设的国库单一账户。该类账户用于记录、核算和反映纳入预算管理的财政收入和支出活动，并用于与财政部门在商业银行开设的零余额账户进行清算，实现支付。

（2）财政部门按资金使用性质在商业银行开设的零余额账户（简称财政部门零余额账户）。该类账户用于财政直接支付和与国库单一账户支出清算；预算单位的零余额账户用于财政授权支付和清算。

（3）财政部门在商业银行为预算单位开设的零余额账户（简称预算单位零余额账户）。该类账户用于财政授权支付和清算。预算单位零余额账户可以办理转账、提取现金等结算业务，可以向本单位按账户管理规定保留的相应账户划拨工会经费、住房公积金及提租补贴，以及经财政部门批准的特殊款项，不得违反规定向本单位其他账户和上级主管单位、所属下级单位账户划拨资金。

（4）财政部门在商业银行开设的预算外资金财政专户。该类账户用于记录、核算和反映预算外单位的零星支出活动，并用于与国库单一账户清算。

（5）经国务院和省级人民政府批准或授权财政部门批准开设的特殊过渡性专户（简称特设专户）。该类账户用于记录、核算和反映预算单位的特殊专项支出活动，并用于与国库单一账户清算。

财政部是管理国库单一账户体系的职能部门，任何单位不得擅自设立、变更或撤销国库单一账户体系中的各类银行账户。

三、财政收入收缴方式和程序

（一）收缴方式

财政收入的收缴分为直接缴库和集中汇缴两种方式。

（1）直接缴库，是指由缴款单位或缴款人按有关法律法规规定，直接将应缴收入缴入国库单一账户或预算外资金财政专户。

（2）集中汇缴，是指由征收机关依法将所收的应缴收入汇总缴入国库单一账户或预算外资金财政专户。

（二）收缴程序

1. 直接缴库程序

直接缴库的税收收入，由纳税人或其税务代理人提出纳税申报，经征收机关审核无误后，由纳税人通过开户银行将税款缴入国库单一账户。直接缴库的其他收入，比照上述程序缴入国库单一账户或预算外资金财政专户。

2. 集中汇缴程序

小额零散税收和法律另有规定的应缴收入，由征收机关于收缴收入的当日汇总缴入国库单一账户。非税收入中的现金缴款，比照本程序缴入国库单一账户或预算外资金财政专户。

四、财政支出支付方式和程序

（一）支付方式

财政性资金的支付，按照不同的支付主体和不同类型的支出，实行财政直接支付和财政授权支付两种方式。

1. 财政直接支付

财政直接支付，是指由财政部门向中国人民银行和代理银行签发支付指令，代理银行根据支付指令通过国库单一账户体系将资金直接支付到收款人或用款单位账户。

实行财政直接支付的支出包括：

（1）工资支出、购买支出以及中央对地方的专项转移支付，拨付企业大型工程项目或大型设备采购的资金等，直接支付到收款人。

（2）转移支出（中央对地方专项转移支出除外），包括中央对地方的一般性转移支付中的税收返还、原体制补助、过渡期转移支付、结算补助等支出，对企业的补贴和未指明购买内容的某些专项支出等，支付到用款单位（包括下级财政部门和预算单位，下同）。

2. 财政授权支付

预算单位按照财政部门的授权，自行向代理银行签发支付指令，代理银行根据支付指令，在财政部门批准的该预算单位的用款额度内，通过国库单一账户体系将资金支付到收款人账户。

实行财政授权支付的支出包括未实行财政直接支付的购买支出和零星支出。

（二）支付程序

1. 财政直接支付程序

预算单位按照批复的部门预算和资金使用计划，向财政国库支付执行机构提出支付申请，财政国库支付执行机构根据批复的部门预算和资金使用计划及相关要求对支付申请审核无误后，向代理银行发出支付令，并通知中国人民银行国库部门，通过代理银行进入全国银行清算系统实时清算，财政资金从国库单一账户划拨到收款人的银行账户。

财政直接支付主要通过转账方式进行，也可以采取"国库支票"支付。

2. 财政授权支付程序

预算单位按照批复的部门预算和资金使用计划，向财政国库支付执行机构申请授权支付的月度用款限额，财政国库支付执行机构将批准后的限额通知代理银行和预算单位,并通知中国人民银行国库部门。预算单位在月度用款限额内,自行开具支付令,通过财政国库支付执行机构转由代理银行向收款人付款,并与国库单一账户清算。

预算外资金的支付,逐步比照上述程序实施。

同步测试题:

一、单项选择题

1. 根据国库集中收入制度的规定,用于财政直接支付和与国库单一账户支出清算的账户是(   )。

A. 预算单位的零余额账户   B. 财政部门的零余额账户

C. 预算外财政资金专户   D. 特设过渡性专户

2. 根据国库集中收付制度的规定,(   )是持有和管理国库单一账户体系的职能部门。

A. 财政部门   B. 中国人民银行

C. 代理银行   D. 各级地方人民政府

3. 财政资金支出按照不同的支付主体分别实行财政直接支付和财政授权支付。实行财政直接支付的支出不包括(   )。

A. 工资支出   B. 购买支出

C. 转移支出   D. 零星支出

4. 可以向单位的相应账户划拨工会经费、住房公积金及提租补贴,以及经财政部门批准的特殊款项的账户是(   )。

A. 财政部门零余额账户   B. 预算单位零余额账户

C. 预算外资金财政专户   D. 特设专户

二、多项选择题

1. 下列支出,实行财政直接支付的是(   )。

A. 中央对地方的专项转移支付

B. 拨付企业大型工程项目或大型设备采购的资金

C. 中央对地方的税收返还

D. 中央对地方的原体制补助、过渡期转移支付、结算补助等支出

2. 根据国库集中收付制度的规定,财政支付方式包括(   )。

A. 直接缴库   B. 集中汇缴

C. 财政直接支付   D. 财政授权支付

3. 下列账户中,属于国库单一账户体系中的包括(   )。

A. 预算外财政资金专户   B. 特设专户

C. 国库单一账户
D. 财政部零余额账户

4. 我国财政收入的收缴方式包括（　　）。

A. 直接缴库
B. 集中汇缴

C. 分散缴库
D. 分层缴库

三、判断题

1. 国库集中收付制度是指将所有财政性资金全部集中到国库单一账户，并规定所有的支出必须由国库直接支付给商品或劳务供应者或用款单位，实行收支两条线管理。　　　　　　　　　　　　　　　　　　　　　　（　　）

2. 所有预算收入都应全部缴入国库。　　　　　　　　　　　　　（　　）

3. 预算单位零余额账户不得违反规定向本单位其他账户和上级主管单位、所属下级单位账户划拨资金。　　　　　　　　　　　　　　　　　（　　）

4. 直接缴库，是指由征税机关按有关法律规定，将所收的应缴收入汇总缴入国库单一账户或预算外资金财政专户，集中汇缴是指由缴款单位或缴款人按有关法律法规规定，将应缴收入汇总后缴入国库单一账户或预算外资金财政专户。　　　　　　　　　　　　　　　　　　　　　　　　　　　（　　）

第六章　会计职业道德

【学习目标】

通过本章学习，掌握会计职业道德的概念、特征及会计职业道德规范的主要内容；熟悉会计职业道德与会计法律制度的关系，会计职业道德教育的形式、内容和途径，会计职业道德的检查与奖惩的相关规定；了解职业道德的概念、特征及功能。

【案例导入】

某公司因技术改造，资金周转困难，需要向银行贷款 3000 万元。公司总经理找来返聘的会计赵庆，说："现在公司资金紧张，急需向银行贷款，提供给银行的会计报表一定要漂亮一点，请你负责技术处理一下。"赵庆对公司的财务状况和偿债能力十分清楚，明白做这种"技术"处理是很危险的。在总经理的反复"开导"下，赵庆认为，公司领导对他十分照顾，退休以后又被返聘，并解决了孩子的就业问题，现在公司有难处，应该知恩图报，况且自己只是个返聘人员，做一些"技术"处理也不为过。于是编制了一份漂亮的会计报告，获得银行 3000 万元贷款。

要求：说明赵庆的行为违反了哪些会计职业道德要求？

【解析】赵庆的行为违反了坚持准则的会计职业道德要求。坚持准则的基本要求之一是遵循准则。在会计核算和会计监督时要自觉遵守各项准则、自律在先，同时也要求他人遵守准则。发生道德冲突时，应坚持准则，对法律负责，对国家和社会公众负责，敢于同违反会计法律法规和财务制度的现象作斗争，确保会计信息的真实、完整。因此赵庆违反了坚持准则的会计职业道德要求。赵庆的行为还违反了客观公正的会计职业道德要求。客观公正要求会计人员依法办事、实事求是、不偏不倚，保持应有的独立性。而赵庆不顾客观事实编制了一份"漂亮"的、实际上是虚假的会计报告，违反了客观公正的会计职业道德要求。最后，赵庆的行为还违反了诚实守信的会计职业道德要求。诚实守信的基本要求是做老实人、说老实话、办老实事、不弄虚作假、保密守信、执业谨慎、信誉至上。而赵庆为了感谢公司领导的照顾，违心地做了"技术"处理，编制虚假的会计报告，违反了诚实守信的会计职业道德要求。

第一节　会计职业道德概述

一、职业道德

（一）职业道德的概念

职业道德有广义和狭义之分。

广义的职业道德是指从业人员在职业活动中应该遵循的行为准则，涵盖了从业人员与服务对象、职业与职工、职业与职业之间的关系。

狭义的职业道德是指在一定职业活动中应遵循的、体现一定职业特征的、调整一定职业关系的职业行为准则和规范。职业道德既是从业人员在进行职业活动时应遵循的行为规范，也是从业人员对社会所应承担的道德责任和义务。不同职业的人员在特定的职业活动中形成了特殊的职业关系、职业利益、职业活动范围和方式，由此形成了不同职业人员的道德规范。

职业道德的本质是社会经济关系所决定的社会意识形态，社会经济关系的类型决定着职业道德的性质。有什么样的社会经济关系就有与其相适应的职业道德。生产资料私有制的社会经济关系决定了私有制社会的职业道德，生产资料公有制的社会经济关系决定了公有制社会的职业道德。为人民服务是社会主义职业道德的核心，集体主义是以生产资料公有制为主体的社会主义社会职业道德的基本原则，强调奉献社会，把社会利益放在首位。

（二）职业道德的主要内容

虽然各行各业的职业活动内容和职业特征不同，不同职业的职业道德内容也不尽相同，但是不同职业的职业道德都有其共同的基本内容。我国《公民道德建设实施纲要》提出了职业道德的基本内容，即"爱岗敬业、诚实守信、办事公道、服务群众、奉献社会"。这既是我国职业道德建设的根本指南，也昭示了我国职业道德的主要内容和要求。

1. 爱岗敬业

爱岗敬业是职业道德的基础，是社会主义职业道德的首要规范。

人们之间只有社会分工的不同，而无高低贵贱之分。爱岗就是热爱自己的工作岗位、忠于职守、安心本职工作、对本职工作尽心尽力、干一行爱一行。对任何从业人员来说，不管是主动选择的岗位，还是被动选择的岗位，最基本的条件就是应爱护自己的职业岗位。

敬业是爱岗的升华，是爱岗情感的表达，就是以恭敬、严肃、负责的态度对待自己的职业，对本职工作一丝不苟、兢兢业业、专心致志。敬业通过对职业工作的极端负责任、对技术的精益求精表现出来，通过乐业、勤业、精业表现出来。

爱岗敬业，是人们对从业者工作态度的普遍要求，是国家对每个从业者的最基本的期待，是从业者服务社会、敬重自己的工作的具体表现。爱岗敬业，就是要对自己的工作认真负责，刻苦勤奋，精益求精，为实现职业上的奋斗目标而努力。

2. 诚实守信

诚实守信是做人的基本准则，也是职业道德的精髓。诚实守信是中华民族的优良传统之一，也是人类文明的共同财富。诚实守信对从业者而言，是"立人之道"、"进德修业之本"。诚实就是真心实意，实事求是，不虚假，不欺诈；守信就是遵守承诺，讲究信用，注重信誉。诚实守信是各行各业的生存之道，是维系良好的市场经济秩序必不可少的道德准则。职业生活中的虚伪欺诈、言而无信是与职业道德不相容的。

3. 办事公道

办事公道是处理职业内外关系的重要行为准则。办事公道是指处理各种职业事务要公道正派、客观公正、不偏不倚、公平公开。从业人员应在自己的本职工作岗位上，自觉遵守按照行业特点制定的工作原则。

按原则办事是办事公道的具体体现。表现在对待职业对象的态度上，要一视同仁、秉公办事，不因职位高低、贫富亲疏的差别而区别对待。办事公道有助于社会文明程度的提高，是市场经济良性运转的有效保证。

办事公道是在爱岗敬业，诚实守信的基础上提出的更高层次的职业道德的基本要求。

4. 服务群众

服务群众、满足群众要求、尊重群众利益是为公众服务这一职业道德核心在职业生活中的具体化。任何职业都有其职业服务对象，作为一项职业之所以能够存在，就是该项职业的职业对象对这项职业有共同的要求。如，求学的学生要求教师能传道授业解惑、病人要求医生能治好他的病等。在我们的社会中，所有职业的共同服务对象就是人民群众。每一个职业劳动者都是群众的一员，在他的职业岗位上工作是服务者，为群众提供服务；而在其他场合就成为被服务者，接受他人提供的服务。每个人都接受着他人直接或间接提供的各种服务。因此，服务群众就是群众自我服务，相互共同服务。服务群众就要求倾听群众呼声，体察群众困难，尊重群众意愿，解除群众忧虑，满足群众需要，维护群众利益，取得他们的信任和信赖。

5. 奉献社会

奉献社会是职业道德的出发点和归宿。

奉献社会就是要履行对社会、对他人的义务，自觉、努力地为他人、为社会作贡献。当社会利益与个人利益发生冲突时，要求每个从业人员都把公众利益、社会利益放在首位。

奉献社会并不意味着否定个人的正当利益。个人通过职业活动奉献社会，每个社会成员通过职业活动获得正当的收入，满足自己各方面的需求，社会财富也由此得到增加，真正体现了个人与社会的相依性。

奉献社会是职业道德的最高境界，也是做人的最高境界。

二、会计职业道德

（一）会计职业道德的概念

会计职业道德，是指在会计职业活动中应当遵循的、体现会计职业特征的、调整会计职业关系的职业行为准则和规范，它既是带有强烈经济性色彩的经济道德，又是受到社会广泛关注的社会道德。

会计职业道德是随着会计职业的产生而逐渐形成的。随着生产力的发展，会计职业实践活动不断丰富和深化，会计职业关系也日趋复杂，人们对会计职业活动的客观要求也逐渐明确，促进了会计职业道德的不断发展和完善。

（二）会计职业道德的特点

会计职业道德与其他职业道德相比，具有自身的特点：

1. 具有一定的强制性

一般的职业道德侧重于人们的行为动机和内心信念的调整，通常只对那些最低限度的要求赋予强制性。会计因其服务对象涉及社会的方方面面，提供的会计信息是公共产品，会计职业道德必将受到社会关注，具有广泛的社会性，是旨在维护社会经济秩序的职业规范，而不仅仅是追求内在精神世界的高尚和完善。为了强化会计职业道德的调整职能，会计职业道德通过《会计法》、《会计基础工作规范》等形式和其他规章制度被固定下来，从而使会计职业道德具有一定的强制性。

2. 较多关注社会公众利益

现代市场经济条件下的会计更多履行的是公共性会计职责，会计活动与社会公众利益密切联系。当个人利益、经济主体利益与国家利益和社会公众利益发生矛盾、产生冲突时，要求会计人员客观公正、坚持准则，把社会公众利益放在第一位，努力维护社会公众利益。

（三）会计职业道德的作用

1. 会计职业道德是规范会计行为的基础

动机是行为的先导，有什么样的动机就有什么样的行为。会计职业道德对会计的行为动机提出了相应的要求，如诚实守信、客观公正等，引导、规劝、约束会计人员树立正确的职业观念，建立良好的职业品行，从而达到规范会计行为的目的。

2. 会计职业道德是实现会计目标的重要保证

从会计职业关系角度讲，会计目标就是为会计职业关系中的各个服务对象提供真实、可靠的会计信息。如果会计从业者故意或非故意地提供了不真实、不可靠的会计信息，就会导致服务对象的决策失误，甚至导致社会经济秩序混乱。会计目标能否顺利实现，既取决于会计从业者专业技能水平，也取决于会计从业者能否严格履行职业行为准则。依靠会计职业道德规范约束会计从业者的职业行为，是实现会计目标的重要保证。

3. 会计职业道德是会计法律制度的重要补充

在现实生活中，人们的很多行为很难由法律作出规定。例如，会计法律只能对会计人员不得违法的行为作出规定，不宜对他们如何爱岗敬业、诚实守信、提高技能等提出具体要求，但是，如果会计人员缺乏爱岗敬业的热情和态度，缺乏诚实守信的做人准则，没有必要的职业技能，则很难保证会计信息达到真实、完整的法定要求。很显然，会计职业道德是其他会计法律制度所不能替代的，会计职业道德是会计法律规范的重要补充。

三、会计职业道德与会计法律制度

（一）会计职业道德与会计法律制度的关系

会计职业道德与会计法律制度有着密切的联系，二者相互联系、相互渗透、相互补充、相互作用、相辅相成。

1. 作用上相互补充

在规范会计行为中，会计法律制度的强制功能和会计职业道德的教化功能是相互补充的。会计行为不可能都由会计法律制度进行规范，不需要或不宜由会计法律制度进行规范的行为，可以通过会计职业道德规范来调整。会计法律只能对会计人员不得违法的行为作出规定，不宜对他们如何勤勉敬业、提高技能、强化服务等提出具体要求。因此，在规范会计行为中，会计职业道德是会计法律制度的重要补充。

2. 内容上相互渗透、相互重叠

凡是会计法律制度不允许的行为，都是会计职业道德要谴责的行为；而会计法律制度所规定的行为，又都是会计职业道德所倡导的行为。会计法律制度中含有会计职业道德规范的内容，同时，会计职业道德规范也包含会计法律制度的某些条款。最初的会计职业道德规范就是对会计职业行为约定俗成的基本要求，后来制定的会计法律制度吸收了这些基本要求，便形成了会计法律制度。可以说，会计法律制度是会计职业道德的最低要求。会计法律制度中的许多具体规定，直接或间接地反映了会计职业道德的要求。如会计法律制度中的账实相符规定体现了会计职业道德规范要求中诚实、客观的要求。

3. 实施上相互作用、相互促进

会计职业道德是会计法律制度正常运行的社会和思想基础，会计法律制度则是促进会计职业道德规范形成和遵守的重要保障。会计法律制度规范的制定和施行的过程，从一定意义上讲，也是会计工作主体道德自我教育、自我培养的过程，通过对违反《会计法》行为的法律制裁，对依法、守法、执法、护法行为的表扬、奖励，使会计法律规范在培养会计职业道德上发挥重要作用。

（二）会计职业道德与会计法律制度的区别

1. 性质不同

会计法律制度是国家会计政策法律化的表现形式，充分体现了统治阶级在会计活动中的愿望和意志，具有普遍的法律效力，是约束和调整会计从业人员最基本的要求，它通过国家机器强制执行，具有很强的他律性。

会计职业道德并不都是统治阶级的愿望与意志，很多来自职业习惯和约定俗成。会计职业道德依靠信念、习惯、传统和教育的力量来维持，主要依靠社会舆论和会计从业人员的自觉性，基本上是非强制性的，具有很强的自律性。

2. 作用范围不同

会计法律制度和会计职业道德二者作用的范围侧重点不同。

会计法律制度侧重于调整会计人员的外在行为和结果的合法化，具有较强的客观性。会计职业道德不仅要求调整会计人员的外在行为，还要求调整会计人员内在的精神世界，着重要求的是会计人员动机的善良、高尚和纯洁，具有较强的主观性。

会计法律制度所规定的行为规范均包括在会计职业道德要求之中，会计法律制度的各种规定是会计职业关系得以维系的最基本条件，是对会计从业人员行为最低限度的要求，用以维持现有的会计职业关系和正常的会计工作秩序。会计职业道德处在会计行为规范的较高层次上。在会计职业活动的实践中，违反会计法律制度的行为一定违反了会计职业道德，而违反会计职业道德的行为不一定违反了会计法律制度。

3. 表现形式不同

会计法律制度是通过一定的程序由国家立法机关或行政管理机关制定的，其表现形式是具体的、明确的、正式形成文字的成文规定，以国家的强制力作为实施的保障，带有明显的强制性。会计法律制度要求的是"必须"，一般表现为禁止性规范和命令性规范，对违反会计法律制度的行为应视其后果进行追究，并视情节轻重追究行政责任甚至刑事责任。

会计职业道德出自于会计人员的职业生活和职业实践，其表现形式既有明确的成文规定，也有不成文的规范，尤其是那些较高层次的会计职业道德，存在于人们的意识和信念之中，并无具体的表现形式，它依靠社会舆论、道德教育、传统习俗和道德评价来实现。即使是那些成文的会计职业道德，与会计法律制度相比，在表现形式上也缺乏具体性和准确性，通常只是指出人们应当做或者不应当做某种行为的一般原则和要求。会计职业道德要求的是"应该"，对违背会计职业道德规范的应予以舆论谴责，并引起违背良心的内疚和行为的反思。

4. 实施保障机制不同

为了达到有法必依、执法必严、违法必究的目的，会计法律制度有一种实施保障机制，这种保障机制不仅体现在法律规范的内容具有明确的制裁和处罚条款，而且体现在设有与之相配合的权威的制裁和审判机关，而由国家强制力保障实施。而会计职业道德既有国家法律的相应要求，又需要会计人员自觉遵守。当人们对会计职业道德上的权利与义务发生争议时，并没有权威机构对其中的是非曲直作出裁定，或者即使有裁定也是舆论性质的，并没有保障裁定执行的专门机构。

会计行为的规范化不仅要以会计法律、法规作保证，还要依赖会计人员的道德信念、道德品质来实现。要从根本上规范会计行为，必须把依法治理和以德治理紧密结合起来。会计职业道德准则只有转化为人们的内在信念和内在品质，才能在会计行为中真正扎下根，达到治本的目的。为此，在规范会计行为，维护社会主义市场经济秩序中，既要坚持不懈地加强会计法制建设，依法规范会计行为，同时也要坚持不懈地加强会计职业道德建设，以德治理会计行为。

【例6-1-1】会计职业道德和会计法律制度两者的区别主要有( )。

A. 会计法律制度具有很强的他律性，会计职业道德具有很强的自律性

B. 会计法律制度调整会计人员的外在行为，会计职业道德只调整会计人员内在的精神世界

C. 会计法律制度有成文规定，会计职业道德无具体的表现形式

D. 违反会计法律制度可能受到法律制裁，违反会计职业道德只会受到道德谴责

【解析】A。会计法律制度调整会计人员的外在行为，会计职业道德既调整会计人员内在的精神世界，也调整会计人员的外在行为，故B错误；会计法律制度有成文规定，会计职业道德有的也有具体的表现形式，故C错误；违反会计法律制度可能受到法律制裁，违反会计职业道德有的不仅会受到道德谴责，也可能受到法律制裁，故D错误。

同步测试题：

一、单项选择题

1. 职业道德的性质是由( )决定的。

A. 社会实践　　　　　　　　　B. 经济基础

C. 社会经济关系　　　　　　　D. 上层建筑

2. 狭义的职业道德是指在一定职业活动中应遵循的、体现一定职业特征的、调整一定职业关系的职业( )。

A. 行为准则和规范　　　　　　B. 规章和要求

C. 规则和纪律　　　　　　　　D. 纪律和规范

3. 职业道德的出发点和归宿是( )。

A. 爱岗敬业　　　　　　　　　B. 办事公道

C. 服务群众　　　　　　　　　D. 奉献社会

4. 下列各项中，属于《公民道德建设实施纲要》中提出的职业道德主要内容的是( )。

A. 诚信为本、依法治国、民主理财、科学决策、奉献社会

B. 爱岗敬业、诚实守信、办事公道、服务群众、奉献社会

C. 文明礼貌、助人为乐、爱护公物、保护环境、遵纪守法

D. 爱岗敬业、诚实守信、廉洁自律、客观公正、坚持准则、提高技能、参与管理、强化服务

5. (　　)既是做人的基本准则，也是职业道德的精髓。

A. 诚实守信　　　　　　　　　　B. 爱岗敬业

C. 服务群众　　　　　　　　　　D. 奉献社会

6. 社会主义职业道德所倡导的首要规范是(　　)。

A. 诚实守信　　　　　　　　　　B. 爱岗敬业

C. 服务群众　　　　　　　　　　D. 奉献社会

7. 会计职业道德，指在会计职业活动中应当遵循的、体现(　　)特征的、调整会计职业关系的职业行为准则和规范。

A. 会计工作　　　　　　　　　　B. 会计活动

C. 会计人员　　　　　　　　　　D. 会计职业

8. 下列各项中，不属于会计职业道德主要作用的是(　　)。

A. 对会计法律制度的重要补充

B. 规范会计行为的基础，是实现会计目标的重要保证

C. 会计人员提高素质的内在要求

D. 对会计职务犯罪加以惩处

二、多项选择题

1. 道德作为一种社会意识形态，其特征一般有(　　)。

A. 继承性　　　　　　　　　　　B. 强制性

C. 社会性　　　　　　　　　　　D. 自律性

2. 道德是依靠 (　　) 来维持和调整人们行为的规范体系。

A. 社会舆论　　　　　　　　　　B. 国家政策

C. 内心信念　　　　　　　　　　D. 法律

3. 某企业员工在讨论职业道德时提出下列观点，正确的有(　　)。

A. 社会分工形成各种不同的职业是职业道德产生的必要条件

B. 道德是从业人员对社会所应承担的道德责任和义务

C. 职业道德主要解决职业生活中的具体道德冲突

D. 职业道德由社会经济关系所决定

4. 会计职业道德与其他职业道德相比具有一定的(　　)和(　　)。

A. 强制性　　　　　　　　　　　B. 自律性

C. 他律性　　　　　　　　　　　D. 较多关注公众利益

5. 下列各项中，属于会计职业道德中非强制性要求内容的是(　　)。

A. 提高技能　　　　　　　　　B. 强化服务

C. 参与管理　　　　　　　　　D. 奉献社会

6. 下列关于会计职业道德和会计法律制度二者关系的观点中，正确的有（　　　）。

　　A. 两者在实施过程中相互作用、相互补充

　　B. 会计法律制度是会计职业道德的最低要求

　　C. 违反会计法律制度一定违反会计职业道德

　　D. 违反会计职业道德也一定违反会计法律制度

第二节　会计职业道德规范的主要内容

一、爱岗敬业

（一）爱岗敬业的含义

爱岗敬业包含"爱岗"和"敬业"两个方面的要求。

爱岗，就是会计人员热爱本职工作，安心本职岗位，在任何时候、任何场合下都要做到忠于职守、尽职尽责。

敬业，就是从事会计职业的人员充分认识到会计工作在国民经济中的地位和作用，以从事会计工作为荣，敬重会计工作，认真地对待本职工作，将身心与本职工作融为一体，具有献身于会计工作的决心。

（二）爱岗敬业的基本要求

1. 热爱会计工作，敬重会计职业

只有正确地认识会计本质、会计工作的重要性，爱岗敬业才有坚实的思想基础。无论是主动还是被动地选择了会计职业，都要以从事会计工作为"荣"、为"乐"。唯其如此，才能潜心向学、任劳任怨，成为真正的行家里手。只有真正热爱会计事业，让"心灵进入岗位"，才能把智力、体力的付出看成是人生的一种追求，而不仅仅是养家糊口的谋生手段，才能在不断的追求中产生乐趣。只有真正热爱会计工作，才能增强从事会计职业的光荣感和责任感，才能无条件地忠诚于会计事业。

2. 严肃认真，一丝不苟

只有爱岗敬业的意识还远远不够，还必须有严肃认真的工作态度和一丝不

苟的工作作风。否则，就可能出偏差。会计工作是一项严肃细致的工作，对一些凭证、账簿、报表的填制和审核，必须严肃认真，把好关，守好口，不仅要求数字计算准确，手续清楚完备，而且绝不能有"都是熟人不会错"的麻痹思想和"马马虎虎、敷衍塞责"的工作作风。要将严肃认真、一丝不苟的职业作风贯穿于会计工作的始终。

3. 忠于职守，尽职尽责

忠于职守主要表现为忠实于服务主体、忠实于社会公众、忠实于国家三个方面。注册会计师接受委托对经营管理者审计、鉴定或咨询，依法出具审计报告，不仅要维护被审计单位的权益，保守商业秘密，而且要维护社会公众利益。单位内部会计人员不仅要尽职尽责地履行会计职能，如加强会计核算、向管理者和决策者提供真实的会计信息，而且要抵制不当的开支，防止有人侵占单位资产。

在对单位（或雇主）的忠诚与社会公众利益发生冲突时，会计人员应选择符合更高社会正义的忠诚，维护社会公众利益。例如，尽管保守秘密是会计人员起码的道德要求，但是他们有权披露企业故意损害社会公众利益的秘密，从更高层次上看，"忠"是对会计职业内在的基本信念，如正直、客观、公正等的"忠"，而不仅限于某一具体的岗位职责。能否对社会整体利益负责，是衡量会计人员是否称职的基本标准。

二、诚实守信

（一）诚实守信的含义

诚实守信就是忠诚老实，信守诺言。所谓诚实是指言行跟内心思想一致，不弄虚作假、不欺上瞒下，做老实人、说老实话、办老实事。诚实的人能忠实于事物的本来面目，不歪曲，不篡改事实，同时也不隐瞒自己的真实思想，光明磊落，言语真切，处事实在。所谓守信就是遵守自己所作出的承诺，讲信用，重信用，信守诺言，保守秘密。古贤圣哲无不将"守信"作为治国处世的道德准则，作为衡量一个人道德品质高低的标准。一般来说，诚实即为守信，守信就是诚实。诚为本，信为用，诚涵内，信显外。诚实和守信是职业道德的两种不同表现形式。诚实侧重于对客观事实的反映真实，对自己内心的思想、情感的表达真实。守信侧重于对自己应承担、履行的责任和义务的忠实，毫无保留地实践自己的诺言。有诚无信，道德品质得不到推广和延伸；有信无诚，信就失去了根基，德就失去了依托。

人无信不立，事无信不成，国无信不威。市场经济首先是信用经济，诚实守信是市场经济的黄金规则，是对一切市场主体都具有约束力的"帝王条款"，也是会计工作和会计人员行为的根本。缺乏诚信，经济运行的成本会极其高昂，甚至根本无法运行。在一个欺诈和舞弊盛行的社会中，弱者得不到公平，坦诚者最容易受到伤害，没有诚信，不讲信用，所有市场主体在交往中都戴着假面具，尔虞我诈、利字当头，最终只能导致整个市场秩序的崩溃。

（二）诚实守信的基本要求

1. 做老实人、说老实话、办老实事、不搞虚假

诚实守信是会计人员的立身之本。会计人员要以诚为本，实事求是，言行一致，表里如一，如实反映和披露单位经济业务事项，不弄虚作假，不欺上瞒下，尽量减少和避免各种失误，不为个人和小集团利益弄虚作假，伪造账目，损害国家和社会公众利益。

2. 实事求是，如实反映

会计人员要按照会计法律、法规、规章的规定做好会计工作，保证会计凭证、会计账簿、财务会计报告等会计信息的质量，不做假账。不做假账是会计人员最基本的职业道德。做假账造成的危害极大：①做假账扰乱社会主义市场经济秩序，因为信用是市场经济的基础，做假账、提供虚假会计信息就是不讲信用。②做假账破坏了社会的公平。经济活动涉及不同经济主体的利益，会计人员如果做假账，就将利益偏向了某些主体，从而使其他主体的利益受到损害，严重破坏了社会的公平。③做假账不仅失去了会计应有的作用，还严重损坏了会计行业的社会信誉。

3. 保守秘密，不为利益所诱惑

秘密主要可分为国家秘密、商业秘密和个人隐私三类。在市场经济中，秘密可以带来经济利益。会计人员因职业特点经常接触到单位和客户的商业秘密。商业秘密，是指不为公众所知悉、能为权利人带来经济利益、具有实用性并经权利人采取保密措施的技术信息和经营信息，比如，技术方案、产品配方、投资计划、销售方式、客户名单、销售渠道、企业内部管理模式、管理经验等。会计人员不得将从业过程中所获得的信息为己所用，或者泄露给第三者以牟取私利。因此，保守秘密是会计职业道德规范的重要内容，也是会计人员为维护国家、单位利益应尽的义务。

单位内部会计人员如果泄露本单位的商业秘密，不仅会威胁单位利益，同时也会给会计人员本身造成不利影响。

4. 执业谨慎，信誉至上

诚实守信，要求注册会计师在执业中始终保持应有的谨慎态度，根据自身的业务能力选择承担委托业务，不能为追求营业收入而接受违背职业道德的附

加条件，迎合客户的不正当要求。要严格按照独立审计准则和执业规范、程序实施审计，对审计中发现的违反国家统一的会计制度及相关法律制度的经济业务事项，应当按照规定在审计报告中予以充分反映，维护职业信誉及客户和社会公众的合法权益。

三、廉洁自律

（一）廉洁自律的含义

不收受贿赂、不贪污钱财，就是廉洁。自律，是指行为主体能够自我约束、自我规范。在会计职业中，廉洁自律有其特定含义。会计职业是一项极为特殊的职业，是一项与财、物直接打交道的职业。会计工作的特点决定了廉洁自律是会计职业道德的内在要求，是会计人员的行为准则。自律的核心就是自觉地抵制自己的不良欲望。在市场经济环境下，每个人首先是一个经济人，其次才是一个社会人。廉洁要求会计人员经得起权力、金钱、美色考验，不贪污、挪用公款，不监守自盗。

自律包括两层含义：一是会计行业自律；二是会计人员的自律，即会计人员的自我约束。廉洁是自律的基础，而自律是廉洁的保证。

（二）廉洁自律的基本要求

1. 树立正确的人生观和价值观

正确的人生观和价值观是廉洁自律的思想基础。人生观是指人们对人生的目的和意义的根本看法和态度，价值观是指人们对于价值的根本观点和看法，是世界观的一个重要组成部分。有什么样的人生观和价值观，就会有什么样的言论和行动。近年来，有的会计人员经不起金钱、权力的诱惑，成了金钱、权力的奴隶，走向了犯罪的深渊，最根本的原因是忽视了世界观的自我改造，在错误的人生观、价值观的指引下，行为方式产生了偏差。因此，要树立正确的人生观和价值观，自觉抵制享乐主义、个人主义、拜金主义的思想，彻底摒弃"金钱至上、金钱万能"的人生哲学，在不义之财面前不动心，决不利用手中权力贪占便宜。

2. 公私分明，不贪不占

公私分明是指严格划分公私界限，不贪不占就是会计人员不贪、不占、不收礼、不同流合污。

会计人员的职业工作就是理财，就是对金钱和物质的管理，正是这种时时与钱、物相联系的职业工作决定了会计人员必须在经济上做到廉洁奉公、公私分明，抵制"贪"、"欲"的不良欲望。

【例6-2-1】甲某原系某单位一中层干部，下岗后，考取了会计证并到一单位担任出纳工作。甲从事会计工作以来，感到出纳工作太具体、太琐碎，认为干会计没多大出息，所以工作上应付差事，敷衍了事，也从未参加会计人员继续教育。请分析甲的行为违反了会计职业道德哪些方面的要求。

【解析】甲从未参加会计人员继续教育，违背了"提高技能"会计职业道德要求；甲工作上应付差事，敷衍了事，违背了"爱岗敬业"会计职业道德要求。

四、客观公正

（一）客观公正的含义

客观公正是会计工作和会计人员追求的目标。客观是指按事物的本来面目去认识和反映事物，不夸大，不缩小。公正就是公平正直，不偏不倚，不掺杂个人的主观意愿，也不为他人意见所左右。客观是公正的基础，公正是客观的反映。客观公正，要求会计人员对会计业务的处理、对会计政策和会计方法的选择，以及对财务会计报告的编制、披露和评价必须独立进行职业判断，做到客观、公平、理智、诚实。

（二）客观公正的基本要求

1. 依法办事

目前，会计信息失真严重，一个很重要的方面并不是会计人员没有知识技能基础，而是因为他们未能做到依法办事。在"书记成本、厂长利润"以及"技术处理"中，有的会计人员表现出了"高超"的技术处理能力，不讲原则，不严格执行各种法律法规，做出了不实的会计职业判断。因此，会计人员在工作过程中必须遵守各种法律、法规、准则和制度，依照法律规定进行核算，才能做出客观的会计职业判断。

会计人员要做到客观公正，必须过好"两关"。一是"权势"关。会计人员在执法时，无论对方地位高低，都应平等对待，坚持法律面前人人平等，敢于坚持原则，不畏权势。二是"人情"关。会计人员在执法时，不能因关系亲疏而异，应坚持法不容情的原则，在会计工作的各个环节把好"人情"关，做到"手提万贯，一尘不染"。只有熟练掌握并严格遵守会计法律法规，才能客观公正地处理会计业务，并做出客观的会计职业判断。

2. 实事求是，不偏不倚

客观公正应该贯穿于会计活动的整个过程。一是会计核算过程的客观公正，即指会计人员在具体进行职业判断或进行业务处理时，应保持客观公正的态度，实事求是、不偏不倚，既不违背事实，也不夸大或者缩小事实，不能为了个人或者小团体的利益而损害国家利益。二是最终结果公正，要求会计人员对经济业务的处理结果是公正的。例如，某人因公出差丢失了报销用的车票，业务处理时，如果仅仅因为无报销凭证就不报销，就有违结果公正的要求；而如果随意报销，也有违业务操作过程的客观公正的要求。只有要求出差人员办理各种合法合理的证明手续后，才能报销，这才做到了会计核算过程的客观公正和最终结果的客观公正的有机统一。因此，会计核算过程的客观公正和最终结果的客观公正都是十分重要的，没有客观公正的会计核算过程作为前提，结果的客观公正就难以保证；没有客观公正的结果，业务操作过程的客观公正就失去意义。

3. 保持独立性

独立性有两层含义，即实质上的独立和形式上的独立。实质上的独立也称精神上的独立，指会计人员执行业务时不受个人或外界因素的约束、影响和干扰，保持客观且无私的精神和意志。

实质上的独立包括：一是会计核算环节的独立性，即会计人员在进行凭证、账簿、报表处理过程中，是按会计准则进行的，不受控制和干扰。二是会计监督环节的独立性，即对凭证受理、审核、钱物监管等，是按会计法规独立操作的，不受控制和干扰。形式上的独立，即会计人员表现出适当的独立身份。

形式上的独立包括：

（1）财务利益上的独立。如实行会计委派制。

（2）回避亲属关系。如按照《会计基础工作规范》第十六条的规定：国家机关、国有企业、事业单位任用会计人员应当实行回避制度。单位领导人的直系亲属不得担任本单位的会计机构负责人、会计主管人员。会计机构负责人、会计主管人员的直系亲属不得在本单位会计机构中担任出纳工作。需要回避的直系亲属为夫妻关系、直系血亲关系、三代以内旁系血亲以及配偶姻亲关系。

（3）不相容职务相互分离。如出纳和会计岗位不能由一人担任。

（4）部门独立。即单独设置机构，直接向单位领导人负责，体现部门牵制原则。

保持独立性，对于注册会计师行业尤为重要。独立是客观、公正的基础，也是注册会计师行业存在和发展的基础。注册会计师保持独立性应当做到以下两点：一是注册会计师应当回避可能影响独立性的审计事项，实现形式上的独立。注册会计师必须与被审计企业或个人没有任何特殊的利益关系。二是注册会计师应当恪守职业道德，保持实质上的独立。形式上独立是实质上独立的必要条件，形式上不独立，就不能保证实质上独立。形式上独立也不一定能够保持实质上独立，注册会计师更重要的是保持实质上的独立。实质上独立就是要求注册会计师能在审计过程中始终保持不偏不倚的态度。

五、坚持准则

（一）坚持准则的含义

准则，是指会计人员进行会计工作的标准和依据，包括会计法律法规、会计准则、国家统一的会计制度以及其他与会计工作相关的法律制度。

坚持准则，要求会计人员在处理业务过程中，严格按照会计法律制度办事，不为主观意志或他人意志左右。以会计准则为自己的行动指南，以会计法律法规为准绳，正确处理国家、集体和个人三者之间的利益关系，把好财务收支合法性、合理性的关口，依法理财。同时，要以会计准则作为与违法违纪现象作斗争的有力武器，通过树立会计准则的权威性来维护会计行业的信誉和会计人员的地位，确保经济活动的正常进行。

（二）坚持准则的基本要求

1. 熟悉准则

熟悉准则是遵循准则、坚持准则的前提。熟悉准则是指会计人员应了解和掌握《会计法》和国家统一的会计制度及其他与会计相关的法律制度。只有熟悉准则，才有可能提高会计人员的守法能力，这是做好会计工作的前提。

市场经济是法治经济，市场经济条件下的政府、企业、单位是在法律法规的约束下进行经济活动的。会计工作不单纯是进行记账、算账和报账，在记账、算账和报账过程中会时时、事事、处处涉及政策界限、利益关系的处理，需要遵守准则、执行准则、坚持准则。只有熟悉准则，才能按准则办事，才能遵纪守法，才能保证会计信息的真实性、完整性。

熟悉准则，要求会计人员不仅要熟练掌握，正确领会会计法律法规、会计准则、会计制度，还应了解和熟悉与会计相关的经济法律制度，如税收、金融、证券、票据、合同等法律制度。此外，还要熟悉本部门、本单位内部制定的管理制度，如内部控制制度、财务管理制度等，在不违反国家法律法规的前提下严格执行这些制度。

2. 遵循准则

遵循准则即执行准则。准则是会计人员开展会计工作的外在标准和参照物。会计人员在业务处理过程中，必须严格依据规定行事，不能搞无原则的"灵活"，更不能根据职务高低、关系远近来确定执行准则的宽严松紧程度。

会计人员不仅自己要自觉地严格遵守各项准则、自律在先，而且也要敢于要求他人遵守准则，使单位具体的经济业务事项和经济行为符合会计法律和国家统一的会计制度，避免违法违纪行为的发生。

随着社会经济的不断发展，经济业务事项日益复杂化，随之而来的会计业务也日趋复杂，因而准则规范的内容也在不断地发生变化和完善。这就要求会计人员要及时学习、掌握准则的最新变化，了解本部门、本单位的实际情况，对实际经济生活中出现的新情况、新问题以及准则未涉及的经济业务或事项，能够运用所掌握的会计专业理论和技能，做出客观的职业判断，准确地理解和执行准则。

3. 坚持准则

市场经济是利益经济。企业的目的是追求利润的最大化。在企业的经营活动中，当国家利益、集体利益与单位、部门以及个人利益发生冲突时，会计人员能否以国家法律法规、制度准则为准绳，坚持准则，是会计信息能否保持真实性和完整性的重要条件。

有的会计人员在面临道德冲突时，顶不住各种外界因素的干扰，或为了自己的既得利益和前途，对一些违规违纪行为视而不见、放弃原则，使会计工作严重偏离了准则，会计信息的真实性、完整性就无法保证，作为会计人员，也应当承担相应责任。因此，要确保会计信息真实、可靠，会计人员必须坚持准则。

现实生活中经常会出现单位、社会公众和国家利益发生冲突的情况，会计人员应如何处理，国际会计师联合会发布的《职业会计师道德守则》提出如下建议：①如遇到严重的职业道德问题时，职业会计师首先应遵循所在组织的已有政策加以解决；如果这些政策不能解决道德冲突，则可私下向独立的咨询师或会计职业团体寻求建议，以便采取可能的行动步骤。②若自己无法独立解决，可与最直接的上级一起研究解决这种冲突的办法。③若仍无法解决，则在通知直接上级的情况下，可请教更高一级的管理层。若有迹象表明，上级已卷入这种冲突，职业会计师必须和更高一级的商讨该问题。④如果在经过内部所有各级审议之后道德冲突仍然存在，那么对于一些重大问题，如舞弊，职业会计师可能没有其他选择。作为最后手段，他只能诉诸辞职，并向该组织的代表提交一份信息备忘录。

六、提高技能

（一）提高技能的含义

提高技能，就是要求会计人员通过学习、培训和实践等途径，持续提高自身的会计理论水平、会计实务能力、职业判断能力、自动更新知识能力、提供会计信息的能力、沟通交流能力以及职业经验等，以达到和维持足够的专业胜任能力。

（二）提高技能的基本要求

1. 要有不断提高会计专业技能的意识和愿望

会计人员要适应时代发展的步伐，就要有危机感、紧迫感，要有不断提高专业技能的愿望和要求。只有具备不断提高会计专业技能的意识和愿望，才能不断进取，才会主动地求知、求学、勤学苦练、精益求精。会计职业的竞争越来越激烈，会计人员要想生存和发展，就必须时刻保持紧迫感和危机意识，树立强烈的求知欲望和提高技能的意识，使自己的知识不断更新，才能保持专业胜任能力、职业判断能力和交流沟通能力，提高会计专业技能，使自己立于不败之地。

2. 要有勤学苦练的精神和科学的学习方法

专业技能必须不间断地学习、研究、充实和提高。经济的不断发展，社会的不断进步，会计理论的不断创新，新的会计学科分支也在不断出现，如跨国公司会计、国际税收会计、金融工具及衍生工具会计、知识产权会计以及会计电算化和网络化的发展，都要求会计人员去不断地学习与探索，不断学习新的会计理论和新的准则制度。

会计不仅是一门理论性很强的学科，更是一项注重实践、具有较强操作技能的工作。除了要有广博精深的理论知识，还要有精湛的专业化业务技术。如何将学到的专业技术理论转化为技能技巧，关键在于理论联系实际，积极参加社会实践活动，在实践中锤炼提高会计业务的操作能力，把理性的东西和感性的东西结合起来。

七、参与管理

（一）参与管理的含义

参与管理，就是间接参加管理活动，为管理者当参谋，为管理活动服务。

会计工作或会计人员与管理决策者在管理活动中分别扮演着参谋人员和决策者的角色，承担着不同的职责和义务。会计人员在参与管理过程中并不直接从事管理活动，而是尽职尽责地履行会计职责，间接地从事管理活动，为管理活动服务。

会计人员要树立参与管理的意识，在做好本职工作的同时，积极主动地经常向上级领导反映经营活动情况和存在的问题，提出合理化建议，协助领导决策，参与经营管理活动，不能只是消极被动地记账、算账、报账。

（二）参与管理的基本要求

1. 努力钻研业务，熟悉财经法规和相关制度，提高业务技能，为参与管理打下基础

会计人员应当努力钻研业务，使自己的知识和技能适应所从事工作的要求。只有具备娴熟的业务处理能力和精湛的技能，才能更好地参与管理，为改善经营管理、提高经济效益服务。

会计人员还应当熟悉并深刻领会财经法律、法规、规章和国家统一的会计制度，广泛宣传有关会计规章制度，充分利用掌握的会计信息去分析单位的管理，找出问题和薄弱环节，为单位管理决策提供专业支持。

2. 熟悉服务对象的经营活动和业务流程，使参与管理的决策更具有针对性和有效性

会计人员应当熟悉本单位的生产经营、业务流程和管理情况，掌握本单位的生产经营能力、技术设备条件、产品市场及资源状况等情况，结合财会工作的综合信息优势，积极参与预测，有针对性地拟定可行性方案，参与优化决策。对计划、预算的执行，要充分利用工作的优势，积极协助、参与监控，为改善单位内部管理、提高经济效益服务。

八、强化服务

（一）强化服务的含义

强化服务要求会计人员树立服务意识，提高服务质量，努力维护和提升会计职业的良好社会形象。会计职业道德水平的高低并不是虚无的、观念的东西，也不是看不见、摸不着的，而是可以通过一定的表现形式体现出来的，这就是会计职业的服务。通过强化会计人员的服务，提高会计人员的服务质量、服务效果和服务水平，可以体现出会计职业的精神风貌和职业道德水平。

（二）强化服务的基本要求

1. 强化服务意识

会计职业既为经济主体服务，客观真实地记录经济活动，为管理者提供管理服务；也为社会公众服务，真实、客观、公正地为社会信息使用者提供会计信息。因此，会计人员树立强烈的服务意识，摆正服务的位置，才能管好钱、管好账，才能更好地参与管理，才能不断地提高会计职业的声誉。

2. 提高服务质量

强化服务的关键是提高服务质量。单位会计人员和注册会计师的服务内容各有侧重，其服务效果的表现也不同。

单位会计人员服务的内容就是客观、真实地记录、反映单位的经济业务活动，为管理者提供真实正确的经济信息，当好参谋；为股东真实地记录财产的变动状况，确保股东资产完整与增值，当好股东的管家。因此，强化单位会计人员的服务就是真实、客观地记账、算账和报账，积极主动地向上级领导者反映经营活动情况和存在的问题，提出合理化建议，协助领导决策，参与经营管理活动。

注册会计师是以"独立、客观、公正"身份接受委托人的委托，提供会计鉴证等服务的专业人员。注册会计师（或会计师事务所）与委托人发生的经济交往关系是一种服务与被服务的关系，其强化服务的内容就是以客观、公正的态度正确评价委托单位的经济财务状况，为社会公众及信息使用者服务。

质量上乘，并非无原则地迁就服务主体的要求，而是在坚持原则、坚持会计准则的基础上尽量满足用户或服务主体的需要。服务不仅要文明，还要讲质量，更要不断开拓创新，利用会计数据、会计信息，满足不同对象的需要。不同的会计岗位，掌握的会计信息不同，服务的对象也不尽相同，这就需要广大会计人员充分运用会计理论、会计方法、会计数据，为单位决策层、政府部门、投资人、债权人以及社会公众提供真实、可靠、相关的会计信息，积极主动地当好领导的参谋，提供优质科学的经营决策方案。

会计职业强化服务的结果，就是奉献社会。如果说爱岗敬业是会计职业道德的出发点，那么，强化服务、奉献社会就是会计职业道德的归宿。任何职业的利益、职业劳动者个人的利益都必须服从社会的利益、国家的利益。把奉献社会作为职业的崇高责任是职业道德的基本要求和最终归宿。

【例6-2-2】某企业会计科长老王，从事会计工作已经30个年头，科里开始实行会计电算化时，老王第一个报名学习电子计算机技术。当上会计科长后，他主持起草内部核算制度，建章建制，时常加班加点，以厂为家。他常讲："坚持好制度胜于做好事，制度大于天，人情薄于烟。"他自己也是一切按制度办事，一丝不苟。为了做好会计工作，他又学习了企业管理、市场营销等课程。多年来，由于工作出色，老王多次被厂里评为先进工作者。请分析会计老王的行为体现了会计职业道德哪些方面的要求。

【解析】老王从事会计工作30个年头的行为体现了"爱岗敬业"的会计职业道德要求；老王第一个报名学习电子计算机技术体现了"提高技能"的会计职业道德要求；老王一切按制度办事，一丝不苟的行为体现了"坚持准则"的会计职业道德要求；老王为了做好会计工作，又学习了企业管理、市场营销等课程的行为体现了"参与管理"、"强化服务"的会计职业道德要求。

同步测试题：

一、单项选择题

1. 会计人员对于工作中知悉的商业秘密应依法保守，不得泄露，这是会计职业道德中（　　）的具体体现。

A. 爱岗敬业　　　　　　　　　　B. 诚实守信

C. 坚持准则　　　　　　　　　　D. 客观公正

2. "理万金分文不沾"、"常在河边走，就是不湿鞋"，这两句话体现的会计职业道德是（　　）。

A. 参与管理　　　　　　　　　　B. 廉洁自律

C. 提高技能　　　　　　　　　　D. 强化服务

3. 某公司为获得一项工程合同，拟向工程发包方有关人员支付好处费10万元。公司市场部持公司董事长的批示到财会部申领该笔款项。财会部经理王某认为，该项支出不符合有关规定，但考虑到公司主要领导已作了批示，便同意拨付该笔款项。下列各项中，正确的是（　　）。

A. 王某的行为违背了坚持准则的会计职业道德要求

B. 王某的行为违背了爱岗敬业的会计职业道德要求

C. 王某的行为符合参与管理的会计职业道德要求

D. 王某的行为与会计职业道德无关

4. 会计人员看人办事："官大办得快，官小办得慢，无官拖着办。"这一现象违反了（　　）的会计职业道德规范的要求。

A. 强化服务　　　　　　　　　　B. 诚实守信

C. 参与管理　　　　　　　　　　D. 提高技能

二、多项选择题

1. 会计人员如果泄露本单位的商业秘密，可能导致的后果有（　　）。

A. 会计人员的信誉将受到损害　　B. 会计人员将承担法律责任

C. 单位的经济利益将遭受损失　　D. 会计行业声誉将受到损害

2. 下列行为中，违反注册会计师职业道德规范有关保密要求的有（　　）。

A. 注册会计师李某取得客户授权对外披露该客户的有关信息

B. 注册会计师王某在其所在事务所与甲客户的业务约定终止后，将其执行中获知的甲客户的信息告知他人

C. 注册会计师赵某向主管财政部门报告所发现的乙公司的违法违规行为

D. 注册会计师魏某在审计某上市公司期间获知该上市公司财务状况良好、股票有望升值，随即告知其妻大量买入该公司股票

3. 廉洁自律的基本要求可以概述为(　　)。

A. 公私分明，不贪不占　　　　B. 遵纪守法，抵制行业不正之风

C. 重视会计职业声望　　　　　D. 保持会计人员从业的独立性

4. 下列各项中，属于会计"自律"范畴的有(　　)。

A. 会计人员在工作中自我约束

B. 会计职业组织对会计人员的管理

C. 新闻媒体对会计工作的舆论监督

D. 财政部门依法对会计工作进行监督检查

5. 下列关于单位会计人员和注册会计师职业道德的表述中，正确的有(　　)。

A. 单位会计人员和注册会计师都必须在形式上和实质上保持独立

B. 单位会计人员和注册会计师应遵循的职业道德完全相同

C. 诚实守信、客观公正、坚持准则、廉洁自律是单位会计人员与注册会计师都应遵循的职业道德规范

D. 单位会计人员和注册会计师职业道德要求各具特点，应当分别对单位会计人员和注册会计师规定相应的职业道德规范

6. 下列各项中，符合会计职业道德"提高技能"要求的有(　　)。

A. 出纳人员向银行工作人员请教辨别假钞的技术

B. 会计人员向计算机专家学习会计电算化操作方法

C. 会计主管与其他单位财务人员交流隐瞒业务收入的做法

D. 总会计师通过自学提高会计专业判断、财务分析和政策水平

7. 会计人员参与企业管理主要体现在(　　)。

A. 向领导反映经营管理活动中的情况和存在的问题

B. 做好记账、算账和报账工作

C. 一切按领导的要求去办

D. 主动提供合理化建议

8. 在市场经济条件下，会计工作和会计人员在企业经营管理中发挥着越来越重要的作用。下列关于会计人员参与企业管理的表述中，正确的有(　　)。

A. 会计人员在企业经营管理中主要发挥参谋作用

B. 会计人员在企业经营管理中主要发挥决策作用

C. 会计人员在企业经营管理中主要发挥鉴证作用

D. 会计人员在企业经营管理中主要发挥服务作用

9. 下列各项中，不符合会计职业道德"强化服务"要求的有(　　)。

A. 出纳人员在稽核会计生病期间主动提出兼任稽核检查工作

B. 会计人员在采购部门人手不足的情况下，代理采购人员办理采购业务

C. 会计机构负责人在单位负责人苦于无法实现盈利目标时，主动提出虚构销售合同、虚增利润的建议

D. 总会计师在单位负责人外出开会的情况下，代替单位负责人在财务会计报告上签章

10. 下列各项中，符合会计职业道德"强化服务"要求的有(　　)。

A. 出纳人员对前来报销差旅费的人员笑脸相迎，并耐心解释凭证粘贴要求

B. 会计人员向生产车间工人宣讲会计基础知识，推动了班组核算制度的顺利开展

C. 稽核人员认真检查凭证内容与格式，并就规范领导审批程序提出建议

D. 总会计师和会计机构负责人认真组织财务分析和财务控制，提出推行全面预算管理、促进增收节支、提高经济效益的建议

11. 下列各项中，属于会计人员强化服务行为的有(　　)。

A. 客观、真实地反映单位的经济业务活动，为管理者提供正确的会计信息，当好参谋

B. 完整、准确地记录单位财产变动状况，促进所有者资产的保值增值，当好管家

C. 积极主动向单位领导反映经营管理中存在的问题，提出合理化建议，协助领导决策

D. 定期对本单位会计资料进行内部审计

12. 对参与管理与强化服务的关系的下列表述中，正确的有(　　)。

A. 参与管理是强化服务的一种表现形式

B. 强化服务有利于参与管理

C. 不参与管理，也完全可以提高服务水平和质量

D. 不强化服务，就难以保持参与管理的热情和动力

13. ABC 股份有限公司会计王某不仅熟悉会计电算化业务，而且对利用现代信息技术手段加强经营管理颇有研究。"非典"期间，王某向公司总经理建议，开辟网上业务洽谈，并实行优惠的折扣政策。公司采纳了王某的建议，当期销售额克服"非典"影响，保持了快速增长。王某的行为体现出的会计职业道德有(　　)。

A. 爱岗敬业　　　　　　　　B. 坚持准则

C. 参与管理　　　　　　　　D. 强化服务

三、案例分析

2001 年 2 月，某商业银行按照财政部要求，决定在全行系统开展《会计法》执行情况检查。在检查中发现该银行下属 C 支行行长李杰、副行长胡强、财会科长罗志刚利用联行清算系统存在的漏洞，将 C 支行的资金划转到由李杰等人控制的 D 企业名下，再从 D 企业的银行账户划转到境外由李杰等人控制的公司账户。经查实，C 支行负责清算业务的会计张军早就知道 C 支行几年来在联行系统中存在很不正常的巨额汇差，怀疑与李杰等人有关，但考虑到李杰是自己的直接领导，慑于李杰的地位和权威，认为多一事不如少一事，便没有声张，听之任之，直至案发。请问：会计张军的行为违反了哪些会计职业道德的要求？

第三节　会计职业道德教育与修养

一、会计职业道德教育

（一）会计职业道德教育的形式

1. 接受教育

接受教育即外在教育，是指通过学校或培训单位对会计人员进行以职业责任、职业义务为核心内容的正面灌输，以规范其职业行为，维护国家和社会公众利益的教育。接受教育是一种教育性道德影响活动，具有导向作用，它是根据会计人员从事的工作的特点，有目的、有组织、有计划地对其进行系统的职业道德培养，把会计职业道德观念灌输到会计人员的头脑中，逐渐培养其职业道德情感。对职业道德教育的组织者来讲，接受教育是主动开展正面教育和灌输；对会计人员则是被动学习、被动接受教育。

2. 自我教育

自我教育即内在教育，是会计人员的一种自我学习、自身道德修养的活动。会计职业道德的接受教育是基础，自我教育是目标，"教育的目的就是为了不教育"，整个教育的过程就是把外在的会计职业道德要求，逐步转变为会计人员内在的职业道德认识、会计职业道德情感、会计职业道德意志和会计职业道德信念。因此，要大力倡导会计人员自我教育，在社会实践中不断地加强职业道德修养，养成良好的道德习惯，从而实现道德境界的升华，最终做到"慎独"。

（二）会计职业道德教育的内容

1. 职业道德观念教育

会计职业道德观念教育主要是普及会计职业道德基础知识，使广大会计人员在思想上牢固树立会计职业道德观念，懂得什么是会计职业道德，它对社会经济秩序、会计信息质量的影响以及违反会计职业道德将受到的惩戒和处罚。要广泛利用广播电视、报纸杂志等多种媒介，把会计职业道德教育同社会教育、学校教育、家庭教育结合起来，使会计职业道德知识深入人心，形成会计人员"遵守职业道德光荣，不遵守职业道德可耻"的社会氛围。

2. 职业道德规范教育

职业道德规范教育是指对会计人员开展以会计职业道德规范为核心内容的教育，使广大会计人员了解并掌握爱岗敬业、诚实守信、廉洁自律、客观公正、坚持准则、提高技能、参与管理和强化服务八个方面的内容，并在自己的会计职业活动中，时刻以会计职业道德规范为自己行为的标准和行动的指南，检验自己在职业实践中的一言一行，树立起正确的会计职业道德观。

3. 职业道德警示教育

职业道德警示教育是通过对违反会计职业道德行为和违法会计行为典型案例进行讨论和剖析，从中得到启发和警示，提高法律意识、会计职业道德观念和辨别是非的能力。

4. 其他与会计职业道德相关的教育

其他与会计职业道德相关的教育包括法制教育、形势教育、政策教育和反腐斗争教育以及业务素质、心理素质等配套教育。

（三）会计职业道德教育的途径

1. 通过会计学历教育进行会计职业道德教育

在大专院校会计类专业就读的学生，是会计队伍的预备人员。在大专院校的学习阶段是他们的会计职业情感、道德观念、是非善恶判断标准初步形成的时期，所以会计专业类大专院校是会计职业道德教育的重要环节，是会计人员岗前教育的主要场所，在会计职业道德教育中具有基础地位。通过教育，可以促使会计队伍预备人员将会计职业道德要求转化为内在的会计职业道德品质，把会计职业道德规范变成未来职业活动中遵循的信念和标准，从而对潜在会计人员职业道德水准起着基础性作用。

会计学历教育中会计职业道德教育的目标是：使会计专业类大专院校学生在学习会计理论和技能的同时，学习会计职业道德规范内容，了解会计职业面临的道德风险，树立会计职业道德情感和观念，提高运用道德标准判断是非的能力。

2. 通过会计继续教育进行会计职业道德教育

会计人员继续教育是指会计从业人员在完成某一阶段专业学习后，重新接受一定形式的知识更新教育和培训活动。继续教育是强化会计职业道德教育的有效形式，会计职业道德教育贯穿于整个会计人员继续教育的始终。现阶段，会计人员继续教育中的会计职业道德教育目标是在不断更新、补充、拓展会计专业理论、业务能力的同时，通过会计职业道德信念教育、会计职业义务教育、会计职业荣誉教育，形成良好的会计职业道德品行。

二、会计职业道德修养

（一）会计职业道德修养的含义

会计职业道德修养是指人们依照职业道德原则进行的自我教育、自我改造、自我锻炼、自我提高的活动。会计职业道德品质，最终在会计人员自我修养中得到升华。

无论是职业道德规范，还是职业道德教育，都表现为客观的、外在的、强制性的道德要求。它以职业义务为核心，表现为一定的应该负担的职业道德责任，并往往以政府行政监管、行业自律性监管和社会舆论监督为后盾，体现出道德作用的他律性。这种他律教育灌输，是职业道德形成的不可逾越的首要阶段。它使从业人员将这种职业规则看作是外在的、不受内心支配的东西，而被动地去遵守、服从。在职业道德建设初期，这种遵守和服从是必要的，也有其合理性，因而应用也最为普遍。

教育他律并不必然使这种外在要求转化为从业人员的内在要求，也难以让人们自觉地产生符合道德要求的道德行为和道德情感，它应该向以职业良心为特征的自律型职业道德发展。职业良心是对职业责任的自觉意识，是认识和情感、意志和信念的统一，它不仅会使从业人员表现出强烈的道德责任感，而且能够使其依据一定的职业道德原则和规范自觉地选择和决定其行为，成为从业人员发自内心的巨大精神动力，在从业人员的行为过程中起主导作用。实施这种转换的途径，就是开展会计人员的职业道德修养。

职业道德修养的最终目的，在于把职业道德原则和规范逐步转化为自己的职业道德品质，从而将职业实践中对职业道德的意识情感和信念上升为职业道德习惯，使其贯穿于职业活动的始终。这种职业道德习惯是一个人职业道德高度自觉性的表现，是职业道德教育所达到的最高成就。

（二）会计职业道德修养的环节

1. 形成正确的会计职业道德认识

提高会计职业道德认识包含两个方面：一是使人们掌握会计职业道德的概念和规范，了解职业道德的有关知识，掌握会计职业道德的要求；二是进行会计职业道德评价，即运用已有的职业道德知识，对已经发生的会计职业行为作出是非善恶等道德判断。通过道德评价，可以巩固和提高自身的道德认识，从而提高会计人员对职业行为的分析判断能力，加深对会计职业道德的认识和理解。

2. 培养高尚的会计职业道德情操

会计职业道德情操是指会计人员在职业生活中对职业行为进行善恶评判所引起的内心体验。会计人员的会计职业道德情操包括职业义务感、责任感、正义感、荣誉感、幸福感和自尊心等。高尚的会计职业道德情操，是使会计人员个人的精神世界得以完善起来的必要的、不可替代的因素。对于会计人员来说，高尚的会计职业道德情操不是一日生成的，而是通过长期的会计工作的实践体验，通过自身不断地进行职业道德陶冶和修养而逐渐形成的。

3. 树立坚定的会计职业道德信念

会计职业道德信念是会计人员发自内心地对会计道德义务所具有的坚定信心和强烈的道德责任感，是深刻的会计职业道德认识。在自我教育与修养过程中，会计人员对于会计职业道德义务有了充分的认识并付诸实践，锲而不舍，始终如一，就会形成坚定的会计职业道德信念。会计职业道德信念具有综合性、稳定性和持久性的特点。会计人员一旦树立了坚定的社会主义会计职业道德信念，就能自觉地选择自己的行为，评价他人和自己的职业行为，而且能以坚强的毅力排除艰难险阻，使正义的行为一以贯之，取得良好的社会效果。

4. 养成良好的会计职业道德习惯

会计职业道德行为，是指会计人员在会计职业道德规范的调节下所采取的行为，当这些行为反复持久、习以为常以后，就会形成职业习惯。职业习惯是一种不需要任何监督的自觉行为，这种自觉行为并不是自发产生的，而是要通过职业道德修养养成的。因此，会计人员在职业道德修养中，要特别注意培养自己的良好职业习惯。

（三）会计职业道德修养的方法

1. 自我解剖

自我解剖是指用会计职业道德这面镜子对照检查，严肃评判、剖析自己在会计职业活动中的不足，发扬成绩，纠正错误。

2. 自重自省

自重自省是指经常检点自己的言行，反省自己的缺点，不断修正错误，树立正确的职业道德观念。会计人员为了更好地反躬内省，除了进行自我批评和剖析外，还需要有虚心听取意见、闻过则改的精神。

3. 自警自励

自警自励是指经常以反面典型警示自己，以崇高的会计职业道德理想信念激励、教育自己。

4. 自律慎独

自律慎独是指通过自我约束、自我监督，不论在何种情况下，都坚持自己的道德信念，依据一定的道德原则去行事。会计人员应时时处处严格要求自己，防止各种私心杂念和不道德行为的产生。

高尚的会计职业道德品质，不是一年半载能够养成的，它需要一个长期的积累过程。"勿以善小而不为，勿以恶小而为之"，只有不弃小善，不为小恶，从大处着眼，小处着手，才能积成大器。只有通过自我教育、自我锻炼、自我修养，才能将会计职业道德规范转化为会计人员的内在品质，规范和约束自身的会计行为。

同步测试题：

一、单项选择题

1. 会计职业道德教育的各种途径中，具有基础性地位的是(　　　)。

A. 会计继续教育 　　　　　　　　B. 会计学历教育

C. 会计自我教育 　　　　　　　　D. 会计职业荣誉教育

2. 会计人员经常评判、剖析自己在工作中的不足，做出实事求是的评价，这种自我教育方式属于(　　　)。

A. 自我解剖法 　　　　　　　　　B. 自重自省法

C. 自警自励法 　　　　　　　　　D. 自律慎独法

3. 下列(　　　)不属于会计职业道德教育的内容。

A. 职业道德观念教育 　　　　　　B. 职业道德规范教育

C. 职业道德警示教育 　　　　　　D. 会计专业知识教育

4. 下列(　　　)不属于会计职业道德教育的途径。

A. 通过会计学历教育进行 　　　　B. 通过会计继续教育进行

C. 通过会计人员自我教育进行 　　D. 通过会计专业资格考试进行

二、多项选择题

1. 下列有关会计职业道德教育的表述正确的有(　　　)。

A. 会计职业道德教育是提高会计职业道德水平的重要途径

B. 会计职业道德的形成离不开宣传教育

C. 会计职业道德教育是一种道德影响活动

D. 会计法制教育属于会计职业道德教育的重要内容

2. 会计职业道德教育的主要内容包括(　　)。

A. 会计职业技能教育　　　　B. 会计职业道德观念教育

C. 会计职业道德规范教育　　　D. 会计职业道德警示教育

3. 会计职业道德教育的目的包括(　　)。

A. 帮助会计人员认知会计职业道德规范

B. 促使会计人员提高职业道德自律能力

C. 引导会计人员树立良好的道德观念

D. 培养会计人员爱岗敬业的风尚

4. 职业道德修养是会计人员依照职业道德原则进行的一系列活动。下列各项中，属于这种活动的有(　　)。

A. 自我教育活动　　　　　　B. 自我改造活动

C. 自我锻炼活动　　　　　　D. 自我提高活动

5. 下列关于职业道德教育和职业道德修养两者关系的表述中，正确的有(　　)。

A. 职业道德教育是外在的道德要求，职业道德修养是会计人员的内在要求

B. 职业道德修养与职业道德教育相辅相成、相互促进

C. 职业道德教育和职业道德修养的最终目标一致

D. 自我教育是提高职业道德修养的重要途径

第四节　会计职业道德的检查与奖惩

一、财政部门对会计职业道德的监督检查

(一) 将《会计法》执法检查与会计职业道德检查相结合

财政部门作为《会计法》的执法主体，可以依法对社会各单位执行《会计法》及国家统一的会计制度的情况进行检查或抽查。违反《会计法》的行为，也一定是违反会计职业道德要求的行为。会计人员若存在这种行为，不仅

要承担《会计法》规定的法律责任，同时还必须接受相应的道德制裁，如可以采取在会计行业范围内通报批评、责令其参加一定学时的继续教育课程、暂停其从业资格、在行业内部的公开刊物上予以曝光等。法律惩罚和道德惩罚两者并行不悖、不可替代，应同时并举。所以，开展《会计法》执法检查，同时也是对会计人员是否遵守会计职业道德规范情况进行检查。

（二）将会计从业资格证书注册登记管理与会计职业道德检查相结合

会计从业资格证书实行注册登记制度，凡取得会计从业资格的人员，被单位聘用从事会计工作时，应由本人或本人所在单位提出申请，按照会计从业资格管理部门规定的时间到会计从业资格管理部门进行注册登记。年检即年度检查验证制度。会计人员遵守会计职业道德的情况是会计从业资格证书年检的重要内容。持证人员有违背会计职业道德情形的，不予通过年检。

将会计从业资格证书注册登记和年检制度与会计职业道德检查结合起来，有制度基础和保证，有利于强化对会计人员行为的约束，强制引导会计人员遵守会计职业道德。

（三）将会计专业技术资格考评、聘用与会计职业道德检查相结合

会计专业技术资格考试管理机构在组织会计专业技术资格考试报名时，应对参加报名的会计人员职业道德情况进行检查。对有不遵循会计职业道德记录的，应取消其报名资格。

各单位在聘用会计人员时，除考察其专业胜任能力外，更应考核其遵守职业道德的情况。将会计职业道德奖惩与会计专业技术资格考评、聘用联系起来，必将使广大会计人员像重视自己专业技术职称一样重视自己的职业道德形象，不断提高自身的职业道德修养。

二、会计行业组织对会计职业道德进行自律管理与约束

在经济生活中，如果会计人员没有违反法律、法规的要求，自不必承担法律上的责任，但如果其行为违反了会计职业道德的规定，则理应受到道德上的谴责和惩戒。在会计行业自律组织比较健全的情况下，可以由职业团体通过自律性监管，根据情节轻重采取通报批评、罚款、支付费用、取消其会员资格、警告、退回向客户收取的费用、参加后续教育等方式，对违反会计职业道德规范的行为进行相应的惩罚。

在我国，目前主要由中国注册会计师协会作为注册会计师的行业自律组织。当然，由于我国会计职业组织建立比较晚，自律性监管还比较薄弱，在注册会计师职业道德规范的实施与惩戒过程中存在不少问题。经济的发展进一步

要求注册会计师职业组织从行业整体利益和社会责任出发，切实改进管理和服务，把行业建设好。

三、依据会计法等法律法规，建立激励机制，对会计人员遵守职业道德情况进行考核和奖惩

我国会计人员表彰制度早在 1963 年就已制度化。1963 年 1 月，国务院发布《会计人员职权试行条例》，确立了会计人员奖惩制度，规定："凡是工作积极负责，奉公守法，厉行节约，保护国家财产，如实反映情况，完成任务有显著成绩的，给予表扬或奖励。" 1985 年 1 月，新中国第一部《会计法》规定："对认真执行本法，忠于职守，坚持原则，做出显著成绩的会计人员，给予精神的或者物质的奖励。" 1988 年 6 月，财政部印发《颁发会计人员荣誉证书试行规定》，为各单位从事财务会计工作满 30 年的会计人员颁发《会计人员荣誉证书》。

从我国会计人员表彰制度的形成和发展看，始终突出对会计职业道德的弘扬。受到表彰的会计人员都有很高的职业道德素养和思想境界，表彰是社会各界对他们的职业道德风尚的高度评价和充分肯定。会计职业道德激励机制应当继承、发扬会计人员表彰制度，以起到弘扬正气、激励先进、鞭策后进的作用。

四、会计人员违反职业道德，情节严重的，由财政部门吊销其会计从业资格证书

财政部门、业务主管部门和各单位应当定期检查会计人员遵守职业道德的情况，并作为会计人员晋升、晋级、聘任专业职务和表彰奖励的重要考核依据。会计人员违反职业道德的，由所在单位进行处罚；情节严重的，由会计从业资格证书的发证机关吊销其会计从业资格证书。

【例 6-4-1】某有限责任公司会计李某，其丈夫在一家私营电子厂任厂长，在其丈夫的多次请求下，李某将在工作中接触到的公司新产品研发计划及相关会计资料复印件提供给其丈夫，使其从中获利，同时给李某所在的公司带来了一定的损失。公司认为李某不宜继续担任会计工作。请分析回答下列问题：

（1）李某违反了会计职业道德的哪些要求？并说明理由。

（2）根据《会计基础工作规范》的规定，哪些单位可以对李某违反会计职业道德的行为进行处理？并简要说明理由。

【解析】（1）李某违反了"诚实守信"、"廉洁自律"会计职业道德要求。

理由是："诚实守信"是指会计人员应当作老实人，说老实话，办老实事，执业谨慎，信誉至上，不为利益所诱惑，不弄虚作假，不泄露秘密。"廉洁自律"是指会计人员应当公私分明、不贪不占，遵纪守法，尽职尽责。李某把在工作中接触到的公司新产品研发计划及相关会计资料复印件提供给在私营电子厂任厂长的丈夫，这是因情感和利益诱惑等因素，违背了"诚实守信"、"廉洁自律"会计职业道德要求，泄露了公司商业秘密，给公司带来一定的损失。

（2）根据《会计基础工作规范》的规定，财政部门、本单位对李某违反会计职业道德行为，均可以在各自的职权范围内进行处理。理由是：《会计法》规定，会计人员应当遵守会计职业道德。《会计从业资格管理办法》、《会计专业技术资格考试暂行办法》等均把遵守会计职业道德作为取得会计从业资格、参加会计资格考试的前提条件。财政部门可以对会计职业道德进行监督检查，对违反职业道德的行为可以在其会计从业资格证书上进行记载，情节严重的，将依法吊销其会计从业资格证书。

《会计法》规定，单位负责人有责任建立和完善内部控制制度，开展会计职业道德教育，检查和考核本单位会计人员会计职业道德遵守情况，对违反会计职业道德的行为，可以按照单位内部有关制度进行处理直至除名。

同步测试题：

一、单项选择题

1. 下列有关道德惩罚与法律惩罚关系的表述中，正确的有（　　）。

A. 道德惩罚可以替代法律惩罚　　　B. 法律惩罚可以替代道德惩罚

C. 法律惩罚和道德惩罚并行不悖　　　D. 法律惩罚和道德惩罚相互排斥

2. 我国会计人员表彰制度在（　　）年就已形成。

A. 1963　　　　　　　　　　　　　B. 1985

C. 1988　　　　　　　　　　　　　D. 1999

3. "对认真执行本法，忠于职守，坚持原则，做出显著成绩的会计人员，给予精神的或者物质的奖励。"做出这一规定的是（　　）。

A. 1988年《颁发会计人员荣誉证书试行规定》

B. 1993年《会计法》

C. 1963年《会计人员职权试行条例》

D. 1985年《会计法》

二、多项选择题

1. 建立会计职业道德奖惩机制的目的有（　　）。

A. 督促会计人员遵守职业道德　　　B. 培养会计人员良好的道德情感

C. 引导会计人员健康的道德行为　　D. 防范会计人员不良的道德行为

2. 会计职业道德奖惩机制包括的内容有(　　)。

A. 对遵守职业道德规范的会计人员给予奖励、褒扬

B. 对违背职业道德规范的会计人员给予惩处、贬抑

C. 对违法的会计人员给予行政处罚

D. 对违法的会计人员给予刑事处罚

3. 对违反会计职业道德规范的人员应当给予必要的道德制裁，其制裁形式主要有(　　)。

A. 追究刑事责任　　　　　　　　　B. 给予行政处分

C. 通报批评　　　　　　　　　　　D. 责令其参加继续教育

4. 对会计人员职业道德情况进行考核评价的具体方式有(　　)。

A. 由会计人员对照标准要求进行自我检查

B. 由会计人员所在单位组织互相检查

C. 由会计职业团体或所在单位组织公开检查

D. 由财政部门组织深入检查

5. 建立会计人员诚信档案是开展会计职业道德教育的有效方式。下列各项中，可以记入诚信档案的有(　　)。

A. 会计人员执行会计法规制度情况　B. 会计人员遵循职业道德情况

C. 会计人员受到奖励的情况　　　　D. 会计人员受到惩处的情况

6. 会计职业道德规范的实施途径主要有(　　)。

A. 自我修养与外部监督相结合　　　B. 宣传教育与检查惩戒相结合

C. 行业自律与政府监督相结合　　　D. 道德规范与法律监管相结合

第七章 企业法律制度

【案例导入】

　　张某是某大学应届毕业生，决定自主创业，拟设立一个人独资企业。2009 年 8 月 2 日，张某将设立申请书提交到拟定设立的个人独资企业所在地工商行政管理机关，设立申请书的有关内容如下：张某以现金 3 万元、劳务作价 2 万元出资；企业名称为 A 贸易有限公司。8 月 10 日，该工商行政管理机关发给张某"企业登记驳回通知书"。

　　8 月 15 日，张某将修改后的登记文件交到该工商行政管理机关。8 月 25 日，张某领取了该工商行政管理机关于 8 月 20 日签发的个人独资企业营业执照。

　　该个人独资企业（以下简称 A 企业）成立后，因业务繁忙，张某委托李某管理 A 企业事务，并书面约定，凡金额在 1 万元以上的业务均须取得张某同意后执行。李某与不知情的 B 企业签订了标的额为 2 万元的买卖合同。

　　要求：根据上述情况和个人独资企业法律制度的有关规定，回答下列问题：

　　（1）张某 8 月 2 日提交的设立申请书中有哪些内容不符合法律规定？

（2）A 企业的成立日期是哪天？简要说明理由。

（3）A 企业与 B 企业的合同是否有效？为什么？

【解析】（1）张某 8 月 2 日提交的设立申请书有以下不符合法律规定之处：①以劳务出资不符合规定。普通合伙人才能以劳务出资，个人独资企业不能以劳务出资。②企业名称不符合规定。根据规定，个人独资企业名称中不得使用"有限"、"有限责任"或者"公司"字样。

（2）A 企业的成立日期为 8 月 20 日。根据规定，个人独资企业营业执照签发的日期为个人独资企业成立日期。本案中，工商机关的签发日期为 8 月 20 日，因此该日期为个人独资企业的成立日期。

（3）A 企业与 B 企业之间的合同有效。根据规定，投资人对受托人或者被聘用人员职权的限制，不得对抗善意第三人。本案中，B 企业为不知情的善意第三人，投资人不可以对抗 B 企业。

第一节　个人独资企业法律制度

一、个人独资企业的概念和特征

个人独资企业，是指依照《中华人民共和国个人独资企业法》（以下简称《个人独资企业法》）在中国境内设立，由一个自然人投资，财产为投资人个人所有，投资人以其个人财产对企业债务承担无限责任的经营实体。个人独资企业具有以下法律特征：

（1）个人独资企业由一个自然人投资。根据《个人独资企业法》的规定，设立个人独资企业只能是一个自然人，且只能是中国公民，国家机关、国家授权投资的机构或者国家授权的部门、企业、事业单位等都不能作为个人独资企业的设立人。

（2）个人独资企业的投资人对企业的债务承担无限责任。投资人对企业的债务承担无限责任，当企业的财产不足以清偿到期债务时，投资人应以自己个人的全部财产用于清偿企业债务，"人不死，债不烂"。

（3）个人独资企业的内部机构设置简单，经营管理方式灵活。个人独资企业的投资人既可以是企业的所有者，又可以是企业的经营者，因此，其内部机构的设置较为简单，决策程序也较为灵活。

（4）个人独资企业是非法人企业。个人独资企业由一个自然人出资，投资人对企业的债务承担无限责任，企业的责任即是投资人个人的责任，企业的财产即是投资人的财产。因此，个人独资企业不具有法人资格，也无独立承担民事责任的能力。但个人独资企业是独立的民事主体，可以以自己的名义从事民事活动。

二、个人独资企业的设立

（一）个人独资企业的设立条件

根据《个人独资企业法》的规定，设立个人独资企业应当具备下列条件：

1. 投资人为一个自然人，且只能是中国公民

个人独资企业的投资人为一个具有中国国籍的自然人。根据我国有关法律、行政法规的规定，国家公务员、党政机关领导干部、警官、法官、检察官、商业银行工作人员等，不得作为投资人申请设立个人独资企业。

2. 有合法的企业名称

个人独资企业的名称应当符合国家关于企业名称登记管理的有关规定，企业名称应与其责任形式及从事的营业范围相符合；个人独资企业的名称可以叫厂、店、部、中心、工作室等，但不得使用"有限"、"有限责任"或者"公司"字样。

3. 有投资人申报的出资

设立个人独资企业可以用货币出资，也可以用实物、土地使用权、知识产权或者其他财产权利出资，但不能以劳务出资。采取实物、土地使用权、知识产权或者其他财产权利出资的，应将其折算成货币数额。

投资人可以以个人财产出资，也可以以家庭共有财产作为个人出资。以家庭共有财产作为个人出资的，投资人应当在设立（变更）登记申请书上予以注明，未注明的，视为以个人财产出资。

4. 有固定的生产经营场所和必要的生产经营条件

生产经营场所包括企业的住所和与生产经营相适应的处所。住所是企业的主要办事机构所在地，是企业的法定地址。

5. 有必要的从业人员

个人独资企业要有与其生产经营范围、规模相适应的从业人员。

（二）个人独资企业的设立程序

1. 提出申请

申请设立个人独资企业，应当由投资人或者其委托的代理人向个人独资企业所在地的登记机关提出设立申请。

投资人申请设立登记，应当向登记机关提交下列文件：①投资人签署的个人独资企业设立申请书。个人独资企业投资人以个人财产出资或者以其家庭共有财产作为个人出资的，应当在设立申请书中予以明确。②投资人身份证明，主要是身份证件及其他有关证明材料。③企业住所证明和生产经营场所使用证明等文件，如土地使用证明、房屋产权证或租赁合同等。④委托代理人申请设立登记的，应当提交投资人的委托书和代理人的身份证明或者资格证明。⑤国家工商行政管理局规定提交的其他文件。

2. 工商登记

登记机关应当在收到设立申请文件之日起 15 日内，对符合《个人独资企业法》规定条件的予以登记，发给营业执照；对不符合《个人独资企业法》规定条件的，不予登记，并发给企业登记驳回通知书。

三、个人独资企业的事务管理

个人独资企业投资人可以自行管理企业事务，也可以委托或者聘用其他具有完全民事行为能力的人负责企业的事务管理。

（一）投资人对受托人职权的限制

投资人委托或者聘用他人管理个人独资企业事务，应当与受托人或者被聘用的人签订书面合同，明确委托的具体内容、授予的权利范围、受托人或者被聘用人应履行的义务、报酬和责任等事项。受托或者被聘用的人员管理个人独资企业事务时违反合同约定，给投资人造成损害的，应当承担民事赔偿责任。

投资人对受托人或者被聘用人员职权的限制，不得对抗善意第三人。个人独资企业的投资人与受托人或者被聘用人员之间有关权利义务的限制只对受托人或者被聘用人员有效，对第三人并无约束力，受托人或者被聘用人员超出投资人的限制与善意第三人的有关业务交往应当有效。

（二）法律对受托人职权的限制

《个人独资企业法》规定，投资人委托或者聘用的管理个人独资企业事务的人员不得从事下列行为：①利用职务上的便利，索取或者收受贿赂。②利用职务或者工作上的便利侵占企业财产。③挪用企业的资金归个人使用或者借贷给他人。④擅自将企业资金以个人名义或者以他人名义开立储蓄账户。⑤擅自以企业财产提供担保。⑥未经投资人同意，从事与本企业相竞争的业务。⑦未经投资人同意，同本企业订立合同或者进行交易。⑧未经投资人同意，擅自将企业商标或者其他知识产权转让给他人使用。⑨泄露本企业的商业秘密。⑩法律、行政法规禁止的其他行为。

投资人委托或者聘用的人员违反上述规定，侵犯个人独资企业财产权益的，责令退还侵占的财产；给企业造成损失的，依法承担赔偿责任；有违法所得的，没收违法所得；构成犯罪的，依法追究刑事责任。

四、个人独资企业的解散和清算

(一) 个人独资企业的解散

根据《个人独资企业法》的规定，个人独资企业有下列情形之一时，应当解散：①投资人决定解散。②投资人死亡或者被宣告死亡，无继承人或者继承人决定放弃继承。③被依法吊销营业执照。④法律、行政法规规定的其他情形。

(二) 个人独资企业的清算

个人独资企业解散时，应当进行清算。由投资人自行清算或者由债权人申请人民法院指定清算人进行清算。投资人自行清算的，应当在清算前15日内书面通知债权人，无法通知的，应当予以公告。债权人应当在接到通知之日起30日内，未接到通知的应当在公告之日起60日内，向投资人申报其债权。

个人独资企业解散的，财产应当按照下列顺序清偿：①所欠职工工资和社会保险费用。②所欠税款。③其他债务。个人独资企业财产不足以清偿债务的，投资人应当以其个人的其他财产予以清偿。

个人独资企业清算结束后，投资人或者人民法院指定的清算人应当编制清算报告，并于清算结束之日起15日内向原登记机关申请注销登记。

个人独资企业解散后，原投资人对个人独资企业存续期间的债务仍应承担偿还责任，但债权人在5年内未向债务人提出偿债请求的，该责任消灭。

同步测试题：

一、单项选择题

1. 下列关于个人独资企业法律特征的表述中，符合个人独资企业法律制度规定的是(　　)。

A. 个人独资企业没有独立承担民事责任的能力

B. 个人独资企业不能以自己的名义从事民事活动

C. 个人独资企业具有法人资格

D. 个人独资企业对企业债务承担有限责任

2. 根据个人独资企业法律制度的规定，下列关于个人独资企业投资人的表述中，正确的是( )。

A. 投资人只能以个人财产出资

B. 投资人可以是自然人、法人或其他组织

C. 投资人对企业债务承担无限责任

D. 投资人不得以土地使用权出资

3. 个人独资企业投资人甲聘用乙管理企业事务，同时对乙的职权予以限制，凡是乙对外签订标的额超过 10 万元的合同，必须经甲同意。某日，乙未经甲同意与善意第三人丙签订了一份标的额为 20 万元的买卖合同。根据《个人独资企业法》的规定，下列关于该合同效力的表述中，正确的是( )。

A. 该合同为有效合同，但如果给甲造成损害，由乙承担民事赔偿责任

B. 该合同为无效合同，但如果给甲造成损害，由乙承担民事赔偿责任

C. 该合同为可撤销合同，甲可请求人民法院予以撤销

D. 该合同为效力待定合同，经甲追认后有效

4. 林某以个人财产出资设立一个人独资企业，聘请陈某管理该企业事务。林某病故后，因企业负债较多，林某的妻子作为唯一继承人明确表示不愿继承该企业，该企业只得解散。根据《个人独资企业法》的规定，关于该企业清算人的下列表述中，正确的是( )。

A. 由陈某进行清算

B. 由林某的妻子进行清算

C. 由债权人进行清算

D. 由债权人申请法院指定清算人进行清算

5. 根据《个人独资企业法》的规定，个人独资企业解散后，原投资人对企业存续期间的债务仍应承担偿还责任，但债权人在一定期限内未向债务人提出偿债要求的，债务人的偿还责任消灭，该期限是( )年。

A. 1

B. 2

C. 3

D. 5

二、多项选择题

1. 下列各项中，可以作为个人独资企业出资的有( )。

A. 投资人的知识产权

B. 投资人的劳务

C. 投资人的土地使用权

D. 投资人家庭共有的房屋

2. 根据《个人独资企业法》的规定，下列各项中，属于设立个人独资企

业应当具备的条件有(　　)。

　　A. 投资人须为具有完全民事行为能力的自然人

　　B. 有符合规定的法定最低注册资本

　　C. 有企业章程

　　D. 有合法的企业名称

　　3. 下列有关个人独资企业设立条件的表述中，符合个人独资企业法律制度规定的有(　　)。

　　A. 投资人可以是中国公民，也可以是外国公民

　　B. 投资人可以家庭共有财产作为个人出资

　　C. 企业名称中不得使用"公司"字样

　　D. 企业必须有符合规定的最低注册资本

　　4. 根据个人独资企业法律制度的规定，下列关于个人独资企业法律特征的表述中，正确的有(　　)。

　　A. 个人独资企业虽然不具有法人资格，但具有独立承担民事责任的能力

　　B. 个人独资企业是由一个自然人投资的企业，并且自然人只能是中国公民

　　C. 个人独资企业的投资人对企业的债务承担无限责任

　　D. 个人独资企业是独立的民事主体，可以自己的名义从事民事活动

　　5. 下列关于个人独资企业事务管理的表述中，正确的有(　　)。

　　A. 投资人不能聘用他人管理企业事务

　　B. 投资人可以聘用他人管理企业事务

　　C. 投资人对受托人职权的限制不得对抗善意第三人

　　D. 投资人对受托人职权的限制不得对抗恶意第三人

　　6. 根据《个人独资企业法》的规定，下列各项中，属于个人独资企业应当解散的情形有(　　)。

　　A. 投资人死亡，继承人决定继承　　　B. 投资人决定解散

　　C. 投资人被宣告死亡，无继承人　　　D. 被依法吊销营业执照

三、判断题

　　1. 投资人在设立个人独资企业登记申请书上没有注明是以个人财产出资还是以家庭共有财产出资的，应以家庭共有财产对企业债务承担无限责任。

　　　　　　　　　　　　　　　　　　　　　　　　　　　　　　(　　)

　　2. 个人独资企业投资人在申请企业设立登记时明确以其家庭共有财产作为个人出资，为维持其他家庭成员的基本生活条件，该投资人应以其个人财产对企业债务承担无限责任。

　　　　　　　　　　　　　　　　　　　　　　　　　　　　　　(　　)

　　3. 个人独资企业的投资人在申请企业设立登记时，未明确以其家庭共有

财产作为个人出资的，在个人独资企业财产不足以清偿债务时，可不以其家庭共有财产对企业债务承担无限责任。   （   ）

4. 某个人独资企业投资人聘用甲管理企业事务，在个人独资企业经营中，甲有权决定将该企业的商标有偿转让给他人使用。   （   ）

5. 个人独资企业解散后，其财产不足以清偿债务的，投资人应当以其个人的其他财产予以清偿，仍不足清偿的，投资人应当以其家庭共有财产予以清偿。
                                                              （   ）

6. 个人独资企业不具有法人资格，不是独立的民事主体，也无独立承担民事责任的能力。   （   ）

第二节   合伙企业法律制度

一、合伙企业的概念及分类

合伙，是指两个以上的人为着共同的目的，相互约定共同出资、合伙经营、共享收益、共担风险的自愿联合。合伙企业，是指自然人、法人和其他组织按照《合伙企业法》在中国境内设立的普通合伙企业和有限合伙企业。

合伙企业分为普通合伙企业（其中包括特殊的普通合伙企业）和有限合伙企业。普通合伙企业由普通合伙人组成，合伙人对合伙企业债务承担无限连带责任。有限合伙企业由普通合伙人和有限合伙人组成，普通合伙人对合伙企业债务承担无限连带责任，有限合伙人以其认缴的出资额为限对合伙企业债务承担责任。

二、普通合伙企业

（一）普通合伙企业的设立

1. 普通合伙企业的设立条件

（1）有两个以上合伙人。合伙人可以是自然人、法人或者其他经济组织。合伙人是自然人时，必须具有完全民事行为能力，无民事行为能力人或限制民事行为能力人不能成为合伙企业设立时的合伙创始人。普通合伙人被依法认定为无民事行为能力或限制民事行为能力人的，经其他合伙人一致同意，可以依法转为有限合伙人，此时普通合伙企业转为有限合伙企业；合伙人死亡或被宣告死亡的，其继承人根据合伙协议的约定或经全体合伙人同意，可取得合伙人资格；继承人为无民事行为能力或限制民事行为能力人的，经合伙人一致同意，可以依法成为有限合伙人，普通合伙企业转为有限合伙企业。

国有独资公司、国有企业、上市公司以及公益性的事业单位、社会团体不得成为普通合伙人。

（2）有书面合伙协议。合伙协议必须经全体合伙人协商一致，采用书面形式。合伙协议经全体合伙人签名、盖章后生效。合伙协议的修改或补充应当经过全体合伙人一致同意，但合伙协议另有约定的除外。

（3）有合伙人认缴或实际缴付的出资。合伙人出资的形式可以是货币、实物、土地使用权、知识产权或者其他财产权利，经全体合伙人协商一致，合伙人也可以用劳务出资。

（4）有合伙企业的名称和生产经营场所。合伙企业的名称中必须有"合伙"字样。如果是普通合伙企业，应标明"普通合伙"字样；特殊的普通合伙企业，应标明"特殊普通合伙"字样。

（5）法律、行政法规规定的其他条件。

2. 普通合伙企业的设立程序

（1）设立申请。申请设立合伙企业，应当由全体合伙人指定的代表或者共同委托的代理人向企业登记机关提交下列文件。

（2）设立登记。企业登记机关对符合《合伙企业法》规定条件的，予以登记，发给合伙企业营业执照。合伙企业的营业执照签发日期，为合伙企业成立日期。

（二）普通合伙企业的事务执行

1. 合伙事务执行的形式

（1）全体合伙人共同执行合伙事务。在合伙人较少的情况下，由全体合伙人共同执行合伙事务。

（2）委托一个或者数个合伙人执行合伙事务。合伙人可以将合伙事务委托一个或者数个合伙人执行。

合伙企业对合伙人执行合伙事务以及对外代表合伙企业权利的限制，不得对抗善意第三人。

2. 合伙人在执行合伙事务中的权利和义务

（1）合伙人在执行合伙事务中的权利。合伙人在执行合伙事务中享有以下权利：①合伙人对执行合伙事务享有同等的权利。各合伙人无论其出资多少，都有权平等享有执行合伙企业事务的权利。②执行合伙事务的合伙人对外代表合伙企业。③不执行合伙事务的合伙人有权监督执行事务合伙人执行合伙事务的情况。④合伙人有查阅合伙企业会计账簿等财务资料的权利。⑤合伙人有对其他合伙人执行的事务提出异议的权利和撤销委托的权利。

（2）合伙人在执行合伙事务中的义务。合伙人在执行合伙事务中的义务主要包括以下内容：①合伙事务执行人应当定期向不参加执行事务的合伙人报告企业的经营状况和财务状况。②合伙人不得自营或者同他人合作经营与本合伙企业相竞争的业务。③合伙人不得同本合伙企业进行交易，合伙协议另有约定或者经全体合伙人一致同意的除外。④合伙人不得从事损害本合伙企业利益的活动。

3. 合伙事务执行的决议办法

合伙人对合伙企业有关事项作出决议，按照合伙协议约定的表决办法办理。合伙协议未约定或者约定不明确的，实行合伙人一人一票并经全体合伙人过半数通过的表决办法。《合伙企业法》对合伙企业的表决办法另有规定的，从其规定。

4. 非合伙人参与经营管理

除合伙协议另有约定外，经全体合伙人一致同意，可以聘任合伙人以外的人担任合伙企业的经营管理人员。被聘任的合伙企业的经营管理人员应当在合伙企业授权范围内履行职务，超越合伙企业授权范围履行职务的，不得对抗善意第三人。被聘任的合伙企业的经营管理人员在履行职务过程中因故意或者重大过失给合伙企业造成损失的，依法承担赔偿责任。

（三）普通合伙企业的财产出质与转让

合伙人之间转让在合伙企业中的全部或者部分财产份额时，不需要经过其他合伙人一致同意，只需要通知其他合伙人。合伙人向合伙人以外的人转让其在合伙企业中的全部或者部分财产份额时，除合伙协议另有约定外，须经其他合伙人一致同意。在同等条件下，其他合伙人有优先购买权；但是，合伙协议另有约定的除外。

（四）普通合伙企业的损益分配

合伙企业的利润分配、亏损分担，按照合伙协议的约定办理；合伙协议未约定或者约定不明确的，由合伙人协商决定；协商不成的，由合伙人按照实缴出资比例分配、分担；无法确定出资比例的，由合伙人平均分配、分担。但合伙协议不得约定将全部利润分配给部分合伙人或者由部分合伙人承担全部亏损。

【例7-2-1】甲、乙共同出资设立普通合伙企业，双方订立书面合伙协议时约定：甲以10万元出资，乙以劳务出资；乙执行合伙事务；合伙企业利润由甲、乙按照80%、20%的比例分配，亏损由乙承担。请问该合伙协议的约定符合《合伙企业法》吗？

【解析】该合伙协议的约定不符合《合伙企业法》的规定。合伙企业的利润分配、亏损分担，按照合伙协议的约定办理，但合伙协议不得约定将全部利润分配给部分合伙人或者由部分合伙人承担全部亏损。

（五）普通合伙企业的债务清偿

合伙企业对其债务，应先以合伙企业的全部财产进行清偿。合伙企业不能清偿到期债务的，合伙人承担无限连带责任，合伙人之间的分担比例对债权人没有约束力。债权人可以根据自己的清偿利益，请求全体合伙人中的一人或者数人承担全部清偿责任，也可以按照自己确定的比例向各合伙人分别追索。合伙人由于承担无限连带责任，清偿数额超过规定其亏损分担比例的，有权就超过部分向其他未支付或者未足额支付应承担数额的合伙人追偿。

（六）特殊的普通合伙企业

1. 特殊的普通合伙企业的概念

特殊的普通合伙企业，是一种特殊的合伙形式，是指以专业知识和专业技能为客户提供有偿服务的专业服务机构，特殊的普通合伙企业名称中应当标明"特殊普通合伙"字样。

2. 特殊的普通合伙企业的责任形式

（1）普通债务。合伙人在执业活动中非因故意或者重大过失造成的合伙企业债务以及合伙企业的其他债务，由全体合伙人承担无限连带责任。

（2）特定债务。一个合伙人或者数个合伙人在执业活动中因故意或者重大过失造成合伙企业债务的，应当承担无限责任或者无限连带责任，其他合伙人以其在合伙企业中的财产份额为限承担责任。合伙人在执业活动中因故意或者重大过失造成的合伙企业债务，以合伙企业财产对外承担责任后，该合伙人应当按照合伙协议的约定对给合伙企业造成的损失承担赔偿责任。

【例7-2-2】注册会计师甲、乙、丙共同出资设立一个特殊的普通合伙制的会计师事务所。甲在某次审计业务中，因故意出具不实审计报告给当事人造成100万元损失。根据《合伙企业法》的规定，下列有关该赔偿责任承担的表述中，正确的是（　　　）。

A. 甲、乙、丙均承担无限连带责任

B. 甲、乙、丙均承担有限责任

C. 只能要求甲承担责任，不能要求会计师事务所承担责任

D. 甲应当承担无限责任，乙、丙以其在会计师事务所中的财产份额为限承担有限责任

【解析】D。由于是甲故意造成合伙企业债务的，因此甲应当承担无限责

任，乙、丙以其在合伙企业中的财产份额为限承担有限责任。合伙人执业活动中因故意或者重大过失造成的合伙企业债务，以合伙企业财产对外承担责任后，该合伙人应当按照合伙协议的约定对给合伙企业造成的损失承担赔偿责任。

三、有限合伙企业

（一）有限合伙企业的设立

1. 有限合伙企业人数

有限合伙企业由 2 个以上 50 个以下合伙人设立，法律另有规定的除外。有限合伙企业至少应当有 1 个普通合伙人和 1 个有限合伙人。有限合伙企业仅剩有限合伙人的，应当解散；有限合伙企业仅剩普通合伙人的，应当转为普通合伙企业。

自然人、法人和其他经济组织可以依照法律规定设立有限合伙企业，但国有独资公司、国有企业、上市公司以及公益性的事业单位、社会团体不得成为有限合伙企业的普通合伙人，可以成为有限合伙人。

2. 有限合伙企业名称

有限合伙企业名称中应当标明"有限合伙"字样，不能标明"普通合伙"、"特殊普通合伙"、"有限公司"、"有限责任公司"等字样。

3. 有限合伙企业协议

有限合伙企业协议除符合普通合伙企业合伙协议的规定外，还应当载明下列事项：①普通合伙人和有限合伙人的姓名或者名称、住所。②执行事务合伙人应具备的条件和选择程序。③执行事务合伙人权限与违约处理办法。④执行事务合伙人的除名条件和更换程序。⑤有限合伙人入伙、退伙的条件、程序以及相关责任。⑥有限合伙人和普通合伙人相互转变程序。

4. 有限合伙人出资

有限合伙人可以用货币、实物、知识产权、土地使用权或者其他财产权利作价出资，但不得以劳务出资。

有限合伙人应当按照合伙协议的约定按期足额缴纳出资；未按期足额缴纳的，应当承担补缴义务，并对其他合伙人承担违约责任。

5. 有限合伙企业登记事项

有限合伙企业登记事项中应当载明有限合伙人的姓名或者名称及实缴的出资数额。

（二）有限合伙企业的事务执行

有限合伙企业由普通合伙人执行合伙事务。合伙事务执行人除享有与一般合伙人相同的权利外，还有接受其他合伙人的监督和检查、谨慎执行合伙事务的义务，若因自己的过错造成合伙财产损失的，应向合伙企业或其他合伙人负赔偿责任。

有限合伙人不执行合伙事务，不得对外代表有限合伙企业。第三人有理由相信有限合伙人为普通合伙人并与其交易的，该有限合伙人对该笔交易承担与普通合伙人同样的责任。有限合伙人未经授权以有限合伙企业名义与他人进行交易，给有限合伙企业或者其他合伙人造成损失的，该有限合伙人应当承担赔偿责任。

（三）有限合伙企业的利润分配

有限合伙企业不得将全部利润分配给部分合伙人。但是，合伙协议另有约定的除外。

【例7-2-3】甲、乙、丙成立有限合伙企业，甲、乙是普通合伙人，丙是有限合伙人，订立书面合伙协议约定：甲以20万元出资，乙以劳务出资；乙执行合伙事务；丙以10万元出资。合伙企业前三年的利润全部归乙，亏损由甲、乙、丙平均分配；以后的利润、亏损均由甲、乙、丙三人平均分配、分担。请问：该合伙协议的约定是否符合《合伙企业法》的规定？

【解析】该合伙协议的约定符合《合伙企业法》的规定。因为有限合伙企业不得将全部利润分配给部分合伙人，但是合伙协议另有约定的除外。所以，合伙协议约定合伙企业前三年的利润全部归乙是合法的。

（四）有限合伙人的权利

有限合伙人可以同本有限合伙企业进行交易。但是合伙协议另有约定的除外。

有限合伙人可以自营或者同他人合作经营与本有限合伙企业相竞争的业务。但是，合伙协议另有约定的除外。

（五）有限合伙企业的财产出质与转让

有限合伙人可以按照合伙协议的约定向合伙人以外的人转让其在有限合伙企业中的财产份额，但应当提前30日通知其他合伙人。

（六）合伙人性质的转变

除合伙协议另有约定外，普通合伙人转变为有限合伙人，或者有限合伙人转变为普通合伙人，应当经全体合伙人一致同意。有限合伙人转变为普通合伙人的，对其作为有限合伙人期间有限合伙企业发生的债务承担无限连带责任。普通合伙人转变为有限合伙人的，对其作为普通合伙人期间合伙企业发生的债务承担无限连带责任。

四、合伙企业的解散和清算

（一）合伙企业的解散

合伙企业有下列情形之一的，应当解散：①合伙期限届满，合伙人决定不再经营。②合伙协议约定的解散事由出现。③全体合伙人决定解散。④合伙人已不具备法定人数满 30 天。⑤合伙协议约定的合伙目的已经实现或者无法实现。⑥依法被吊销营业执照、责令关闭或者被撤销。⑦法律、行政法规规定的其他原因。

（二）合伙企业的清算

合伙企业解散，应当由清算人进行清算。清算人由全体合伙人担任；经全体合伙人过半数同意，可以自合伙企业解散事由出现后 15 日内指定一个或者数个合伙人，或者委托第三人担任清算人。自合伙企业解散事由出现之日起 15 日内未确定清算人的，合伙人或者其他利害关系人可以申请人民法院指定清算人。

合伙企业财产在支付清算费用和职工工资、社会保险费用、法定补偿金以及缴纳所欠税款、清偿债务后的剩余财产，依照《合伙企业法》关于利润分配和亏损分担的规定进行分配。

违反《合伙企业法》规定，应当承担民事赔偿责任和缴纳罚款、罚金，其财产不足以同时支付的，先承担民事赔偿责任。

合伙企业注销后，原普通合伙人对合伙企业存续期间的债务仍应承担无限连带责任。

同步测试题：

一、单项选择题

1. 根据《合伙企业法》的规定，普通合伙企业的下列事务中，在合伙协议没有约定的情况下，不必经全体合伙人一致同意即可执行的是（　　）。

A. 改变合伙企业主要经营场所的地点

B. 合伙人之间转让在合伙企业中的部分财产份额

C. 改变合伙企业的名称

D. 转让合伙企业的商标权

2. 根据《合伙企业法》的规定，合伙协议未约定合伙利润分配和亏损分担比例的，合伙人之间分配利润和分担亏损的原则是（　　）。

A. 按各合伙人的实缴出资比例分配和分担

B. 按各合伙人贡献大小分配和分担

C. 在全体合伙人之间平均分配和分担

D. 由各合伙人协商决定如何分配和分担

3. 甲、乙、丙、丁拟设立一个普通合伙企业，四人签订的合伙协议的下列条款中，不符合合伙企业法律制度规定的是(　　)。

A. 甲、乙、丙、丁的出资比例为4：3：2：1

B. 合伙企业事务委托甲、乙两人执行

C. 乙、丙只以其各自的出资额为限对企业债务承担责任

D. 对合伙企业事项作出决议实行全体合伙人一致通过的表决办法

4. 下列有关普通合伙企业合伙事务执行的表述中，符合《合伙企业法》规定的是(　　)。

A. 合伙人执行合伙企业事务享有同等的权利

B. 合伙人可以自营与合伙企业相竞争的业务

C. 不执行合伙企业事务的合伙人无权查阅合伙企业会计账簿

D. 聘用非合伙人担任经营管理人员的，其在被聘用期间具有合伙人资格

5. 下列有关普通合伙企业和合伙人进行债务清偿的表述中，不符合《合伙企业法》规定的是(　　)。

A. 合伙企业应先以其全部财产清偿企业债务

B. 合伙企业不能清偿到期债务的，合伙人对企业债务承担无限连带责任

C. 合伙人的自有财产不足清偿个人债务的，债权人可自行接管该合伙人在合伙企业中的财产份额用于清偿

D. 合伙人之间约定的亏损分担比例对债权人没有约束力

6. 根据《合伙企业法》的规定，下列各项中，不符合普通合伙企业合伙人当然退伙情形的是(　　)。

A. 合伙人丧失偿债能力

B. 合伙人被宣告破产

C. 合伙人在合伙企业中的全部财产份额被人民法院强制执行

D. 合伙人未履行出资义务

7. 某普通合伙企业决定解散，经清算人确认：该企业欠职工工资和社会保险费用10000元，欠国家税款8000元，另外发生清算费用3000元。下列几种清偿顺序中，符合合伙企业法律制度规定的是(　　)。

A. 先支付职工工资和社会保险费用，再缴纳税款，然后支付清算费用

B. 先缴纳税款，再支付职工工资和社会保险费用，然后支付清算费用

C. 先支付清算费用，再缴纳税款，然后支付职工工资和社会保险费用

D. 先支付清算费用，再支付职工工资和社会保险费用，然后缴纳税款

二、多项选择题

1. 根据《合伙企业法》的规定，下列关于普通合伙企业合伙人权利的表述中，符合法律规定的有(   )。

A. 合伙人对执行合伙事务享有同等的权利

B. 合伙人可以查阅企业会计账簿

C. 合伙人可以自营与本企业相竞争的业务

D. 执行企业事务的合伙人可以自行决定是否向其他合伙人报告企业经营状况

2. 根据《合伙企业法》规定，下列关于普通合伙企业合伙事务执行的表述，正确的有(   )。

A. 合伙人为法人的，由其委派的代表执行合伙企业的事务

B. 合伙人可以同他人合作经营与本合伙企业相竞争的事务

C. 合伙人不得自营与本合伙企业相竞争的业务

D. 经全体合伙人一致同意，合伙人可同本合伙企业进行交易

3. 根据《合伙企业法》的规定，普通合伙企业出现亏损时，由合伙人分担责任。下列有关亏损分担的表述中，正确的有(   )。

A. 合伙协议有约定比例的，按约定比例分担

B. 合伙协议没有约定比例的，由合伙人协商决定

C. 合伙协议没有约定比例的，由各合伙人平均分担

D. 合伙协议可以约定由执行合伙事务的合伙人承担全部亏损

4. 下列有关普通合伙企业及其合伙人债务清偿的表述中，符合《合伙企业法》规定的有(   )。

A. 合伙企业对其债务，应先以其全部财产进行清偿

B. 合伙企业不能清偿到期债务的，合伙人承担无限连带责任

C. 合伙人发生与合伙企业无关的债务，债权人可代位行使该合伙人在合伙企业中的权利

D. 人民法院强制执行合伙人的财产份额时，应经全体合伙人同意

5. 根据《合伙企业法》的规定，在普通合伙企业中，当合伙企业的财产不足以清偿其债务时，下列人员中，应对合伙企业的债务承担连带责任的有(   )。

A. 合伙企业债务发生后入伙的新合伙人

B. 合伙企业债务发生后自愿退伙的合伙人

C. 合伙企业聘用的合伙人以外的经营管理人员

D. 不参加执行合伙企业事务的合伙人

6. 根据《合伙企业法》的规定，下列各项中，属于合伙企业应当解散的情形有(　　　)。

A. 合伙人因决策失误给企业造成重大损失

B. 被依法吊销营业执照

C. 合伙人已有两个月低于法定人数

D. 协议约定的合伙目的无法实现

三、判断题

1. 甲、乙等6人设立了一个普通合伙企业，并委托甲和乙执行合伙企业事务，甲对乙执行的事务提出异议，其他合伙人对如何解决此问题也产生了争议，由于合伙协议未约定争议解决的表决办法，合伙人实行了一人一票的表决办法，后经全体合伙人过半数表决通过了同意甲意见的决定。上述解决争议的做法不符合法律规定。　　　　　　　　　　　　　　(　　　)

2. 甲、乙两个自然人出资设立普通合伙企业，双方订立的书面合伙协议约定：甲以10万元出资，乙以劳务出资；乙执行合伙企业事务；合伙企业利润由甲、乙分别按80%和20%的比例分配，亏损由甲、乙分别按1%和99%的比例分担。该合伙协议的约定符合《合伙企业法》的规定。　(　　　)

3. 合伙人的债权人不得以其债权抵销其对合伙企业无关的债务。(　　　)

4. 合伙企业新入伙的普通合伙人只对其入伙后的合伙企业债务承担连带责任。

（　　　）

第三节　公司法律制度

一、公司概述

(一) 公司及分类

1. 公司的概念

公司是依法设立的，以营利为目的，股东以其认缴的出资额或认购的股份为限对公司承担责任，公司以其全部资产对公司债务承担责任的企业法人。公司股东以其认缴的出资额或认购的股份为限对公司承担有限责任，不对公司债务直接承担责任，即公司的债权人不能直接要求股东清偿公司的债务；公司的财产来自股东，但不能由股东个人直接分配和处理，公司享有由股东投资形成的全部法人财产权，依法享有民事权利，承担民事责任。当公司资产不足以抵偿其债务时，就依法宣告破产，清算结束后未受清偿的债务不再清偿。

2. 公司的种类

公司按不同的标准，可以有不同的分类。

（1）母公司和子公司。按照公司之间控制和依附关系的不同，公司可分为母公司和子公司。子公司的资本或股份的大部分由母公司控制，经营管理活动也受母公司的制约。母公司、子公司均具有企业法人资格，均能独立承担法律责任。

（2）总公司和分公司。以公司的管辖关系为标准，公司分为总公司和分公司。总公司从组织上、业务上管辖分公司。分公司有经营资格，但没有法人资格，不能独立承担责任，其民事责任由总公司承担。

（3）有限责任公司和股份有限公司。根据我国《公司法》规定，我国的公司包括有限责任公司和股份有限公司。有限责任公司是指股东以其认缴的出资额为限对公司承担责任，公司以其全部财产对公司的债务承担责任。股份有限公司的全部资本分为等额股份，股东以其认购的股份为限对公司承担责任，公司以其全部财产对公司的债务承担责任。

（二）公司法

公司法有广义和狭义之分。广义的公司法是调整公司设立、组织、活动和解散过程中所发生的社会关系以及股东的权利义务关系的法律规范的总称，包括涉及公司的所有法律、法规，如《公司法》、《公司登记管理条例》等。狭义的公司法即《中华人民共和国公司法》（简称《公司法》），该法于 1993 年通过，并经 1999 年、2004 年、2005 年全国人大常务委员会三次修订，新修订的《公司法》自 2006 年 1 月 1 日起实施。

二、有限责任公司

（一）有限责任公司的设立

1. 设立条件

（1）股东有法定资格并符合法定人数。股东具有国家法律、法规和政策规定的资格，并符合法定人数。《公司法》第二十四条规定："有限责任公司由 50 个以下股东出资设立。"一般情况下，50 个以下的自然人或法人可以共同出资设立有限责任公司。

（2）股东出资达到法定资本最低限额。有限责任公司注册资本的最低限额为人民币 3 万元。法律、行政法规对有限责任公司注册资本的最低限额有较高规定的，从其规定。有限责任公司全体股东的首次出资额不得低于注册资本的20%，也不得低于法定的注册资本最低限额，其余部分由股东自公司成立之日起两年内缴足；其中，投资公司可以在5年内缴足。

股东可以用货币出资，也可以用实物、知识产权、土地使用权等能用货币估价并可以依法转让的非货币财产作价出资。股东不得以劳务、信用、自然人姓名、商誉、特许经营权或者设定担保的财产等作价出资。

（3）由股东共同制定的公司章程。公司章程是公司的行为准则，是确定股东权利义务的纲领性文件，对公司、股东、董事、监事、高级管理人员具有约束力。

（4）有公司名称和符合有限责任公司要求的组织机构。设立有限责任公司，除其名称应符合企业法人名称的一般性规定外，还必须在公司名称中标明"有限责任公司"或"有限公司"字样。公司应当设立符合有限责任公司要求的组织机构，即股东会、董事会或者执行董事、监事会或者监事。

（5）有固定的生产经营场所和必要的生产经营条件。

2. 设立程序

有限责任公司是一种封闭性的法人，只能以发起方式设立，由全体股东缴足股款，不能采取募集方式设立。有限责任公司设立主要经过以下程序：

（1）订立公司章程。公司章程是公司设立的基本文件，只有严格按照法律要求订立公司章程，并报经主管机关批准后，章程才能生效，也才能继续进行公司设立的其他程序。

（2）申请公司名称预先核准。由全体股东指定的代表或者共同委托的代理人向公司登记机关申请公司名称预先核准。登记机关核准的，即发给《企业名称预先核准通知书》。

（3）法律、行政法规规定需经有关部门审批的要进行报批，获得批准文件。法律、行政法规规定设立公司必须报经批准的，应当在公司登记前依法办理批准手续，获得批准文件。

（4）出资及开设注册验资临时存款账户。股东缴纳出资并经验资机构验资后出具证明。股东缴纳的货币形式的出资，存入注册验资临时存款账户。

（5）向公司登记机关申请设立登记。

（6）登记发证。登记机关对申请登记时提供的材料进行审查后，认为符合条件的，即予以登记并发给企业法人营业执照，有限责任公司即告成立。

公司成立后，可凭企业法人营业执照刻制印章、开立银行账户、申请税务登记、并以公司名义对外从事经营活动。

（二）有限责任公司的组织机构

1. 股东会

有限责任公司股东会由全体股东组成，股东会是公司的权力机构。

股东会会议分为定期会议和临时会议。定期会议应当按照公司章程的规定按时召开。由代表 1/10 以上表决权的股东，1/3 以上的董事，监事会或者不设监事会的监事提议召开临时会议的，应当召开临时会议。

股东会会议由股东按照出资比例行使表决权，但公司章程另有规定的除外。股东会的议事方式和表决程序，一般由公司章程规定。

股东会会议作出修改公司章程、增加或者减少注册资本的决议，以及公司合并、分立、解散或者变更公司形式的决议，必须经代表 2/3 以上表决权的股东通过。

2. 董事会

有限责任公司的董事会是公司股东会的执行机构，向股东会负责。其成员为 3～13 人。两个以上的国有企业或者其他两个以上的国有投资主体投资设立的有限责任公司，其董事会成员中应当有公司职工代表；其他有限责任公司董事会成员中也可以有公司职工代表。董事会中的职工代表由公司职工通过职代会、职工大会或者其他形式民主选举产生。

董事会设董事长 1 人，可以设副董事长。董事长、副董事长的产生办法由公司章程规定。董事任期由公司章程规定，但每届任期不得超过 3 年。董事任期届满，连选可以连任。

股东人数较少或者规模较小的有限责任公司，可以设一名执行董事，不设立董事会。执行董事可以兼任公司经理。执行董事的职权由公司章程规定。

3. 经理

有限责任公司可以设经理，由董事会决定聘任或者解聘。

4. 监事会

有限责任公司设立监事会，其成员不得少于 3 人。股东人数较少或者规模较小的有限责任公司，可以设 1～2 名监事，不设立监事会。监事会应当包括股东代表和适当比例的公司职工代表，其中职工代表的比例不得低于 1/3，具体比例由公司章程规定。监事会中的职工代表由公司职工通过职代会、职工大会或者其他形式民主选举产生。监事会设主席 1 人，由全体监事过半数选举产生。监事会主席召集和主持监事会会议；监事会主席不能或者不履行职务的，由半数以上监事共同推举一名监事召集和主持监事会会议。董事和高级管理人员不得兼任监事。高级管理人员是指公司的经理、副经理、财务负责人，上市公司董事会秘书和公司章程规定的其他人员。

监事的任期每届为 3 年。监事任期届满，连选可以连任。

（三）　一人有限责任公司

（1）一人有限责任公司是由一个股东发起成立的只有一个自然人股东或者一个法人股东的特殊有限责任公司。

（2）一人有限责任公司的注册资本最低限额为人民币 10 万元，高于普通有限责任公司，股东应当一次足额缴纳公司章程规定的出资额。

（3）一个自然人只能投资设立一个一人有限责任公司；并且该一人有限责任公司不能投资设立新的一人有限责任公司。

（4）一人有限责任公司应当在公司登记中注明自然人独资或者法人独资，并在公司营业执照中载明。一人有限责任公司章程由股东制定。

（5）一人有限责任公司不设股东会。股东会职权由股东行使，股东行使职权时，应当采用书面形式，并由股东签名后置备于公司。

（6）一人有限责任公司应当在每一会计年度终了时编制财务会计报告，并经会计师事务所审计。

（7）一人有限责任公司应当在公司登记中注明自然人独资或者法人独资，并在公司营业执照中载明。一人有限责任公司的股东不能证明公司财产独立于股东自己财产的，应当对公司债务承担连带责任。

（四）　国有独资公司

国有独资公司，是指国家单独出资、由国务院或者地方人民政府授权本级人民政府国有资产监督管理机构履行出资人职责的有限责任公司。

（1）国有独资公司章程由国有资产监督管理机构制定，或者由董事会制订报国有资产监督管理机构批准。

（2）国有独资公司不设股东会，由国有资产监督管理机构行使股东会职权。

（3）国有独资公司设董事会，董事每届任期不得超过 3 年。董事会成员中应当有公司职工代表。董事会成员由国有资产监督管理机构委派；但是，董事会成员中的职工代表由公司职工代表大会选举产生。董事会设董事长 1 人，可以设副董事长。董事长、副董事长由国有资产监督管理机构从董事会成员中指定。

（4）国有独资公司设监事会，其成员不得少于 5 人，其中职工代表的比例不得低于1/3，具体比例由公司章程规定。监事会成员由国有资产监督管理机构委派，但监事会中的职工代表由职工代表大会选举产生。监事会主席由国有资产监督管理机构从监事会成员中指定。

三、股份有限公司

（一）股份有限公司的设立

1. 股份有限公司的设立条件

（1）发起人符合法定人数。发起人，即公司的创办人。设立股份有限公司，应当有 2 人以上 200 人以下的人为发起人，其中需有半数以上的发起人在中国境内有住所。

（2）发起人认缴和社会公开募集的股本达到法定资本最低限额。股份有限公司注册资本的最低限额为人民币 500 万元。法律、行政法规对股份有限公司注册资本的最低限额有较高规定的，从其规定。

股份有限公司采取发起设立方式设立的，注册资本为在公司登记机关登记的全体发起人认购的股本总额。全体发起人的首次出资额不得低于注册资本的 20%，其余部分由发起人自公司成立之日起两年内缴足；其中，投资公司可以在 5 年内缴足。采取募集方式设立的，不允许分期缴付出资，注册资本为在公司登记机关登记的实收股本总额。

（3）股份发行、筹办事项符合法律规定。

（4）发起人制定公司章程，采用募集方式设立的经创立大会通过。股份有限公司采取发起设立方式设立的，公司章程由全体发起人共同制定；采取募集方式设立的，章程由发起人制定，但要经有其他认股人参加的创立大会通过，以出席会议的认股人所持表决权的半数以上通过，方为有效。

（5）有公司名称，及符合股份有限公司要求的组织机构。

（6）有公司住所。

2. 股份有限公司的设立程序

（1）发起方式设立股份有限公司的程序。①发起人书面认足公司章程规定其认购的股份。②缴纳出资。③选举董事会和监事会。④申请设立登记。

（2）募集方式设立股份有限公司的程序。①发起人认购股份。发起人认购的股份不得少于公司股份总数的 35%；法律、行政法规另有规定的，从其规定。②向社会公开募集股份。公开招股说明书，并制作认股书。③召开创立大会。发起人应当在股款缴足之日起 30 日内主持召开由发起人、认股人组成的创立大会。④申请设立登记并公告。董事会于创立大会结束后 30 日内向公司登记机关申请设立登记。登记机关依法核准登记后发给《企业法人营业执照》，营业执照签发日期为公司成立日期。

（二）股份有限公司的组织机构

1. 股东大会

股东大会由全体股东组成，是公司的最高权力机构和议事机构，公司的一切重大事项均由股东大会做出决议。股东大会的职权与有限责任公司股东会的职权基本相同。

2. 董事会

股份有限公司董事会的成员为 5 ~ 19 人。

3. 经理

经理负责公司的日常管理工作，由董事会决定聘任或解聘。经理对董事会负责，其职权与有限责任公司的经理职权相同。经理可以由董事会成员兼任。

4. 监事会

股份有限公司应当设监事会，其成员不得少于 3 人。监事会应当包括股东代表和适当比例的公司职工代表，其中职工代表的比例不得低于 1/3，具体比例由公司章程规定。监事会中的职工代表由公司职工通过职代会、职工大会或者其他形式民主选举产生。

（三）股份有限公司的股份发行与转让

1. 股份有限公司的股份发行

同次发行的同种类股票，每股的发行条件和价格应当相同；任何单位或个人所认购的股份，每股应当支付相同价额。

公司发行的股票，可以为记名股票，也可以为无记名股票，但公司向发起人、法人发行的股票，应当为记名股票，应当记载发起人、法人的名称或者姓名，不得另立户名或者以代表人姓名记名。

2. 股份有限公司的股份转让

股东持有的股份可以依法转让。《公司法》对股份转让有如下限制：

（1）发起人持有的本公司股份，自公司成立之日起 1 年内不得转让，公司公开发行股份前已发行的股份，自公司股票在证券交易所上市交易之日起 1 年内不得转让。

（2）公司董事、监事、高级管理人员应当向公司申报所持有的本公司的股份及其变动情况，任职期间每年转让的股份不得超过其所持有本公司股份总数的 25%；所持本公司股份自公司股票上市交易之日起 1 年内不得转让。上述人员离职后半年内，不得转让其所持有的本公司股份。

（3）公司不得收购本公司股份，有下列情形之一的除外：①减少公司注册资本。②与持有本公司股份的其他公司合并。③将股份奖励给本公司职工。④股东因对股东大会作出的公司合并、分立决议持异议，要求公司收购其股份的。

（4）公司不得接受本公司的股票作为质押权的标的。

四、公司的财务会计

（一）利润分配

公司按下列顺序进行利润分配：

（1）弥补以前年度的亏损，但最长不得超过 5 年。

（2）缴纳企业所得税。

（3）弥补在税前利润亏损之后仍存在的亏损。

（4）提取法定公积金。

（5）提取任意公积金。

（6）向股东分配利润。

公司弥补亏损和提取公积金后所余税后利润，有限责任公司按照股东实缴的出资比例分配，但全体股东约定不按照出资比例分配的除外；股份有限公司按照股东持有的股份比例分配，但股份有限公司章程规定不按持股比例分配的除外。

（二）公积金

1. 公积金的种类

公积金分为盈余公积金和资本公积金两类。

（1）盈余公积金。盈余公积金是从公司税后利润中提取的公积金，分为法定公积金和任意公积金两种。任意公积金按照公司股东会或者股东代表大会决议，从公司税后利润中提取。法定公积金按照公司税后利润的 10% 提取，当公司法定公积金累计额为公司注册资本的 50% 以上时，可不再提取。

（2）资本公积金。资本公积金是直接由资本原因等形成的公积金，股份有限公司以超过股票票面金额的发行价格发行股份所得的溢价款，以及国务院财政部门规定列入资本公积金的其他收入，应当列为公司资本公积金。

2. 公积金的用途

（1）弥补公司亏损。公司的亏损可以用公司税后利润弥补，税后利润仍不足弥补的，可以用公积金弥补。但是，资本公积金不得用于弥补公司的亏损。

（2）扩大公司生产经营。

（3）转增公司资本。对用任意公积金转增资本的，法律没有限制，但用法定公积金转增资本时，所留存的该项公积金不得少于转增前公司注册资本的 25%。

五、公司的解散和清算

（一）公司的解散

公司有以下情形之一的，应当解散：①公司章程规定的营业期限届满或者公司章程规定的其他解散事由出现。②股东会或者股东大会决议解散。③因公司合并、分立需要解散。④依法被吊销营业执照、责令关闭或者被撤销。⑤人民法院依法予以解散。

（二）公司的清算

1. 清算组

公司应当在解散事由出现之日起 15 日内成立清算组。有限责任公司的清算组由股东组成，股份有限公司的清算组由董事或者股东大会确定的人员组成。

2. 债权登记

清算组应当自成立之日起 10 日内通知债权人，并于 60 日内在报纸上公告。债权人自接到通知书之日起 30 日内，未接到通知书的自公告之日起 45 日内，向清算组申报债权。

3. 清算

清算方案应当报股东大会或者人民法院确认。清算组执行未经确认的清算方案给公司或者债权人造成损失的，公司、股东或者债权人有权要求清算组成员承担赔偿责任。公司解散时，股东尚未缴纳的出资均应作为清算财产。清算组如发现公司财产不足清偿债务的，应当依法向人民法院申请宣告破产。

4. 债务清偿

公司财产在分别支付清算费用、职工的工资、社会保险费用和法定补偿金，缴纳所欠税款，清偿公司债务后的剩余财产，有限责任公司按照股东的出资比例分配，股份有限公司按照股东所持有的股份比例分配。

5. 注销登记

公司清算结束后，清算组应当制作清算报告，报股东（大）会或人民法院确认，并报送公司登记机关，申请注销公司登记，公告公司终止。

公司未经清算即办理注销登记，导致公司无法进行清算的，债权人有权要求有限责任公司的股东、股份有限公司的董事和控股股东，以及公司的实际控制人对公司债务承担清偿责任。

同步测试题：

一、单项选择题

1. 下列关于公司股东出资方式的表述中，不符合公司法律制度规定的是(　　)。

A. 股东可以用债权出资　　　　　B. 股东可以用股权出资

C. 股东可以用非专利技术出资　　D. 股东可以用劳务出资

2. 根据公司法律制度的规定，有限责任公司的股东不得抽回其投资的是(　　)。

A. 缴纳出资后　　　　　　　　　B. 经法定验资机构验资后

C. 提出公司设立登记申请后　　　D. 公司成立后

3. 下列公司组织机构中关于公司职工代表的表述，不符合公司法律制度规定的是(　　)。

A. 股份有限公司董事会成员中应当包括公司职工代表

B. 股份有限公司监事会成员中应当包括公司职工代表

C. 国有独资公司董事会成员中应当包括公司职工代表

D. 国有独资公司监事会成员中应当包括公司职工代表

4. 下列关于一人有限责任公司的表述中，符合《公司法》规定的是(　　)。

A. 一人有限责任公司的股东只能是自然人

B. 一人有限责任公司的股东应当对公司债务承担无限连带责任

C. 一人有限责任公司的注册资本最低限额为 3 万元

D. 一人有限责任公司的股东不得分期缴付出资

5. 下列有关公司董事、监事以及高级管理人员兼任的表述中，符合公司法律制度规定的是(　　)。

A. 公司董事可以兼任公司经理

B. 公司董事可以兼任公司监事

C. 公司经理可以兼任公司监事

D. 公司董事会秘书可以兼任公司监事

6. 下列关于国有独资公司组织机构的表述中，符合《公司法》规定的是(　　)。

A. 国有独资公司不设股东会

B. 国有独资公司必须设 1 名董事长和 1 名副董事长

C. 国有独资公司董事长由董事会选举产生

D. 国有独资公司监事由董事长任命

7. 甲、乙、丙、丁四人拟共同出资设立一贸易有限责任公司，注册资本为 100 万元。其草拟的公司章程记载的下列事项中，不符合公司法律制度规定的是( )。

A. 公司由甲同时担任经理和法定代表人

B. 公司不设监事会，由乙担任监事

C. 股东向股东以外的人转让股权，应当经其他股东过半数同意

D. 甲、乙、丙、丁首次出资额各为 5 万元，其余部分出资自公司成立之日起 3 年内缴足

8. 下列关于股份有限公司股票发行的表述中，符合《公司法》规定的是( )。

A. 公司历次发行股票的价格都必须相同

B. 公司发行的股票面额必须为每股 1 元

C. 公司发行的股票必须为无记名股票

D. 公司股票的发行价格不得低于票面金额

9. 根据公司法律制度的规定，下列关于股份有限公司股份转让的表述，不正确的是( )。

A. 公司可以接受以本公司的股票作为质押权的标的

B. 无记名股票的转让，由股东在依法设立的证券交易场所将股票交付给受让人后即发生转让效力

C. 发起人持有的本公司股份，自公司成立之日起 1 年内不得转让

D. 公司董事在任职期间每年转让的本公司股份不得超过其所持有本公司股份总数的 25%

10. 根据公司法律制度的规定，下列有关股份有限公司股份转让限制的表述中，错误的是( )。

A. 公司发起人持有的本公司股份自公司成立之日起 1 年内不得转让

B. 公司高级管理人员离职后 1 年内不得转让其所持有的本公司股份

C. 公司监事所持本公司股份自公司股票上市交易之日起 1 年内不得转让

D. 公司董事在任职期间每年转让的股份不得超过其所持有本公司股份总数的 25%

二、多项选择题

1. 根据公司法律制度规定，下列关于分公司法律地位的表述，正确的有( )。

A. 分公司具有独立的法人资格

B. 分公司独立承担民事责任

C. 分公司可以依法独立从事生产经营活动

D. 分公司从事经营活动的民事责任由其总公司承担

2. 根据公司法律制度的规定，有限责任公司股东会会议对下列事项作出的决议中，必须经代表 2/3 以上表决权的股东通过的有(　　)。

A. 修改公司章程
B. 减少注册资本
C. 更换公司董事
D. 变更公司形式

3. 甲、乙、丙三人共同出资设立了一个有限责任公司。根据公司法律制度的规定，下列关于该有限责任公司董事会的表述中，正确的有(　　)。

A. 董事会成员中必须包括职工代表
B. 公司章程可以规定董事的任期为 2 年
C. 该公司必须设 1 名副董事长
D. 公司章程可以直接规定由甲担任董事长

4. 关于国有独资公司组织机构的下列表述中，错误的有(　　)。

A. 国有独资公司监事会中的职工代表由国有资产监督管理机构委派
B. 国有独资公司设立董事会
C. 国有独资公司不设监事会
D. 国有独资公司董事会成员均由国家授权投资的机构委派

5. 某股份有限公司发行新股，其实施的下列行为中，不符合公司法律制度关于股票发行规定的有(　　)。

A. 以低于其他投资者的价格向公司原股东发行股票
B. 以超过股票票面金额的价格发行股票
C. 向公司发起人发行无记名股票
D. 向某法人股东发行记名股票，并将该法人法定代表人的姓名记载于股东名册

6. 根据公司法律制度的规定，股份有限公司在发生下列事项时，可以收购本公司股份的有(　　)。

A. 减少公司注册资本
B. 与持有本公司股份的其他公司合并
C. 将股份奖励给本公司职工
D. 股东因对股东大会作出的公司合并、分立决议持异议，要求公司收购其股份

三、案例分析

甲、乙、丙、丁等 20 人拟共同出资设立一有限责任公司。股东共同制定了公司章程。在公司章程中，对董事任期、监事会组成、股权转让规则等事项作了如下规定：

(1) 公司董事任期为 4 年；

（2）公司设立监事会，监事会成员为 7 人，其中包括 2 名职工代表；

（3）股东向股东以外的人转让股权，必须经其他股东 2/3 以上同意。

要求：根据上述情况与《公司法》的有关规定，回答下列问题：

（1）公司章程中关于董事任期的规定是否合法？简要说明理由。

（2）公司章程中关于监事会职工代表人数的规定是否合法？简要说明理由。

（3）公司章程中关于股权转让的规定是否合法？简要说明理由。

四、简答题

1. 分公司和子公司的关系。

2. 个人独资企业与一人有限责任公司的异同。

3. 一人有限责任公司与其他有限责任公司的异同。

第八章 合同法律制度

【学习目标】

　　通过本章学习，掌握合同订立的程序、合同的效力、合同的履行规则及违约责任的承担；熟悉合同的变更、转让与终止。

【案例导入】

　　2009年6月，天气炎热异常，甲商场电告乙公司速运送一批空调到商场，一切条件照旧。乙公司按约交付空调，且商场接受。但随后空调销售不佳。乙公司催讨货款时与甲商场发生纠纷，甲商场以以往空调买卖合同均采用书面合同形式订立，而本次没有采用书面合同形式订立为由主张合同不成立，要求退还空调。乙公司不同意。双方协商不成，乙公司诉至法院。经查，甲公司与乙公司就空调买卖合同，一直采用书面合同订立，合同自双方签字盖章时成立。

　　请问：本案中，甲商场与乙公司之间的空调买卖合同是否成立？本案应如何处理？为什么？

　　【解析】甲商场与乙公司之间的空调买卖合同已经成立。甲商场与乙公司虽然约定采用书面合同形式签订合同，双方未在该合同书上签字，但乙公司履行了主要义务，甲商场又接受了义务的履行，则该合同依法成立。合同既已成立，双方应履行合同，甲商场应支付货款，否则，应承担违约责任。

第一节　合同的订立

一、合同订立的形式

订立合同的主要形式有口头形式、书面形式和其他形式。

1. 口头形式

口头形式是指双方当事人通过当面交谈或者以通信设备交谈达成协议。口头形式简单易行，但发生纠纷后取证较难，难以分清责任，一般仅适用于即时清结和涉及金额较小的合同。

2. 书面形式

书面形式是指合同书、信件和数据电文（包括电报、电传、传真、电子数据交换和电子邮件）等可以有形地表现所载内容的形式。

书面形式分为一般书面形式和特殊书面形式。前者不需要履行特殊的手续，后者需要公证、登记、审批等特殊手续。

3. 其他形式

除了书面形式和口头形式外，当事人订立合同还可以采取其他形式，实务中主要有行为默示形式和推定形式。默示形式是指当事人采用沉默不语的方式为意思表示，但只有在法律有明确规定的情况下才能认定行为人以默示的形式表示其意思；推定形式是指当事人不直接采取口头或书面形式进行意思表示，而是通过实施某种行为来表示。

二、合同订立的条款

（一）合同的主要条款

1. 当事人的名称或者姓名和住所

合同当事人是自然人时，应写明当事人的姓名和住所；是法人或其他组织时，应写明组织名称和住所。

2. 标的

标的是合同权利与义务共同指向的对象。合同的标的物可以是有形财产、无形财产、劳务和工作成果等。

3. 数量

数量是对标的物量的规定性，是以数字和计量单位来衡量标的的尺度。

4. 质量

质量是标的物的内在品质和外观形态的综合。质量条款包括标的名称、品种、规格、等级、标准、技术要求等。在实践中，质量条款能按国家质量标准进行约定的，则按国家质量标准进行约定；没有质量标准的，可按"凭样品"来规定质量条款。

5. 价款或报酬

价款、报酬，是一方取得标的所支付的代价。在以物为标的的合同中，称价款，如货款、租金、承揽费、货物运输费等。

6. 履行期限、地点、方式

履行期限是指享有权利的一方要求对方履行其义务的时间范围；履行地点是指合同当事人履行或接受履行合同规定义务的地点；履行方式是指当事人采取何种形式来履行合同规定的义务。

7. 违约责任

违约责任是指当事人在不履行合同规定义务或者不适当履行义务所应承担的法律责任，如可以约定违约金责任条款、赔偿金的计算方法等。

8. 解决争议的方法

可以选择的争议解决方法有当事人协商和解、第三人调解、仲裁和诉讼。

（二）格式条款

格式条款是指当事人为了重复使用而单方预先拟定，并在订立合同时不允许对方协商变更的条款。为防止引发纠纷，保护合同另一方的合法权利，《合同法》对格式条款的使用规定了三方面限制。

1. 提供格式条款一方的义务

提供格式条款的一方应当遵循公平原则确定当事人之间的权利和义务，采取合理的方式提请对方注意免除或者限制其责任的条款，按照对方的要求，对该条款予以说明。如果提供格式条款的一方违反上述规定，导致对方没有注意免除或者限制其责任的条款，对方当事人可以向人民法院申请撤销该格式条款。

2. 无效的格式条款

（1）提供格式条款一方免除其责任、加重对方责任、排除对方主要权利的，该条款无效。

（2）具备《合同法》规定的下列情形的无效：①一方以欺诈、胁迫的手段订立合同，损害国家利益。②恶意串通，损害国家、集体或者第三人的利益。③以合法形式掩盖非法目的。④损害社会公共利益。⑤违反法律、行政法规的强制性规定。

（3）下列免责条款无效：有造成对方人身伤害的免责条款；因故意或者重大过失造成对方财产损失的免责条款。

3. 对格式条款的解释

对格式条款的理解发生争议的，应当按照通常理解予以解释；对格式条款有两种以上解释的，应当作出不利于提供格式条款一方的解释；格式条款和非格式条款不一致的，应当采用非格式条款。

三、合同订立的程序

（一）要约

1. 要约的条件

要约是指希望和他人订立合同的意思表示。发出要约的当事人叫要约人，要约所指向的对方当事人称为受要约人。要约要具备以下条件：

（1）内容明确具体。要约内容必须具备未来合同的主要条款，一经受要约人承诺，合同即可成立。

（2）必须是特定人所为的意思表示。只有要约人是特定的人，受要约人才能对之承诺。

（3）要约必须向相对人发出。要约必须经过相对人的承诺才能成立合同。相对人一般为特定的人，但在特殊情况下，也可以不是特定的人。如各种悬赏广告、商店明码标价出售商品。

（4）表明经受要约人承诺，要约人即受该意思表示约束。

在实践中要注意要约与要约邀请的区别。要约邀请是希望他人向自己发出要约的意思表示。要约邀请属于合同的准备阶段，没有法律约束力。而要约具有法律的约束力，对方一旦承诺，合同即告成立。寄送的价目表、拍卖公告、招标公告、招股说明书、商业广告等，性质为要约邀请。但若商业广告的内容符合要约的规定，如悬赏广告，则视为要约。

2. 要约的生效

要约到达受要约人时生效。所谓到达，并不一定是指一定实际送达受要约人及其代理人手中，只要送达受要约人通常的地址、住所或能控制的地方（如信箱）等即为到达。

3. 要约的撤回、撤销与失效

要约的撤回是指要约发出后、生效前，要约人收回已经发出的要约，使要约不发生法律效力的行为。要约可以撤回，但撤回要约的通知应当在要约到达受要约人之前或者与要约同时到达受要约人。

下列情形下的要约不得撤销：①要约人确定了承诺期限的。②以其他形式明示要约不可撤销的。③受要约人有理由认为要约是不可撤销的，并已经为履行合同做了准备工作。

要约的失效是指要约丧失了法律约束力，即要约人与受要约人均不受要约约束。要约的失效，以要约曾经生效为前提。有下列情形之一的，要约失效：①拒绝要约的通知到达要约人。②要约人依法撤销要约。③承诺期限届满，受要约人未作出承诺。④受要约人对要约的内容作出实质性变更。

（二）承诺

承诺是受要约人同意要约的意思表示。

1. 承诺的条件

（1）承诺应当由受要约人作出。受要约人无论是特定还是不特定，均享有承诺的资格。

（2）承诺必须向要约人作出。受要约人承诺的目的是同要约人订立合同，故承诺只有向要约人作出才有意义。

（3）承诺的内容应当与要约的内容一致。受要约人对要约的内容作出实质性变更的，为新要约。有关合同标的、数量、质量、价款或者报酬、履行期限、履行地点和方式、违约责任和解决争议方法等内容的变更，是对要约内容的实质性变更。

（4）承诺必须在要约确定的有效期限内到达要约人。受要约人在承诺期限内发出承诺，按照通常情形能够及时到达要约人，但因其他原因使承诺到达要约人时超过承诺期限的，除要约人及时通知受要约人因承诺超过期限不接受该承诺的以外，该承诺为有效承诺。

2. 承诺的生效

承诺自通知到达要约人时生效。承诺不需要通知的，自根据交易习惯或者要约的要求作出承诺的行为时生效。

3. 承诺的撤回

承诺人发出承诺后反悔的，可以撤回承诺，但撤回承诺的通知应当在承诺通知到达要约人之前或者与承诺通知同时到达要约人。

【例8-1-1】蓝星设备有限公司因业务需要，向甲、乙、丙、丁等四家单位发出招标公告，甲、乙、丙、丁均按期按约投标，最后，蓝星公司通知甲公司中标。请分析该案例中的招标、投标和中标的性质。

【解析】招标是当事人一方向数个特定的相对人或不特定的人公开缔约愿

望的意思表示，招标不属于要约，而属于要约邀请。投标是受招标人许可的人，以接收标书为条件向招标人发出订立合同的意思表示，投标是要约。定标是招标人对所有的招标进行评比，对评定的最优投标人允诺与其订立合同的意思表示。定标若是对投标完全接收，定标即为承诺；定标若对中标人的投标并不完全同意，其结果只是选定中标人而作进一步的谈判，那么定标也就成为对以谈判为标的的预约的承诺。本案中，蓝星设备有限公司因向甲、乙、丙、丁等四家单位发出招标公告，是要约邀请；甲、乙、丙、丁均按期按约投标，是要约；蓝星公司通知甲公司中标，是承诺。合同自此即告成立。

四、合同成立的时间与地点

当事人采用合同书形式订立合同的，自双方当事人签字或者盖章时合同成立。在签字或者盖章之前，当事人一方已经履行了主要义务，对方接受的，该合同成立。当事人在合同书上摁手印的，具有与签字或者盖章同等的法律效力。

承诺生效的地点为合同成立的地点。采用数据电文形式订立合同的，收件人的主营业地为合同成立的地点；没有主营业地的，其经常营业地为合同成立地点。当事人采用合同书、确认书形式订立合同的，双方当事人签字或者盖章的地点为合同成立的地点。当事人另有约定的，从其约定。

五、缔约过失责任

缔约过失责任是指当事人在订立合同过程中，因违背诚实信用原则致使合同未成立，给对方造成损失而应承担的损害赔偿责任。

当事人在订立合同过程中有下列情形之一，给对方造成损失的，应当承担损害赔偿责任：①假借订立合同，恶意进行磋商。②故意隐瞒与订立合同有关的重要事实或者提供虚假情况。③当事人泄露或者不正当地使用在订立合同过程中知悉的商业秘密。④有其他违背诚实信用原则的行为。

同步测试题：

一、单项选择题

1. 2010 年 4 月 30 日，甲以特快专递的形式向乙发出购买一台笔记本电脑的要约，乙也用特快专递于 5 月 5 日回信同意要约。乙的特快专递于 5 月 10 日送达甲的办公室，但甲因个人原因于 5 月 15 日才阅读乙的邮件，后于 5 月

16 日回复乙"信件收到"。甲乙之间买卖合同的成立时间是(　　)。

    A. 2010 年 4 月 30 日　　　　　B. 2010 年 5 月 10 日

    C. 2010 年 5 月 5 日　　　　　　D. 2010 年 5 月 16 日

  2. 陈某以信件发出要约,信件未载明承诺开始日期,仅规定承诺期限为 10 天。2010 年 5 月 8 日,陈某将信件投入邮箱;邮局将信件加盖 5 月 9 日邮戳发出;5 月 11 日,信件送达受要约人李某的办公室;李某因外出,直至 5 月 15 日才知悉信件内容。根据《合同法》的规定,该承诺期限的起算日为(　　)。

    A. 5 月 8 日　　　　　　　　　B. 5 月 9 日

    C. 5 月 11 日　　　　　　　　　D. 5 月 15 日

  3. 甲公司 7 月 1 日通过报纸发布广告,称有某型号的电脑出售,每台售价 8000 元,随到随购,数量不限,广告有效期至 7 月 30 日。乙公司委托王某携带金额为 16 万元的支票于 7 月 28 日到甲公司购买电脑,但甲公司称广告所述电脑已全部售完。乙公司为此受到一定的经济损失。根据合同法律制度的规定,下列表述正确的是 (　　)。

    A. 甲公司的广告构成要约,乙公司的行为构成承诺,甲公司不承担违约责任

    B. 甲公司的广告构成要约,乙公司的行为构成承诺,甲公司应当承担违约责任

    C. 甲公司的广告不构成要约,乙公司的行为不构成承诺,甲公司不承担民事责任

    D. 甲公司的广告构成要约,乙公司的行为不构成承诺,甲公司不承担民事责任

  4. 根据合同法律制度的规定,下列情形中,要约没有发生法律效力的是(　　)。

    A. 撤回要约的通知与要约同时到达受要约人

    B. 撤销要约的通知在受要约人发出承诺通知之前到达

    C. 同意要约的通知到达要约人

    D. 受要约人对要约的内容作出实质性变更

  5. 甲、乙两公司拟签订一份书面买卖合同,甲公司签字盖章后尚未将书面合同邮寄给乙公司时,即接到乙公司按照合同约定发来的货物,甲公司经清点后将该批货物入库。次日将签字盖章后的书面合同发给乙公司。乙公司收到后,即在合同上签字盖章。根据《合同法》的规定,该买卖合同的成立时间是(　　)。

A. 甲公司签字盖章时

B. 乙公司签字盖章时

C. 甲公司接受乙公司发来的货物时

D. 甲公司将签字盖章后的合同发给乙公司时

二、多项选择题

1. 根据《合同法》的规定，属于无效格式条款的有( )。

A. 有两种以上解释的格式条款

B. 恶意串通损害国家利益的格式条款

C. 损害社会公共利益的格式条款

D. 违反法律强制性规定的格式条款

2. 根据《合同法》的规定，下列各项中，属于不得撤销要约的情形的有( )。

A. 要约人确定了承诺期限　　　B. 要约已经到达受要约人

C. 要约人明示要约不可撤销　　D. 受要约人已发出承诺的通知

3. 根据《合同法》的规定，下列各项中，属于要约失效情形的有( )。

A. 要约人依法撤回要约

B. 要约人依法撤销要约

C. 承诺期限届满，受要约人未做出承诺

D. 受要约人对要约内容作出实质性变更

4. 根据《合同法》的规定，下列各项中，属于合同成立的情形有( )。

A. 甲向乙发出要约，乙作出承诺，该承诺除对履行地点提出异议外，其余内容均与要约一致

B. 甲、乙约定以书面形式订立合同，但在签订书面合同之前，甲已履行主要义务，乙接受了履行

C. 甲、乙采用书面形式订立合同，但在双方签章之前，甲履行了主要义务，乙接受了履行

D. 甲于5月10日向乙发出要约，要约规定承诺期限截至5月20日，乙于5月28日发出承诺信函，该信函5月31日到达甲

5. 甲公司主张乙公司违约，乙公司则主张合同未成立，其理由是自己向甲公司发出的要约已经撤销。根据合同法律制度的规定，在甲公司可能提出的以下理由中，可以被人民法院认定为乙公司撤销要约不能成立的证据有( )。

A. 乙公司在要约中确定了承诺期限

B. 尽管乙公司在要约中未确定承诺期限，但甲公司接到要约后即已为履

　　行合同做了准备工作

C. 乙公司在要约中明确表示等待甲公司的答复

D. 甲公司发出承诺以后才收到乙公司撤销要约的通知

三、案例分析

2010 年 1 月 10 日，甲厂向乙厂发出信函（信函均当天达到），表示愿意以 5 万元购买设备一台。1 月 25 日乙厂回复：现有存货，但是出卖价格为 6 万元。2 月 5 日，甲厂又回函：价格为 5.5 万元，即购进该设备。2 月 10 日乙厂复函：同意。请分析该合同的要约和承诺各是什么？

四、简答题

1. 要约与要约邀请的关系。

2. 要约的撤回、撤销与失效三者间的关系。

第二节　合同的效力

一、有效合同

　　有效合同是指已经成立，并在当事人之间产生一定法律效力的合同。合同具有法律效力必须具备以下三个条件：

　　1. 当事人有相应的民事行为能力

　　自然人订立合同，必须要有完全的民事行为能力，限制民事行为能力人和无民事行为能力人应由其法定代理人代为签订合同，但限制民事行为能力人可以独立签订纯获利益的合同或与其年龄、智力、精神健康状况相适应的合同。

　　非自然人订立合同，要在法律、行政法规及有关部门授予的权限范围内签订合同。

　　2. 当事人的意思表示真实

　　当事人的表示行为应当真实地反映其内心的想法。意思表示有瑕疵的民事行为，不能发生法律效力。

　　3. 不违反法律和社会公共利益

　　合同的目的和内容不得与法律的强行性规定或禁止性规定相抵触，不得损害社会公共利益，不得违反社会公德。

二、无效合同

无效合同是不具有法律约束力的合同。

有下列情形之一的，合同无效：

（1）一方以欺诈、胁迫的手段订立合同，损害国家利益。

（2）恶意串通，损害国家、集体或者第三人利益。

（3）以合法形式掩盖非法目的。

（4）损害社会公共利益。

（5）违反法律、行政法规的强制性规定。

（6）无民事行为能力人订立的合同。

合同部分有效、部分无效的，无效部分不影响其他部分的效力，其他部分仍然有效。

无效合同自始无效。因为无效合同取得的财产，应当予以返还；不能返还的，应当折价补偿。有过错的一方应当赔偿对方因此所受到的损失；双方都有过错的，应当各自承担相应的责任。当事人恶意串通订立合同，损害国家、集体或者第三人利益的，因此取得的财产收归国家、集体所有或者返还第三人。

三、可变更、可撤销合同

（一）可变更、可撤销合同的界定

可变更、可撤销的合同又称相对无效的合同，是指因合同当事人订立合同时意思表示不真实，经有撤销权的当事人行使撤销权，使已经生效的合同归于无效的合同。

《合同法》规定了以下三种可变更、可撤销合同：

（1）因重大误解订立的合同。重大误解的合同是指当事人对合同的内容存在错误的理解，并基于这种错误理解而订立的合同。

（2）订立合同时显失公平的合同。显失公平是指一方当事人利用优势或者利用对方缺乏经验，致使双方的权利义务明显违反公平、等价有偿原则而订立的合同。

（3）一方以欺诈、胁迫手段或者乘人之危，使对方在违背真实意思的情况下订立的合同。

（二）被撤销合同的后果

被撤销的合同与无效合同一样，自始没有法律约束力。合同被撤销的，不影响合同中独立存在的有关解决争议方法条款的效力。对因该合同取得的财产，应当予以返还；有过错的一方应当赔偿对方因此所受到的损失；双方都有过错的，应当各自承担相应的责任。

四、效力待定的合同

效力待定的合同，是指合同订立后尚未生效，须经权利人追认才能生效的合同。效力待定合同主要有以下几种类型：

1. 限制民事行为能力人独立订立的与其年龄、智力、精神状况不相适应的合同

《合同法》规定，限制民事行为能力人订立的合同，经法定代理人追认后，该合同有效，但纯获利益的合同或者与其年龄、智力、精神健康状况相适应而订立的合同，是有效的，不必经法定代理人追认。

2. 无权代理人订立的合同

行为人没有代理权、超越代理权或者代理权终止后以被代理人名义订立的合同，未经被代理人追认，对被代理人不发生效力，由行为人承担责任。

3. 无处分权人订立的合同

无处分权的人处分他人财产，经权利人追认或者无处分权的人订立合同后取得处分权的，该合同有效。

同步测试题：

一、单项选择题

1. 甲、乙公司于 2005 年 3 月 10 日签订买卖合同，3 月 15 日甲公司发现自己对合同标的存有重大误解，遂于 3 月 20 日向法院请求撤销该合同，4 月 10 日法院依法撤销该合同。下列表述中，符合《合同法》规定的是（   ）。

A. 合同自 3 月 10 日起归于无效　　　B. 合同自 3 月 15 日起归于无效
C. 合同自 3 月 20 日起归于无效　　　D. 合同自 4 月 10 日起归于无效

2. 根据《合同法》的规定，下列各项中，属于可撤销合同的是（   ）。

A. 一方以欺诈的手段订立的损害国家利益的合同
B. 限制民事行为能力人与他人订立的纯获利益的合同
C. 违反法律强制性规定的合同
D. 因重大误解订立的合同

3. 根据《合同法》的规定，下列各项中，不属于无效合同的是（   ）。

A. 违反国家限制经营规定而订立的合同
B. 恶意串通，损害第三人利益的合同

C. 显失公平的合同

D. 损害社会公共利益的合同

二、多项选择题

1. 根据合同法律制度的规定，下列各项中，属于无效合同的有(　　)。

A. 恶意串通损害国家利益的合同　　　B. 损害社会公共利益的合同

C. 显失公平的合同　　　　　　　　　D. 以合法形式掩盖非法目的的合同

2. 根据《合同法》的规定，下列合同中，属于效力待定合同的有(　　)。

A. 甲、乙恶意串通订立的损害第三人丙利益的合同

B. 某公司法定代表人超越权限与善意第三人丁订立的买卖合同

C. 代理人甲超越代理权限与第三人丙订立的买卖合同

D. 限制民事行为能力人甲与他人订立的买卖合同

3. 下列属于无效合同的有(　　)。

A. 因重大误解订立的合同

B. 一方以欺诈、胁迫的手段订立的损害国家利益的合同

C. 恶意串通，损害第三人利益的合同

D. 利用馈赠形式实施贿赂目的的合同

4. 下列关于可撤销合同的说法中正确的有(　　)。

A. 被撤销的合同自撤销之日起没有法律约束力

B. 当事人请求变更的，人民法院或者仲裁机构可以变更或撤销

C. 具有撤销权的当事人自知道或者应当知道撤销事由之日起一年内没有
行使撤销权的，撤销权消灭

D. 因重大误解订立的合同双方均有权撤销

三、案例分析

张三到某市商场买电脑，该商场工作人员疏忽，错将一台价值 4500 元的电脑标成了 450 元，张三看到这台电脑后，觉得非常便宜且性能优良，于是就买走了。事隔一周后，商场盘点时发现了错误，就派人找到张三，要求补足货款或退款退货，而张三却认为你标错了价是你的错，我买东西又不是没付钱，货已经卖出去了，哪有再补钱的道理，拒不补足价款，也不退货。于是该商场到人民法院起诉，请求人民法院撤销与张三之间的买卖合同。请问：

(1) 本案中商场与张三间的买卖合同属于什么性质的合同？为什么？

(2) 该案如何处理？

四、简答题

1. 无权代理行为和无权处分行为的异同。

2. 可变更、可撤销合同与无效合同的异同。

第三节 合同的履行

一、合同履行中的抗辩权

抗辩权，是指在双务合同中，一方当事人在对方不履行或履行不符合约定时，依法对抗对方要求或否认对方权利主张的权利。

（一）同时履行抗辩权

同时履行抗辩权，是指双务合同的当事人应同时履行义务的，一方在对方未履行前，有拒绝对方请求自己履行合同的权利。《合同法》规定，当事人互负债务，没有先后履行顺序的，应当同时履行。一方在对方履行之前有权拒绝其对自己提出的履行要求。一方在对方履行债务不符合约定时，有权拒绝其相应的履行要求。

【例8-3-1】甲乙双方订立买卖合同，约定货到付款。甲方交货时，乙方称要等货物卖出后再付款。根据《合同法》的规定，甲方(   )。

A. 可行使同时履行抗辩权　　　　B. 可行使后履行抗辩权

C. 可行使不安抗辩权　　　　　　D. 可解除合同

【解析】A。当事人互负债务，没有先后履行顺序的，应当同时履行。一方在对方履行之前有权拒绝其对自己提出的履行要求。一方在对方履行债务不符合约定时，有权拒绝其相应的履行要求。

（二）后履行抗辩权

后履行抗辩权，是指双务合同中应当先履行义务的一方当事人未履行时，对方当事人有拒绝对方请求履行的权利。《合同法》规定，当事人互负债务，有先后履行顺序，先履行一方未履行的，后履行一方有权拒绝其履行要求。先履行一方履行债务不符合约定的，后履行一方有权拒绝其相应的履行要求。

【例8-3-2】甲与乙签订一份买卖合同，双方约定，甲提供一批货物给乙，货到后一个月内付款。合同签订后甲迟迟没有发货，乙催问甲，甲称由于资金紧张，暂无法购买生产该批货物的原材料，要求乙先付货款，乙拒绝了甲的要求。乙拒绝先付货款的行为在法律上称为(   )。

A. 行使先履行抗辩权　　　　　　B. 行使后履行抗辩权

C. 行使同时履行抗辩权　　　　　D. 行使撤销权

【解析】B。合同当事人互负债务，有先后履行顺序，先履行一方（甲）未履行的，后履行一方（乙）有权拒绝其履行要求。

（三）不安抗辩权

不安抗辩权，也叫先履行抗辩权，是指双务合同中应先履行义务的一方当事人，有确切证据证明对方丧失履行债务能力时，在对方没有履行或没有提供担保之前，有暂时中止履行合同的权利。

《合同法》规定，应当先履行债务的当事人，有确切证据证明对方有下列情形之一的，可以中止履行：①经营状况严重恶化。②转移财产、抽逃资金，以逃避债务。③丧失商业信誉。④有丧失或者可能丧失履行债务能力的其他情形。主张不安抗辩权的当事人如果没有确切证据中止履行的，则应当承担违约责任。

当事人行使不安抗辩权中止履行的，应当及时通知对方。对方提供适当担保时，应当恢复履行。中止履行后，对方在合理期限内未恢复履行能力并且未提供适当担保的，中止履行的一方可以解除合同。

【例8-3-3】某剧院与当红歌星王某签订演出合同。约定剧院于12月30日向王某支付出场费10万元，王某则应于元旦晚上为该剧院举办的联欢会演唱歌曲。12月29日，王某喉咙发炎，医生诊断须立即手术，预计住院10天。剧院欲解除合同，王某认为，剧院仅能中止合同，不能解除合同，为此，双方发生纠纷。请问：剧院能否主张解除合同？

【解析】后履行一方当事人王某在履行演唱歌曲义务的前两天喉咙发炎，须立即手术，存在难以履行义务的情形，先履行一方剧院有权主张不安抗辩权而中止履行支付出场费的义务。此外，本案中，合同的主要义务需要王某亲自登台演唱，而王某在合同履行期仅差两天之际喉咙发炎，需要立即手术，且需住院10天，已经确知不能履行合同的主要义务，因此，剧院有权主张解除合同。

二、合同履行中的保全措施

（一）代位权

代位权，是指债务人怠于行使其到期债权，危及债权人债权实现时，债权人为保障自己的债权，可以向人民法院请求以自己的名义代位行使债务人的债权的权利。但该债权专属于债务人自身的除外。

1. 代位权的行使条件

（1）债务人对第三人享有合法债权，并且是非专属于债务人自身的权利。

（2）债务人怠于行使其到期债权，对债权人造成损害。债务人的懈怠行为必须是债务人不以诉讼方式或者仲裁方式向次债务人主张其享有的具有金钱给付内容的到期债权。

（3）债务人的债权不是专属于债务人自身的债权。专属于债务人自身的债权，是指基于扶养关系、抚养关系、赡养关系、继承关系产生的给付请求权和劳动报酬、退休金、养老金、抚恤金、安置费、人寿保险、人身伤害赔偿请求权等权利。

2. 代位权行使的法律后果

代位权的行使范围以债权人的债权为限，债权人行使代位权的必要费用，由债务人负担。债权人胜诉的，由次债务人承担诉讼费用，且从实现的债权中优先支付。其他必要费用则由债务人承担。

代位权诉讼由被告住所地人民法院管辖。债权人向次债务人提起的代位权诉讼经人民法院审理后认定代位权成立的，由次债务人向债权人履行清偿义务，债权人与债务人、债务人与次债务人之间相应的债权债务关系即予消灭。

【例8-3-4】甲公司因经营不善无力偿还所欠乙公司的到期货款10万元，但是丙公司欠甲公司到期货款20万元，甲公司不积极向丙公司主张支付货款。为此，乙公司以自己的名义向法院请求丙公司向自己清偿20万元货款，以抵充甲公司所欠自己的货款。丙公司认为自己与乙公司并无债权债务关系，拒绝偿还。请问乙公司有权以自己的名义请求丙公司偿还甲公司的货款吗？如何处理？

【解析】本案中甲公司对丙公司的债权为金钱债权，乙公司对甲公司所享有的债权合法有效，上述两个债权均已到期。甲公司怠于行使对丙公司的债权，且因其怠于行使致使乙公司的债权实现有现实危险，损害了债权人乙公司的利益。因此，乙公司有权行使代位权，以自己的名义请求丙公司偿还甲公司的借款。本案中，甲公司仅欠乙公司10万元货款，而丙公司所欠甲公司货款达20万元，对于超出乙公司货款部分的请求，人民法院不予支持。

（二）撤销权

撤销权，是指债务人实施了减少财产行为，危及债权人债权实现时，债权人为保障自己的债权，请求人民法院撤销债务人处分行为的权利。

1. 撤销权的成立要件

债权人行使撤销权，应当具备以下条件：

（1）债权人须以自己的名义行使撤销权，向被告住所地人民法院提起诉讼。

（2）债权人对债务人存在有效债权。债权人对债务人的债权可以到期，也可以未到期。

（3）债务人实施了对债权人造成损害的减少财产的处分行为。

债务人实施了对债权人造成损害的减少财产的处分行为主要有：①放弃债权（到期、未到期均可）、放弃债权担保或者恶意延长到期债权的履行期，对债权人造成损害。②无偿转让财产，对债权人造成损害。③以明显不合理的低价转让财产或者以明显不合理的高价收购他人财产，对债权人造成损害，并且受让人知道该情形。所谓"明显不合理的低价"的判断标准，应当以交易当地一般经营者的判断，并参考交易当时交易地的物价部门指导价或者市场交易价，结合其他相关因素综合考虑予以确认。一般认为，转让价格达不到交易时交易地的指导价或者市场交易价70%的，一般可以视为明显不合理的低价；对转让价格高于当地指导价或者市场交易价30%的，一般可以视为明显不合理的高价。

2. 撤销权的行使期限

撤销权自债权人知道或者应当知道撤销事由之日起1年内行使。自债务人的行为发生之日起5年内没有行使撤销权的，该撤销权消灭。

3. 撤销权行使的法律效果

一旦人民法院确认债权人的撤销权成立，债务人的处分行为即自始归于无效，受益人应当返还从债务人处获得的财产。因此，撤销权行使的目的是恢复债务人的责任财产，债权人就撤销权行使的结果并无优先受偿权利。

撤销权的行使范围以债权人的债权为限。债权人行使撤销权的必要费用，由债务人承担。

同步测试题：

一、单项选择题

1. 甲、乙双方约定，由丙每月代乙向甲偿还债务500元，期限2年。丙履行5个月后，以自己并不对甲负有债务为由拒绝继续履行。甲遂向法院起诉，要求乙、丙承担违约责任。根据合同法律制度的规定，人民法院的下列判决中，符合规定的是（　　　）。

A. 判决乙承担违约责任　　　　B. 判决丙承担违约责任

C. 判决乙、丙连带承担违约责任　　D. 判决乙、丙分担违约责任

2. 甲学校与乙服装厂订立买卖合同，约定货到付款。乙服装厂交货时，甲学校称要学校开学后收了学费再付款。根据《合同法》的规定，乙服装厂可以拒绝交货，行使(　　　)。

A. 同时履行抗辩权　　　　　　B. 后履行抗辩权

C. 不安抗辩权　　　　　　　　D. 可解除合同

3. 下列关于撤销权的说法中，错误的是(　　)。

A. 自债务人的行为发生之日起1年内没有行使撤销权的，该撤销权消灭

B. 债权人行使撤销权的必要费用，由债务人承担

C. 对转让价格高于当地指导价或者市场交易价30%的，一般可以视为明显不合理的高价

D. 撤销权的行使范围以债权人的债权为限

4. 甲乙双方订立买卖合同，约定收货后一周内付款。甲方在交货前发现乙方经营状况严重恶化，根据《合同法》的规定，甲方(　　)。

A. 可行使同时履行抗辩权　　　　　　B. 可行使后履行抗辩权

C. 可行使不安抗辩权　　　　　　　　D. 可解除合同

5. 根据《合同法》的规定，可撤销合同的当事人行使撤销权的有效期限是(　　)。

A. 自合同签订之日起1年内

B. 自合同签订之日起2年内

C. 自知道或者应当知道撤销事由之日起1年内

D. 自知道或者应当知道撤销事由之日起2年内

二、多项选择题

1. 甲、乙双方签订了买卖合同，在合同履行过程中，发现该合同履行费用的负担问题约定不明确。根据合同法律制度的规定，下列各项中，可供甲、乙双方选择的履行规则有(　　)。

A. 双方协议补充　　　　　　　　　　B. 按交易习惯确定

C. 由履行义务一方负担　　　　　　　D. 按合同有关条款确定

2. X市甲厂因购买Y市乙公司的一批木材与乙公司签订了一份买卖合同，但合同中未约定交货地与付款地，双方就此未达成补充协议，按照合同有关条款或者交易习惯也不能确定。根据合同法律制度的规定，下列关于交货地及付款地的表述中，正确的有(　　)。

A. X市为交货地　　　　　　　　　　B. Y市为交货地

C. X市为付款地　　　　　　　　　　D. Y市为付款地

3. 债权人甲认为债务人乙怠于行使其债权给自己造成损害，欲提起代位诉讼。根据合同法律制度的规定，下列各项中，不得提起代位诉讼的有(　　)。

A. 安置费给付请求权　　　　　　　　B. 劳动报酬请求权

C. 人身伤害赔偿请求权　　　　　　　D. 因继承关系产生的给付请求权

4. 根据合同法律制度的规定，债务人的下列行为中，债权人可以请求人民法院予以撤销的是(　　)。

A. 债务人怠于行使其到期债权

B. 债务人放弃其到期债权

C. 债务人无偿将财产赠与他人

D. 债务人以明显不合理的低价转让财产，但受让人不知道该情形

5. 甲公司欠乙公司 30 万元，一直无力偿付，现丙公司欠甲公司 20 万元，已经到期，但甲公司明示放弃对丙公司的债权。根据合同法律制度的规定，对甲公司的行为，乙公司可以采取的措施有（　　）。

A. 行使代位权，要求丙公司偿还 20 万元

B. 请求人民法院撤销甲公司放弃债权的行为

C. 乙公司行使权利的必要费用可向甲公司主张

D. 乙公司应在知道或者应当知道甲公司放弃债权 2 年内行使撤销权

三、案例分析

甲与乙订立合同，规定甲应于 2007 年 8 月 1 日交货，乙应于同年 8 月 7 日付款。7 月底，甲发现乙财务状况恶化，没有付款之能力，并有确切证据，遂提出终止合同，但乙未允。基于上述因素，甲于 8 月 1 日未按约定交货。请依据《合同法》原理分析甲的行为是否违法？

第四节　合同的变更、转让与终止

一、合同的变更

合同变更是在不改变合同主体的前提下对合同内容的变更，合同性质也不因此而改变。

当事人协商一致，可以变更合同。但法律、行政法规规定变更合同应当办理批准、登记等手续的，应当办理相应手续。

合同变更的效力原则上仅对未履行的部分有效，对已经履行的部分没有溯及力，但法律另有规定或者当事人另有约定的除外。

二、合同的转让

合同的转让，即合同主体的变更，指当事人将合同的权利和义务全部或者

部分转让给第三人。合同的转让分为合同权利转让、合同义务转移和合同权利义务一并转让。

（一）合同权利转让

合同权利转让，是指债权人将合同的权利全部或者部分转让给第三人的法律制度。转让权利的是让与人，接受权利的是受让人。债权人转让权利不需要经债务人同意，但应当通知债务人。未经通知，该转让对债务人不发生效力。

下列情形债权人不得转让合同权利：

（1）根据合同性质不得转让。主要是指基于当事人特定身份而订立的合同，如出版合同、赠与合同、委托合同、雇用合同等。

（2）按照当事人约定不得转让。但这种约定不得约束善意的第三人。

（3）依照法律规定不得转让。

（二）合同义务转移

合同义务转移，是指债务人经债权人同意后将合同义务的全部或者部分转移给第三人。

债务人将合同的义务全部或者部分转移给第三人，应当经债权人同意；否则债务人转移合同义务的行为对债权人不发生效力，债权人有权拒绝第三人向其履行，债权人有权要求债务人履行义务并承担不履行或者延迟履行合同的法律责任。

（三）合同权利义务的一并转让

当事人一方经他方当事人同意，可以将自己在合同中的权利义务一并转让给第三人。合同权利义务的一并转让既可以是出让人将合同权利义务全部转移至受让人，也可以是出让人将合同权利义务的一部分转移至受让人。

（四）合并分立后债权债务的处理

当事人订立合同后合并的，由合并后的法人或者其他组织行使合同权利、履行合同义务。当事人订立合同后分立的，除债权人和债务人另有约定的以外，由分立的法人或者其他组织对合同的权利和义务享有连带债权，承担连带债务。

三、合同的终止

合同的终止，是指因发生法律规定或当事人约定的情况，使当事人之间的权利义务关系消灭，而使合同终止法律效力。合同终止主要有以下几种情形：

（一）因履行而终止

合同如果已经按照约定履行完毕，则双方合同权利义务关系即告终止。

（二）约定终止

合同订立后，经当事人协商一致，可以解除合同。在订立合同时，如果双方事先约定了合同当事人一方或者双方解除合同的条件，一旦该条件成就，当事人就可以通过行使解除权而终止合同。

法律规定或者当事人约定了解除权行使期限的，期限届满当事人不行使的，该权利消灭。法律没有规定或者当事人没有约定解除权行使期限，经对方催告后在合理期限内不行使的，该权利消灭。

（三）法定终止

法定终止是指根据法律规定而解除合同。有下列情形的，当事人可以单方面解除合同：

（1）因不可抗力不能实现合同目的。发生不可抗力导致合同目的不能实现时，双方当事人均可以行使解除权。

（2）在履行期限届满之前，当事人一方明确表示或者以自己的行为表明不履行主要债务的，对方当事人可以解除合同。

（3）当事人一方迟延履行主要债务，经催告后在合理期限内仍未履行。

（4）当事人一方迟延履行债务或者有其他违约行为致使不能实现合同目的。

（5）法律规定其他解除情形的。

合同解除后，尚未履行的，终止履行；已经履行的，根据履行情况和合同性质，当事人可以要求恢复原状、采取其他补救措施，并有权要求赔偿损失。合同的权利义务终止，不影响合同中结算和清算条款的效力。

【例8-4-1】甲与乙签订了一份买卖合同，约定甲将其收藏的一幅名画以20万元卖给乙。其后，甲将其对乙的20万元债权转让给丙并通知了乙。甲将名画依约交付给乙前，该画因不可抗力灭失。根据《合同法》的规定，下列判断中，正确的是（　　　）。

A. 乙对甲主张解除合同，并拒绝丙的给付请求

B. 乙对甲主张解除合同，但不得拒绝丙的给付请求

C. 乙不得对甲主张解除合同，但可以拒绝丙的给付请求

D. 乙不得对甲主张解除合同，但不得拒绝丙的给付请求

【解析】A。因不可抗力致使不能实现合同目的，当事人乙可以解除合同；债权人甲转让权利的，债务人乙对让与人甲的抗辩，可以向受让人丙主张。因此，乙有权拒绝丙的给付请求。

（四）抵销

当事人互负到期债务，该债务的标的物种类、品质相同的，任何一方可以

将自己的债务与对方的债务抵销，但依照法律规定或者按照合同性质不得抵销的除外。

下列债务不能抵销：

（1）按合同性质不能抵销的债务，如培训、医疗服务等。

（2）因故意侵权行为而产生的债务。

（3）按照约定应当向第三人给付的债务。

（4）法律规定不得抵销的债务等，如被人民法院查封、扣押、冻结的财产，不能用来抵销债务。

（五）提存

提存是指由于债权人的原因，导致债务人无法履行债务或者难以履行债务的情况下，债务人将标的物交由提存机关保存，以终止合同权利义务关系的行为。

《合同法》规定，有下列情形之一，难以履行债务的，债务人可以将标的物提存：

（1）债权人无正当理由拒绝受领。

（2）债权人下落不明。

（3）债权人死亡未确定继承人或者丧失民事行为能力未确定监护人。

（4）法律规定的其他情形。

标的物提存后，毁损、灭失的风险由债权人承担。提存期间，标的物的孳息归债权人所有。提存费用由债权人负担。标的物不适于提存或者提存费用过高的，债务人依法可以拍卖或者变卖标的物，提存所得的价款。

债权人领取提存物的权利，自提存之日起5年不行使而消灭，提存物扣除提存费用后归国家所有。

（六）免除与混同

债务的免除是指合同未履行或未完全履行，债权人免除债务人部分或者全部债务，合同的权利义务部分或者全部终止的行为。

混同是指债权和债务同归于一人。债权债务混同时，合同的权利义务终止，但涉及第三人的除外。

（七）法律规定或当事人约定终止的其他情形

同步测试题：

一、单项选择题

1. 甲、乙、丙公司合并为丁公司，则甲公司合并之前的债务应由（　　）承担。

A. 甲公司　　　　　　　　　　　B. 乙公司

C. 丙公司　　　　　　　　　　　　D. 丁公司

2. 甲公司分立为乙公司和丙公司，对甲公司分立之前的债务，在债权人和债务人没有特别约定的以外，根据合同法律制度的规定，甲公司分立之前的债务应由（　　）承担。

A. 乙公司承担　　　　　　　　　　B. 丙公司承担

C. 乙公司、丙公司平均承担　　　　D. 乙公司、丙公司承担连带责任

3. 债权人领取提存物的权利，自提存之日起（　　）年不行使则消灭，提存物扣除提存费用后归国家所有。

A. 5　　　　　　　　　　　　　　　B. 3

C. 1　　　　　　　　　　　　　　　D. 10

4. 标的物提存后，毁损、灭失的风险由（　　）承担。

A. 债权人　　　　　　　　　　　　B. 第三人

C. 债务人　　　　　　　　　　　　D. 提存机关

二、多项选择题

1. 下列关于合同变更的说法中正确的有（　　）。

A. 合同的变更是指合同内容的变更

B. 当事人协商一致，可以变更合同

C. 当事人对合同变更的内容约定不明确的，推定为已变更

D. 合同变更的效力原则上分为未履行和已经履行的部分

2. 下列属于合同转让的有（　　）。

A. 合同权利转让　　　　　　　　　B. 合同义务转移

C. 合同权利义务一并转让　　　　　D. 合同的变更

3. 下列关于合同转让的说法中正确的有（　　）。

A. 债权人转让权利不需要经债务人同意，但应当通知债务人

B. 债务人将合同的义务全部或者部分转移给第三人，应当经债权人同意

C. 债务人转移义务的，新债务人可以主张原债务人对债权人的抗辩

D. 出版合同不得转让合同权利

4. 债务人甲因债权人乙下落不明，遂将合同标的物递交当地公证机关提存。根据合同法律制度的规定，下列关于提存期间当事人权利义务的表述中，正确的有（　　）。

A. 提存后，甲负有通知义务

B. 保管提存物产生的保管费由乙承担

C. 如果提存物因为不可抗力灭失，损失由乙承担

D. 如果自提存之日起5年后，乙仍没有领取提存物，甲可以在交付保管

费后取回提存物

三、判断题

1. 合同的变更是指合同主体的变更。   （   ）

2. 合同变更的效力原则上仅对未履行的部分有效，对已经履行的部分没有溯及力。   （   ）

3. 债权人转让权利需要经债务人同意。   （   ）

4. 当事人订立合同后合并的，由合并后的法人或者其他组织行使合同权利，履行合同义务。   （   ）

5. 当事人互负债务，只有标的物种类、品质相同的，才可以抵销。

                                          （   ）

第五节　违约责任

当事人一方不履行合同义务或者履行合同义务不符合约定的，应当承担违约责任。

一、违约责任的承担方式

（一）继续履行

继续履行，又称实际履行，是指债权人在债务人不履行合同义务时，可请求人民法院或者仲裁机构强制债务人实际履行合同义务。

当事人一方未支付价款或者报酬的，对方可以要求其支付价款或者报酬。当事人一方不履行非金钱债务或者履行非金钱债务不符合约定的，对方可以要求履行。但有下列情形之一的除外：①法律上或者事实上不能履行。②债务的标的不适于强制履行或者履行费用过高。③债权人在合理期限内未要求履行。

（二）采取补救措施

当事人履行合同义务，质量不符合约定的，应当按照当事人的约定承担违约责任。对违约责任没有约定或者约定不明确，受损害方根据标的物的性质以及损失的大小，可以合理选择要求对方承担修理、更换、重作、退货、减少价款或者报酬等违约责任，也可以选择解除合同、中止履行合同、通过提存履行债务、行使担保债权等补救措施。

（三）赔偿损失

当事人一方不履行合同义务或者履行合同义务不符合约定的，在履行义务或者采取补救措施后，对方还有其他损失的，应当承担赔偿损失。

损失赔偿额应当相当于因违约所造成的损失，包括合同履行后可以获得的利益，但不得超过违约方订立合同时预见到或者应当预见到的因违反合同可能造成的损失。

（四）支付违约金

违约金，是按照当事人约定或者法律规定，一方当事人违约时应当根据违约情况向对方支付的一定数额的货币。

约定的违约金低于造成的损失的，当事人可以请求人民法院或者仲裁机构予以增加；约定的违约金过分高于造成的损失的，当事人可以请求人民法院或者仲裁机构予以适当减少。当事人迟延履行支付约定违约金的，违约方支付违约金后，还应当履行债务。

（五）给付或者双倍返还定金

给付定金一方不履行约定的债务的，无权要求返还定金；收受定金的一方不履行约定的债务的，应当双倍返还定金。在同一合同中，当事人既约定违约金，又约定定金的，一方违约时，当事人只能选择适用违约金条款或者定金条款，不能同时要求适用两个条款。

二、违约责任的免除

（一）法定事由

《合同法》规定的免责事由仅限于不可抗力。所谓不可抗力是指不能预见、不能避免并不能克服的客观情况。因不可抗力不能履行合同的，根据不可抗力的影响，部分或者全部免除责任。当事人迟延履行后发生不可抗力的，不能免除责任。当事人一方因不可抗力不能履行合同的，应当及时通知对方，并应当在合理期限内提供有关不可抗力的证明。

（二）免责条款

合同双方当事人可以在合同中约定，当出现一定的事由或条件时，可以免除违约方的违约责任。

【例8-5-1】甲乙订立买卖合同，乙向甲购买价值200万元的货物；乙向甲支付定金20万元；如任何一方不履行合同应支付违约金30万元。后甲违约，未能按期交付货物。请问：乙如何在不违反《合同法》的前提下最大限度地保护自己的利益？

【解析】在同一合同中，如果当事人既约定违约金，又约定定金的，在一方违约时，当事人只能选择适用违约金条款或者定金条款，不能同时要求适用两个条款。本题中，如果适用定金罚则，请求甲双倍返还定金40万元，对甲的惩罚只有20万元；如果适用违约金条款，请求甲支付违约金30万元，对甲的惩罚只有10万元。这两种情况乙都没能最大限度地维护自己的利益。乙可以请求甲支付违约金30万元，同时请求返还定金20万元，这样对甲的惩罚是30万元，这样乙才最大限度地保护了自己的利益。

参考文献

1. 湖北省会计学会:《财经法规与会计职业道德》,长江出版集团、湖北人民出版社,2009 年第 3 版。

2. 财政部会计资格评价中心:全国会计专业技术资格考试辅导教材《经济法基础》,经济科学出版社,2008 年、2009 年版。

3. 财政部会计资格评价中心:全国会计专业技术资格考试辅导教材《经济法》,经济科学出版社,2009 年版。

4. 会计从业资格考试辅导教材编写组:《财经法规与会计职业道德》,中国财政经济出版社,2005 年版。

5. 郭守杰:《2009 年会计专业技术资格考试应试指导及全真模拟测试〈经济法基础〉》,北京大学出版社,2008 年版。

6. 郭守杰:《2009 年会计专业技术资格考试应试指导及全真模拟测试〈经济法〉》,北京大学出版社,2008 年版。

7. 江苏省会计从业资格考试辅导教材编写组:《财经法规与会计职业道德》,中国财政经济出版社,2005 年版。

8. 项怀诚:《会计职业道德》,人民出版社,2003 年版。

9. 曹纯:《财经法规与会计专业道德》,科学出版社,2007 年版。

10. 巩献田:《法律基础与思想道德修养》,高等教育出版社,2004 年版。

11. 李萍、亓文会:《财经法规》,北京大学出版社,2010 年版。

12. 李仁玉、陈敦:《民法教学案例》,法律出版社,2004 年版。

13. 周晖、屈振甫:《新编经济法》,北京大学出版社,2008 年版。

14. 俞木传:《经济法》(第二版),东北财经大学出版社,2007 年版。

15. 仁力新:《会计应知经济法基础知识》,经济科学出版社,2006 年版。

16. 叶青:《经济法基础应试指南》,人民出版社,2008 年版。

图书在版编目（CIP）数据

财经法规/李芳，苏龙主编 . —2 版 . —北京：经济管理出版社，2013.8
ISBN 978-7-5096-2566-8

Ⅰ.①财…　Ⅱ.①李…②苏…　Ⅲ.①财政法－中国－高等学校－教材 ②经济法－中
国－高等学校－教材　Ⅳ.①D922.2

中国版本图书馆 CIP 数据核字（2013）第 166419 号

组稿编辑：申桂萍
责任编辑：魏晨红
责任印制：黄　铄
责任校对：陈　颖

出版发行：经济管理出版社
　　　　　（北京市海淀区北蜂窝 8 号中雅大厦 A 座 11 层　100038）
网　　址：www.E-mp.com.cn
电　　话：（010）51915602
印　　刷：北京九州迅驰传媒文化有限公司
经　　销：新华书店
开　　本：720mm×1000mm/16
印　　张：21.25
字　　数：403 千字
版　　次：2013 年 8 月第 2 版　2013 年 8 月第 1 次印刷
书　　号：ISBN 978-7-5096-2566-8
定　　价：45.00 元